山东省重点研发计划（重大科技创新工程）"乡村可持续发展动力机制与实现路径研究及模式凝练"（项目号：2021SFGC0904-05）

山东建筑大学博士基金"山东省农村绿色发展的空间溢出效应与生态补偿政策研究"（项目号：X22028Z）

"双轮协调"驱动下中国城乡融合发展研究

曹萍 著

中国社会科学出版社

图书在版编目（CIP）数据

"双轮协调"驱动下中国城乡融合发展研究/曹萍著.—北京：中国社会科学出版社，2023.6
ISBN 978-7-5227-1841-5

Ⅰ.①双… Ⅱ.①曹… Ⅲ.①城乡建设—区域经济发展—研究—中国 Ⅳ.①F299.27

中国国家版本馆 CIP 数据核字（2023）第 071245 号

出 版 人	赵剑英	
责任编辑	刘晓红	
责任校对	周晓东	
责任印制	戴 宽	

出　　版	中国社会科学出版社	
社　　址	北京鼓楼西大街甲 158 号	
邮　　编	100720	
网　　址	http://www.csspw.cn	
发 行 部	010-84083685	
门 市 部	010-84029450	
经　　销	新华书店及其他书店	
印　　刷	北京君升印刷有限公司	
装　　订	廊坊市广阳区广增装订厂	
版　　次	2023 年 6 月第 1 版	
印　　次	2023 年 6 月第 1 次印刷	
开　　本	710×1000　1/16	
印　　张	16.25	
插　　页	2	
字　　数	260 千字	
定　　价	89.00 元	

凡购买中国社会科学出版社图书，如有质量问题请与本社营销中心联系调换
电话：010-84083683
版权所有　侵权必究

前　言

中国城乡关系历经城乡对立、城乡分割、城乡失衡、城乡统筹、城乡一体化、城乡协调再到城乡融合，诸多理论展现了城乡融合发展的演化进程，但大多都是基于城市偏向的城乡融合，单纯地依靠提升城市实力来带动农村，尽管取得了一些成效，但并不能真正解决诸如"三农"发展不充分、城乡发展不均衡、"城市病"、"乡村病"、"城乡病"等经济社会诸多矛盾和问题，而要缓解这些矛盾和问题，促进我国"两个一百年"奋斗目标的实现，必须将城与乡视为一个系统，促进城乡联动发展，实现城乡融合。一方面，视乡村振兴为破解"三农"问题的突破口之一，通过新型城乡融合提升农村自身发展活力，改变农村长期的从属地位；另一方面，通过新型城乡融合提升新型城镇化质量，在提高城市自身发展的同时增强其"以城带乡"能力，"反哺"农村补齐"三农"发展"短板"，二者联动同步发展，才能真正缩小城乡差距，逐步实现城乡融合。

基于上述研究实际，本书首先采用文献综述和综合比较方法，较为全面地梳理中国城乡政策，明确中国城乡从单轮驱动到"双轮协调"驱动的必要性并进行阶段划分，利用协调度对"双轮协调"驱动下中国城乡融合发展水平进行评估，判断其演进阶段与趋势，探讨发展规律，分析其空间格局演化，及其空间集聚分布的冷热点，构建多元回归模型对其演变的影响因素进行分析，深入分析全国、分区域、分等级城乡融合发展的关键性因素，在此基础上明确中国城乡融合发展存在的主要问题，探索人文经济地理学视角下的城乡融合实现路径与政策体系。

研究基于新时代发展理念，强调城乡融合应该是城乡并重，农村与城市协同发展，依靠政府宏观调控和市场机制基础性配置作用有机融合来实现。构建了乡村振兴和新型城镇化"双轮协调"驱动下的城乡融合理论体系和政策体系，是人文经济地理学视角下的城乡融合，丰富了城乡关系演化理论，分尺度、分维度对乡村振兴和新型城镇化协调性进行测度，并从全国层面、分区域和分等级层面识别影响因素，进而建构推进城乡融合的实现路径以及包含城乡经济、社会、生态融合的政策体系，对推进农村农业现代化、破除城乡二元结构、实现区域可持续发展具有重要的现实意义。研究主要得出以下结论：

（1）着重分析中国城乡发展从单轮到双轮的必要性。中国城乡融合发展从单轮到双轮发展十分必要，首先，基于中国作为农业大国，但农业现代化水平严重滞后于工业化水平，且城乡差距不断拉大的国情，提升农业自我发展能力极为必要；其次，梳理1949年以来的城乡发展政策发现，城市偏向政策在中国城乡关系演变的进程中长期处于主导地位，致使城乡二元结构不断固化和强化，要破解城乡经济社会发展矛盾、重塑新时代城乡关系，必须改变传统的"以城带乡"单轮驱动模式，向乡村振兴与新型城镇化"双轮协调"驱动转变。

（2）较全面梳理中国城乡融合发展时空演变规律。时序演变分析结果显示，从全国层面看，"双轮协调"水平稳中有升，双轮经济协调起关键作用，双轮社会和生态两维度发展水平呈向好态势，从区域层面看，东部、中部、西部"双轮协调"发展水平变动较为平稳但空间差异明显，呈现"东高西低"格局，从省域层面看，大部分省份的"双轮协调"水平呈上升态势但省际差异明显；空间格局演变结果显示，中国"双轮协调"水平发展态势向好，空间类型不断优化，除双轮生态协调维度外，均基本呈现"东高西低"格局，双轮协调水平的空间格局整体呈现出沿海向内陆由热点、次热点—次冷点—冷点的分布状态，其中，双轮经济、社会协调水平高值区主要分布在东部较发达地区，并开始显现向中部较发达地区扩张迹象，而双轮生态协调水平冷热点空间分布正好相反，呈现"西高东低"空间集聚特征，但两种空间格局均表现出高值区扩张趋势，低值区收缩趋势；"双轮协调"驱动下中国城乡融合3种模式对城乡融合发展均表现出促进作用，但3种模式皆需深入探索和持续优化，各区域应根据各自不同现状及困境，采取相应的发展模式，分类推进、重点突破与逐步覆盖。

（3）深入剖析中国城乡融合发展时空演变的影响因素。依据相关理论，并结合我国"双轮协调"发展水平，构建双轮协调时空演变的影响因素指标体系，定量分析"双轮协调"或失调背后的影响因素。在全国层面，第一产业 GDP 的持续增长为"双轮协调"做出了主要贡献，城市第二、第三产业 GDP 的高速增长是"双轮协调"的主要障碍，因此缩小城乡差距是提升"双轮协调"发展水平的关键；在分区域层面，第一产业 GDP 均为东中西部地区"双轮协调"做出了主要贡献，而主要障碍因素呈现地域差异性，东部地区"双轮协调"水平主要障碍因素为人均耕地面积，中西部地区主要受制于城市第二、第三产业 GDP，表明中国城乡融合水平的提升在一定程度上得益于农业自身的发展，乡村振兴成效逐步显现，也验证了中国城乡融合要实现从单轮向双轮转变的必要性和可行性。在分等级层面，高、中双轮协调度地区的城乡融合发展均得益于城市经济规模的扩大，受制于人均耕地面积，而低协调度地区的协调水平却正好相反。整体来看，全国层面、分区域层面、分等级层面，城乡融合发展的主要影响因素、主要障碍因素呈现地域差异性与共性并存的特征。

（4）形成"双轮协调"驱动下中国城乡融合发展时空动态演变综合驱动机制整体框架。中国双轮协调发展时空演变受到内部条件和外部环境等多重因素影响，其中，第一产业 GDP 对中部、西部地区及中、低双轮协调度地区的双轮协调水平基本呈显著正相关，第二、第三产业 GDP、城乡收入比则基本呈显著负相关，交通通达性相关性基本不显著，说明城乡发展差距不断拉大是双轮协调水平提升的最大障碍。另外，值得关注的是，城乡政策调整对城乡融合水平的提升效应已经开始显现，从东中西部地区分区域看，城乡政策对城乡融合水平的作用系数虽然较小，但已具有显著正向推动作用，尤其是西部和中部地区，从不同协调度地区看，城乡政策对各类型地区协调水平提升的作用都为正向但是不显著，并存在区域差异，对以东部地区省份为主的高协调度地区作用系数较大，可能与中国长期发展的增长极基本分布在东部发达省份，而促进作用不显著与区域政策的实施具有时间效应有关，要提升"双轮协调"水平，优化城乡政策的实施效果，构建面向城乡融合的政策体系极为必要。

（5）基于中国城乡融合发展进程中较为突出的融合质量、城乡差距、发展体制和要素流通等主要问题，提出了以体制机制创新为着力点、城乡政策完善为支撑力、政策绩效落实机制形成为保障的体制机制路径，以乡村提质增效、城市产业转型升级、城乡产业联动协调为着力点的产业路径，及东中西部地区分区域、"双轮协调"类型、不同地理环境等多层面差异的区域化路径，进而构建面向城乡融合的包含城乡经济融合、社会融合及生态融合在内的调控政策体系。

本书的创新点包括理论、实践和政策三个方面，理论方面，从人文经济地理学视角构建了"双轮协调"驱动下城乡融合发展的理论体系和政策体系，实现了城乡融合理论视角从单轮驱动到"双轮协调"驱动的转变；实践方面，分区域、分维度全面梳理中国城乡融合发展规律与影响因素，并比较区域城乡融合特征及模式，为区域城乡融合发展水平的提升提供实践指导和案例支撑；政策方面，建立了符合中国国情和区域特色的城乡融合发展路径与政策体系，为区域城乡融合发展水平的提升提供理论指导和决策参考。本书仅从宏观层面和中观层面就我国城乡驱动双轮之间是否协调、协调演变规律及如何促进协调等问题进行了研究，未来的城乡融合发展，除了提升城市化率之外，更意味着如何促进城乡公共服务、社会保障、城市化教育等方面内涵式均衡协调发展，有必要对城乡融合指标体系、研究尺度及典型地域研究等问题进行进一步深入与扩展。

目　　录

第一章　绪论 ………………………………………………………… 1
  第一节　研究背景与意义 ……………………………………… 1
  第二节　主要概念界定及理论基础 …………………………… 7
  第三节　研究目标、技术路线和主要内容 …………………… 20
  第四节　研究方法 ……………………………………………… 22
  第五节　研究的创新与特色 …………………………………… 24

第二章　国内外文献述评 …………………………………………… 25
  第一节　新型城镇化 …………………………………………… 26
  第二节　乡村振兴 ……………………………………………… 36
  第三节　城乡融合 ……………………………………………… 44
  第四节　现有研究述评 ………………………………………… 53

第三章　中国城乡从单轮驱动到双轮协调的演化阶段划分 ……… 55
  第一节　中国是一个农业大国的基本国情 …………………… 55
  第二节　城乡关系演变的判断依据 …………………………… 60
  第三节　基于城乡关系演变判断依据的城乡关系阶段划分 … 68
  第四节　本章小结 ……………………………………………… 79

第四章　"双轮协调"驱动下中国城乡融合发展水平时空演变特征分析 ………………………………………………………… 80
  第一节　指标体系及研究方法 ………………………………… 81

第二节 "双轮协调"驱动下中国城乡融合发展水平时序
演变特征 ………………………………………………… 89
第三节 中国省域城乡融合发展水平空间演变特征………… 102
第四节 本章小结 ………………………………………………… 141

第五章 "双轮协调"驱动下中国城乡融合影响因素 …………… 144

第一节 "双轮协调"驱动下中国城乡融合发展的
条件分析 ………………………………………………… 144
第二节 "双轮协调"驱动下中国城乡融合水平影响因素 … 161
第三节 不同区域"双轮协调"的影响因素分析 …………… 165
第四节 不同"双轮协调"水平下的影响因素分析 ………… 176
第五节 稳健性检验 ……………………………………………… 185
第六节 "双轮协调"驱动下中国城乡融合发展时空演变
综合驱动机制 …………………………………………… 186
第七节 本章小结 ………………………………………………… 191

第六章 中国面向城乡融合发展导向的实现路径和政策体系 ……… 194

第一节 "双轮协调"驱动下中国城乡融合发展面临的
问题 ……………………………………………………… 194
第二节 "双轮协调"驱动下中国城乡融合的实现路径 …… 198
第三节 中国面向城乡融合发展的政策体系 ………………… 210
第四节 本章小结 ………………………………………………… 221

第七章 结论与展望 ………………………………………………… 223

第一节 主要结论 ………………………………………………… 223
第二节 研究展望 ………………………………………………… 226

参考文献 …………………………………………………………… 229

后 记 ……………………………………………………………… 249

第一章

绪 论

第一节 研究背景与意义

一 研究背景

（一）"三农"问题已成为制约中国社会经济发展的"瓶颈"，乡村振兴刻不容缓

随着城镇化和工业化水平的快速提升，我国农业发展水平的提升速度也在逐步加快。1979—2019 年，我国粮食总产量从 30477 万吨增产到 66384 万吨，产量提高 35907 万吨，年均提高 876.51 万吨。尽管粮食产量稳中有升，农业基础地位仍需打牢夯实，"三农"问题导致城乡二元结构不断加深，已逐渐成为制约中国社会经济发展的"瓶颈"，主要表现在以下几方面：①农业发展不充分，农产品阶段性供过于求和供给不足问题并存，农业供给质量不高。随着城镇化水平的提升，消费结构升级带来间接消费快速提高，对原粮的需求增加，人口增加和粮食深加工转化对原粮数量和质量提出更高的要求，农业现代化却表现出乏力、后劲不足等问题。②农村整体发展滞后，城乡基础设施和公共社会福利差距较大。农村生态环境问题突出，基层组织业务与服务能力较薄弱，乡村治理体系和治理能力也亟待强化。③农业劳动人口人力资本水平较低，农民增收困难。在城镇化进程中，大量青壮年劳动力为了寻求更好的发展机会转移到城市，造成农村有效劳动力不足从而形成"空心化"，妇女老人不具备生产力发展和市场竞争的适应能力。在传统思维观念指导下，诸多农村地区采用单一种植结构，加上交通、区位、技术等

条件的限制，导致农产品种类、质量与市场需求"脱钩"。1979—2019年，中国城乡收入比从 2.57 扩大到 2.71，年均扩大速率约 0.13%。"三农"问题不仅带来农村衰落、城乡二元结构强化及固化等问题，也在一定程度上阻碍了两个"一百年"奋斗目标的实现。

中国的贫困问题尤其是农村贫困长期存在，当前农村贫困的形势仍然十分严峻，弱势群体构成了主要的贫困人口，贫困地区多集中在中西部地区和自然条件较差的偏远地区，多种情况交织导致贫困问题错综复杂，导致脱贫工作的复杂性和艰巨性。自 1978 年以来，中国扶贫开发政策历经体制改革推动扶贫、大规模的开发式扶贫、扶贫攻坚和参与式扶贫开发三个阶段，取得了一系列成效，农村贫困人口从 1978 年的 2.5 亿人减少至 3000 万人左右，贫困地区的基础设施建设、生态环境和科技教育等方面有了大幅提升，但扶贫激励机制不健全、扶贫政策瞄准机制有偏差、注重物质投入忽视精神脱贫、重工业轻农业、扶贫方式粗放等问题的存在，都在一定程度上影响了扶贫政策的成效。

为了提升扶贫效果，瞄准扶贫对象，进行重点施策的精准扶贫政策出台，但由于中国二元结构的长期存在、地区发展水平及发展阶段的差异性、地理环境的复杂多样性，导致在政策实施过程中精准识别效果差、精准帮扶地域模式趋同、精准扶贫资金有限且分配易引发矛盾、精准扶贫政策实施死板等问题交织存在。因此，需要加强在扶贫对象、项目安排、资金使用、措施到户、因村派人、脱贫成效等方面的精准施策与及时监督，因地制宜地采用差异化扶贫模式[①]，或依靠发展助力脱贫、易地扶贫搬迁助力脱贫、生态补偿助力脱贫、发展教育提升脱贫效果、社会保障兜底脱贫等方式，对于新阶段深度贫困地区和特殊类型贫困地区，更应采用超常规手段和创新机制，短期长期帮扶结合，短期内重点解决贫困人口生活问题，长期则需要重点解决发展动力和能力不足问题，并实施兜底政策。通过提升精准扶贫政策效应，有效增强乡村自我发展能力，真正促进全民共享经济社会发展成果，逐步实现城乡共同富裕。

---

① 郑瑞强、郭如良：《"双循环"格局下脱贫攻坚与乡村振兴有效衔接的进路研究》，《华中农业大学学报》（社会科学版）2021 年第 3 期。

（二）新型城镇化面临资源环境等诸多困境，亟须提升发展质量以增强"以城带乡"功能

城镇化是现代化的必由之路，是解决农业、农村、农民问题的重要途径，也是缓解和解决新时代我国社会主要矛盾、推动经济高质量发展的强大引擎。自1978年以来，随着工业化、现代化的快速推进，大量农业剩余劳动力进入城镇，1979—2019年，我国城镇化率年均增长约5.36%，乡村人口比例从1953年第一次全国人口普查的86.74%下降到2021年第七次全国人口普查的36.11%。综观英国、德国、美国等发达国家，城镇化约起步于18世纪中期的工业革命，基本都已经完成了工业化和城镇化进程，且城市化水平大多在80%以上，表现出起步早、水平高、逆城市化特征，我国城镇化虽然起步晚、水平较低，但增速较快，且随着城镇化阶段的稳步演进，未来可能继续保持平稳增长的势头。在此过程中，为提升城镇化建设内涵、充分发挥城镇化功能，党的十八大提出了以人为核心的新型城镇化，为积极推进城乡基础设施一体化及公共服务均等化，实施了促进农民工融入城镇、有序推进中小城市和城市群建设、加快推进新型城市和设立新型城镇化综合试点等政策措施，力争保持新型城镇化发展的良好势头。然而，城镇化为中国经济社会发展带来巨大发展契机的同时，由于产业结构不合理、生产要素配置欠合理、城乡发展不平衡、现有制度掣肘等阻滞要素的存在，其发展质量和带动效果都受到一定限制，也带来了资源供需矛盾加剧、环境污染严重等问题，现阶段亟须提升新型城镇化的发展质量和带动作用，从而逐步缓解和改善现实困境。

（三）城乡联动互促是破解城乡二元结构的根本途径，完善的机制政策为乡村振兴与新型城镇化战略协同提供保障

乡村振兴面临经济社会环境等多方困境，根源于中国长期的城市偏向政策、户籍制度及城乡分立型社会福利机制，必须依靠与新型城镇化建立联动互促机制才能有效破解。通过新型城镇化实现大中小城市—小城镇—新型农村社区协调发展、互促共进，建立城乡要素双向流动合理配置机制，以此为衔接，通过"以城带村"模式促进城乡协调，加快产业融合的同时带动农村基础设施、公共服务和文明程度的提升；新型城镇化要应对出现的交通拥挤、住房紧张、资源短缺、环境污染等诸多

"城市病",需要依托乡村振兴辅助缓解,可以通过产业兴旺逐步实现农民就地城镇化和就业化,缓解城市资源环境压力,通过实现农业现代化增强农村发展活力和吸引力,引导生产要素向农村流动和合理优化配置,激发农村人力资本潜力和活力,促进农村与城市协调发展。

为此,我国政府及时调整思路(见图1-1),2017年乡村振兴战略把解决好"三农"问题作为发展过程中的关注重点,2019年《关于建立健全城乡融合发展体制机制和政策体系的意见》旨在重塑新型城乡关系,走城乡融合发展之路,基于我国的国情和农情,一系列文件、指导意见的出台,层层递进、持续完善,力争通过乡村振兴与新兴城镇化协调驱动,推进城乡融合发展。

(四)实现城乡融合发展是构建"双循环"互促新发展格局的重要路径,也是实现区域高质量发展的重要体现

着眼于当前我国发展阶段、发展环境、发展条件及国际环境的不断变化等大背景,要推动形成以国内大循环为主体、国内国际"双循环"互促的新发展格局,实现以国内大循环为主体、国内国际"双循环"相互促进的良性互动。对于国内循环,将其视为一个融合经济社会生态、各个环节环环相扣的动态循环系统。各地应依靠供给侧结构性改革、创新驱动内涵式增长,促进经济社会高质量发展和区域协同发展;对于国际大循环,更好利用国际国内两个市场、两种资源,实现更加强劲可持续的发展。因此,城乡作为一个融合经济社会生态的大系统,要城与乡共同努力,在国家政策的支持和保障下,依靠供给侧结构改革、创新引领驱动,农村注重提升自身发展活力,城市在提高自身发展质量的同时"反哺"农村补齐"三农"发展"短板",二者协调同步[1],才能真正缩小城乡差距,逐步实现城乡融合。

2018年《关于建立更加有效的区域协调发展新机制的意见》中区域协同发展打破了地域和空间的限制,对充分利用资源、合理调配使用、突出区域优势、促进互动交通具有重要作用。城乡互联互通、互帮互助,达到共同发展、共同提升的目的,提高发展质量,构建城乡经济

---

[1] 方创琳:《改革开放40年来中国城镇化与城市群取得的重要进展与展望》,《经济地理》2018年第9期。

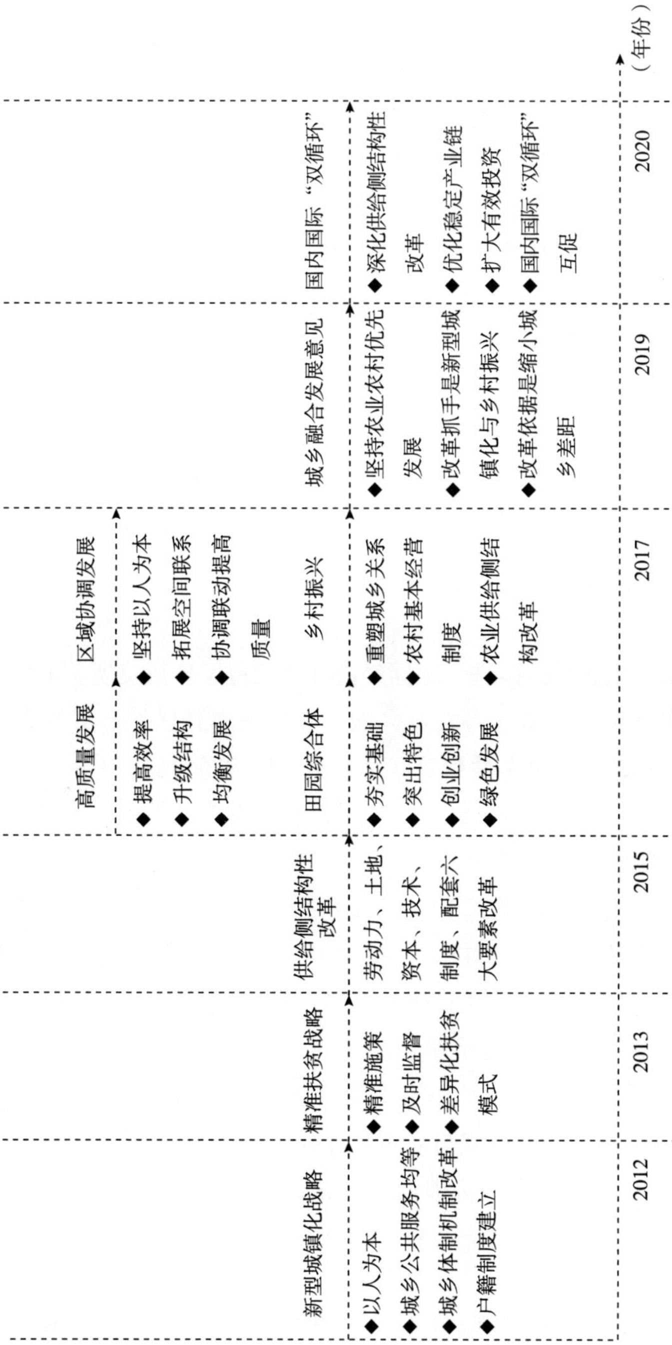

第一章 绪论

年份	战略	要点
2012	新型城镇化战略	◆ 以人为本 ◆ 城乡公共服务均等 ◆ 城乡体制机制改革 ◆ 户籍制度建立
2013	精准扶贫战略	◆ 精准施策 ◆ 及时监督 ◆ 差异化扶贫模式
2015	供给侧结构性改革	◆ 劳动力、土地、资本、技术、制度、配套六大要素改革
2017	高质量发展	◆ 提高效率 ◆ 升级结构 ◆ 均衡发展
2017	田园综合体	◆ 夯实基础 ◆ 突出特色 ◆ 创业创新 ◆ 绿色发展
2017	区域协调发展	◆ 坚持以人为本 ◆ 拓展空间联系 ◆ 协调联动提高质量
2017	乡村振兴	◆ 重塑城乡关系 ◆ 农村基本经营制度 ◆ 农业供给侧结构改革
2019	城乡融合发展意见	◆ 坚持农业农村优先发展 ◆ 改革抓手是新型城镇化与乡村振兴 ◆ 改革依据是缩小城乡差距
2020	国内国际"双循环"	◆ 深化供给侧结构性改革 ◆ 优化稳定产业链 ◆ 扩大有效投资 ◆ 国内国际"双循环"互促

图 1-1 2012 年以来国家主要发展战略

协同发展新局面。① 当前，我国社会的主要矛盾已经转化为人民对美好生活的向往和不平衡不充分的发展之间的矛盾，为了满足人民美好生活的需求，国家提出了"创新是引领发展的第一动力"的论断，以创新提升经济硬实力。要实现城乡协调发展，需协同城乡发展规划，促进新旧动能转换，通过创新驱动提升城市带动能力的同时，增强乡村自我发展活力，构建城乡协同发展新局面。

这些新政策和新要求多是围绕"如何促进区域协同发展、经济社会高质量发展"展开的，在保持新型城镇化持续健康发展的同时，如何提升其"以城带乡"功能，推进农业农村现代化来振兴乡村已成为值得关注的问题。因此，有必要对城乡融合进行深入系统探究，特别是乡村振兴与新型城镇化协调水平测度及影响因素，并在此基础上建构相应的城乡融合政策体系，为促进我国城乡融合发展提供必要的参考和借鉴。

二 研究意义

（一）理论意义

随着城镇化进程的推进，中国经济社会获得了较快发展，但城乡二元结构长期存在，中国作为农业大国、人口众多且区域差异显著的国情，加大了其解决的复杂性和艰巨性，学者从不同领域、不同学科对城乡关系进行了关注和研究，政府也相继出台了多项政策以应对城乡关系不断固化的问题。

研究基于人文经济地理学、区域经济学等学科视角，在系统梳理中国城乡融合发展理论基础上，探索了"双轮协调"驱动下中国城乡融合发展的理论体系和政策体系。基于国家政策和理论基础梳理中国城乡关系演变历程，明确城乡融合由单轮驱动到"双轮协调"驱动的必要性，将新型城镇化与乡村振兴视为城乡融合发展的驱动双轮，强调城乡融合是发挥城与乡双向作用的城乡联动发展，改变了单纯以城带乡的发展模式，从理论视角实现了由单轮驱动到"双轮协调"驱动的转变，研究对完善城乡关系演化理论，深化城、乡不同区

---

① 陈潭：《数字时代城乡融合发展的着力点与新路径》，《人民论坛·学术前沿》2021年第2期。

域类型的区际联系以及指导我国城乡融合发展实践具有重要的理论指导价值。

(二) 现实意义

城乡关系问题长期困扰着发展中国家,而中国作为农业大国,城乡关系历经城乡对立、城乡统筹、城乡协调等不同阶段,城乡发展不均衡、"城市病""乡村病""城乡病"等经济社会主要矛盾和现象相继呈现且不断深化,城乡二元结构已成为制约中国经济社会发展的重大障碍,中国"三农"问题表现出的长期性与艰巨性日益突出,要缓解这些矛盾和现象,必须将城与乡视为一个系统,促进城乡联动发展,实现城乡融合。

研究基于中国基本国情及中国特色的城乡关系,面向城乡融合发展探讨我国乡村振兴与新型城镇化协调关系,考虑多尺度、多维度差异,重点探讨全国层面、区域层面、典型区域的城乡融合时序演变规律,并从整体和分维度两个方面对城乡融合空间格局演化与关联特征进行深入研究,在明确存在问题的基础上探讨实现城乡融合的体制机制、产业、区域化路径,并建立了"经济—社会—生态环境"下的城乡融合政策体系,对于弱化中国长期城市偏向的政策导向及城乡二元体制机制的负面影响,提升新型城镇化发展质量,激发乡村自我发展活力,落实新型城镇化与乡村振兴战略,构建"双循环"互促新发展格局,实现区域可持续发展具有重要的现实意义和实践指导价值。

第二节 主要概念界定及理论基础

一 主要概念界定

(一) 新型城镇化

城镇化(Urbanization/Urbanisation)也称为城市化,是由于国家或地区社会生产力发展、科学技术进步以及产业结构调整,其社会由以农业为主的传统乡村型社会向以工业(第二产业)和服务业(第三产业)等非农产业为主的现代城市型社会逐渐转变的历史过程。中国城镇化水平保持较高的增速发展,在促进中国经济社会经历巨大变革与发展的同时,其发展的弊端日益凸显,如城镇化滞后于工业化、土地城镇化快于人口城镇化、城乡二元结构趋于强化、粗放式数量增长加速资源短缺和环境破坏、"城市病"愈演愈烈，面临这一系列发展"瓶颈"，传统城镇化已无法克服，基于此，学者开拓视角，根据城镇化的多层面影响，融合人口、经济、生态、社会、城乡统筹等多层面，赋予城镇化新的内容和内涵，创新性地提出新型城镇化。新型城镇化是赋予了中国特色的城镇化，是以"以人为本、产业互动、节约集约、生态宜居、和谐发展"为基本特征的城镇化，是大中小城市、小城镇、新型农村社区协调发展、互促共进的城镇化。

与传统城镇化相比，新型城镇化主要有三点不同：坚持以人为本，强调全民共享城镇化发展成果，改变了传统城镇化"以物为本"、政府主导为主、片面追求城镇化率提高的价值观①；坚持可持续性，强调要走集约型发展道路，增强城镇综合承载能力，融合市场机制主导和政府调控引导作用，改变了传统城镇化道路粗放式、片面追求外延扩张和数量增长的发展方式②；坚持全面性和协调性，强调城镇化应全面推进经济、政治、文化、社会以及生态文明建设，并注重城乡统筹、区域共建等③，改变了传统城镇化片面强调单一规模等级城市的发展、城镇体系不协调的发展重点单一化模式。

研究将新型城镇化从经济、社会、生态三方面进行界定，通过优化要素匹配协调度提升发展质量，增强其人文社会空间效应，从生产、生活和生态方面为农村农业现代化发展提供"三生空间"和发展动力（见图1-2）。

在生产方面，新型城镇化通过优化产业结构增强城市竞争力，促进要素优化配置、产业转移，利用农村资源、市场和劳动力的优势增强其在资本、技术等方面的吸引力以缩小城乡差距，提高资金和技术在农村投资的合理有效性和监管力度，增强农业农村现代化水平；在生活方面，新型城镇化通过城乡社会福利、公共服务、基础设施共享来实现农

---

① 陈鹤松：《以人民为中心视角的中国新型城镇化动力机制与路径重构》，《改革与战略》2017年第1期。

② 陈明星等：《中国特色新型城镇化理论内涵的认知与建构》，《地理学报》2019年第4期。

③ 陆大道、陈明星：《关于"国家新型城镇化规划（2014—2020）"编制大背景的几点认识》，《地理学报》2015年第2期。

民市民化和社会进步,通过公平公正力度的提升扩大居民消费需求,促进城乡社会福利均等化;在生态环境方面,新型城镇化通过实现人口、资源与环境的协调发展,减少资源要素的破坏和浪费,促进资源循环利用,缓解城乡经济社会发展资源供需矛盾日益加剧的困境。

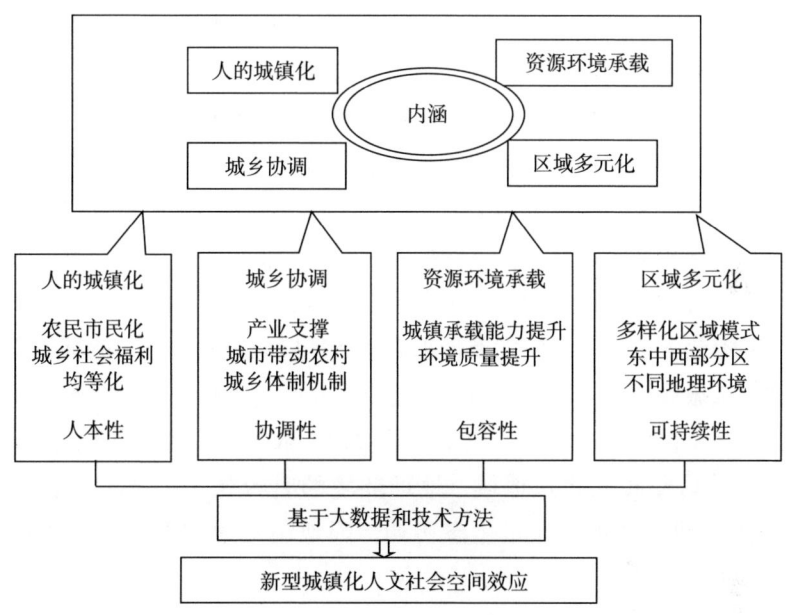

图 1-2 新型城镇化内涵

(二)乡村振兴

乡村振兴是基于中国作为农业大国的国情和"三农"问题提出的具有中国特色的战略,在党的十九大报告中明确了涵盖目标和任务的"乡村振兴"内涵,即产业兴旺、生活富裕、乡风文明、生态宜居、治理有效。学者基于不同视角和不同领域对其内涵进行解读。

乡村振兴是一个复杂多元的巨系统,基于"产业兴旺、生态宜居、乡风文明、治理有效、生活富裕"五大要求,以兴旺产业和生活富裕为经济发展目标、以乡风文明和治理有效为发展手段、以生态宜居为生态准则,融合农村经济、社会、生态等多层面。有效推进乡村振兴进程，需要政府、企业、个人多方利益主体共同努力，解决"三农"问题，实现农民增收、农业增产、农村提质，这是探索农业农村现代化和城乡融合道路的又一重大举措。①

研究将乡村振兴从经济振兴、社会振兴、生态振兴三个维度进行界定，其中，经济振兴是乡村振兴重点，是解决"三农"问题的关键②③，主要从产业发展水平和产业支撑能力两个方面展开，较完整地反映了全国层面、分区域乡村经济振兴的具体实效、限制因素、实现潜能，也能反映地理环境差异产生的乡村振兴类型和模式多元化；社会振兴是乡村振兴实现的重要保障，从生活富裕程度、基本公共服务、乡风文明建设和乡村治理能力四个方面展开，较完整地反映了城乡社会发展差距，为城乡社会一体化体系的构建和完善提供突破方向；生态振兴是乡村振兴实现的关键底线，从生态环境宜居和生态环境治理两个方面展开，基本包含了城乡经济发展带来的生态环境质量的变化，能有效反映乡村生态振兴、城乡生态环境一体化发展水平。整体上看，全国层面及分区域在乡村振兴过程中，应基于其农业、农村、农民现代化的目标，充分考虑其发展现状及地域、地理环境的差异化，以城乡融合为理念④，以产业为支撑，注重生态协调，因地制宜地创新乡村振兴模式（见图1-3）。

（三）"双轮协调"驱动

"双轮协调"驱动是将城与乡并重，将农村与城市两手一起抓，两手都要硬，依靠政府宏观调控和市场机制基础性配置作用有机融合来实现，农村注重提升自身发展活力，城市在提高自身发展质量的同时，"反哺"农村补齐"三农"发展"短板"，二者协调同步，才能真正缩小城乡差距，逐步实现城乡融合（见图1-4）。

---

① 谭明方：《城乡融合发展促进实施乡村振兴战略的内在机理研究》，《学海》2020年第4期。
② 刘彦随：《新时代乡村振兴地理学研究》，《地理研究》2019年第3期。
③ 刘合光：《乡村振兴战略的关键点、发展路径与风险规避》，《新疆师范大学学报》（哲学社会科学版）2018年第3期。
④ 何仁伟：《城乡融合与乡村振兴：理论探讨、机理阐释与实现路径》，《地理研究》2018年第11期。

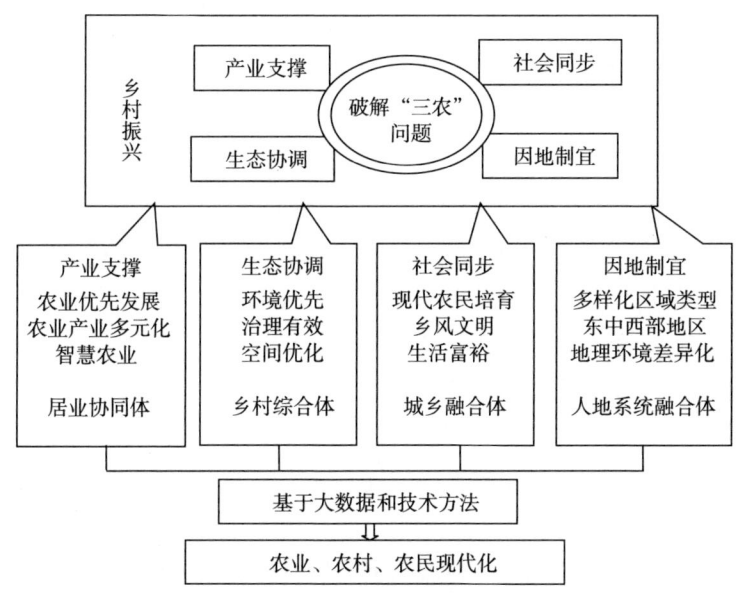

图 1-3 乡村振兴内涵

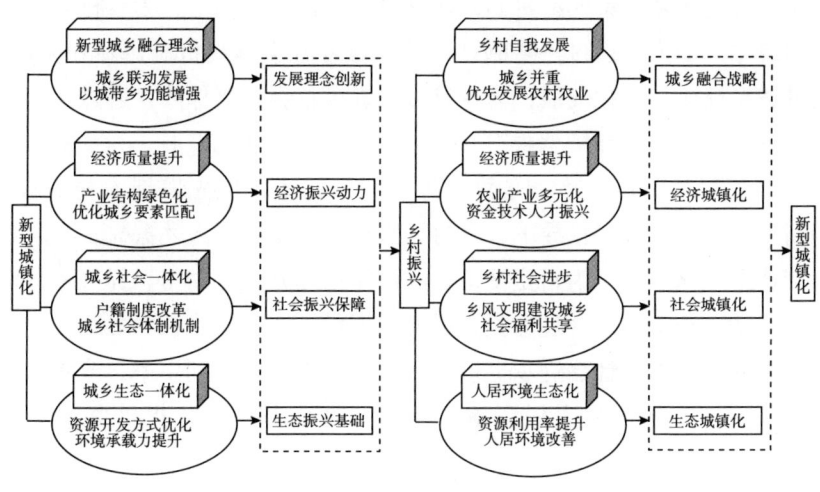

图 1-4 "双轮协调"驱动内涵

乡村振兴是提升农村提质增效、城乡协调的必然选择，新型城镇化是解决"三农"问题的重要途径和有力支撑，是实现城乡协调的重要抓手①，二者同等重要，乡村振兴与其互相促进、互相制约、交互耦合。首先，乡村振兴是为缓解新型城镇化进程中出现的乡村发展不充分、城乡资源配置不合理、城乡差距不断拉大等问题而提出的农村发展战略，旨在增强农村发展能力和发展充分性、助推农村现代化、解决"三农"问题，在振兴乡村过程中可通过绿色产业引领、乡风文明建设水平提升、乡村资源利用率提高、乡村人居环境改善等路径②促进新型城镇化在经济、社会、生态环境等方面向纵深发展，切实实现城乡一体化这一核心任务；其次，新型城镇化融合经济、社会、生态等要素，从城乡融合科学发展观树立、城乡要素双向流动、公共资源合理配置、城乡融合体制机制和政策构建等方面，通过优化要素匹配提升发展质量，生活和生态方面为乡村振兴水平的提高提供经济、社会、生态和制度发展动力。

研究将新型城镇化与乡村振兴视为城乡融合发展的驱动双轮，认为"双轮协调"驱动才能有效促进城乡融合发展，一方面，在"城乡联动发展"的新型城乡融合理念指导下③，新型城镇化通过产业结构绿色化发展、优化城乡要素匹配机制，提升城市经济发展质量，为乡村振兴提供经济振兴动力，通过户籍制度改革、城乡社会体制机制创新和完善，促进城乡社会一体化发展，为乡村振兴提供社会振兴保障，通过优化资源开发方式、提升环境承载力，促进城乡生态一体化发展，为乡村振兴夯实生态振兴基础；另一方面，在"城乡并重，优先发展农村农业"的新型城乡融合战略指导下，乡村振兴通过资金技术人才振兴，实现农业产业多元化发展，为新型城镇化经济质量提升提供助力，提升乡村自我发展活力和动力，通过加强乡风文明建设、完善城乡社会福利共享机制，为新型城镇化社会进步提供支持，通过提升资源利用率、改善乡村人居环境，实现乡村人居环境生态化，为生态城镇化提供资源环境保障。

---

① 叶超、陈明星：《国外城乡关系理论演变及其启示》，《中国人口·资源与环境》2008年第1期。

② 唐任伍：《新时代乡村振兴战略的实施路径及策略》，《人民论坛·学术前沿》2018年第3期。

③ 刘俊杰：《我国城乡关系演变的历史脉络：从分割走向融合》，《华中农业大学学报》2020年第1期。

（四）城乡融合发展

城乡关系理论研究源自空想社会主义，经历了空想的城乡平等理论、城乡二元经济理论、初期城乡一体化理论、城乡协调发展理论的演进进程。城乡关系在经历城乡对立、城乡一体之后，走向城乡融合，这是社会发展必由之路，也是一个循序渐进的过程[①]，城乡关系在消灭旧的分工的基础上才能消除城乡对立，慢慢融合。大部分国内学者都基于中国国情，一致认为城乡融合能有效解决"三农"问题，主要在实现途径方面有分歧，或认为主要依靠农村农业现代化发展来实现城乡融合，或认为加大力度提高城镇化的辐射带动能力来推进城乡融合。

研究认为城乡融合以破解城乡二元结构、城乡联动协调发展为目标，以乡村振兴和新型城镇化战略协同为导向[②]，通过政府城乡投入机制、城乡社会福利机制、户籍制度等体制机制改革，引导城乡要素双向流动，促进城镇化辐射带动和农村自身活力激发双方共同作用，最终实现城乡经济融合、社会融合、生态环境融合。城乡融合发展是城乡统筹、城乡一体化的升级，内涵更加深刻，内容更加丰富，目标更加全面，发展方式更加科学可行（见图1-5）。城乡融合是基于新时代发展理念，强调城乡融合应该是城乡并重，完善了城乡关系演化理论，将农村与城市两手一起抓，两手都要硬，依靠政府宏观调控和市场机制基础性配置作用有机融合来实现，包括以下三个方面的共同努力，一是培育和提升农村追赶城市的能力，让农村通过自我发展实现与城市同步，真正从根源上解决农村发展滞后问题[③]；二是提升城镇化发展质量，缓解其发展过程中面临的困境，增强其以城带乡功能；三是加强城乡联动体系建设，依靠城乡发展体制机制改革促进经济、社会、文化、基础设施等诸多要素在城乡之间的流动和对接。

---

① 文丰安、王星：《新时代城乡融合高质量发展：科学内涵、理论基础与推动路径》，《新视野》2020年第3期。

② 叶超、于洁：《迈向城乡融合：新型城镇化与乡村振兴结合研究的关键与趋势》，《地理科学》2020年第4期。

③ 叶超等：《从治理到城乡治理：国际前沿、发展态势与中国路径》，《地理科学进展》2021年第1期。

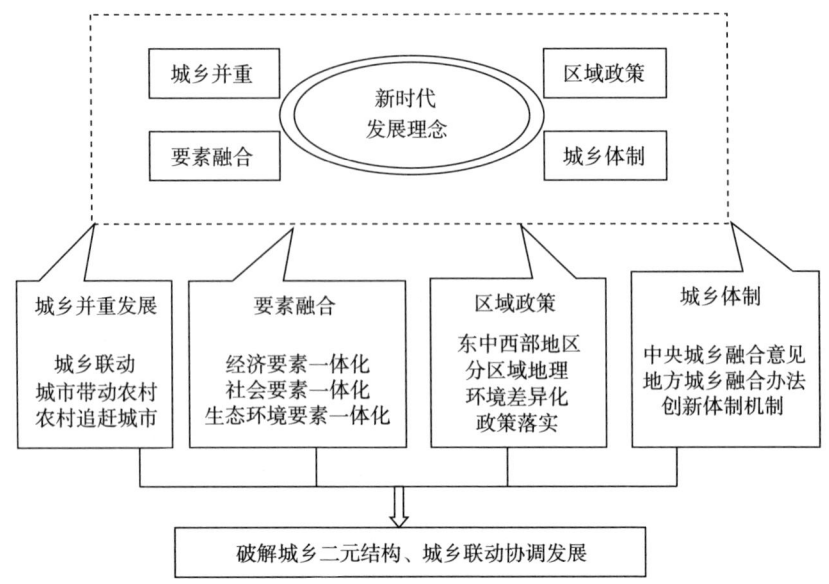

图 1-5 城乡融合内涵

二 理论基础

（一）城市—区域系统论

科学的系统论最初是由美籍奥地利人、理论生物学家 L. V. 贝塔朗菲（L. V. Bertalanffy）创立。其核心思想为：任何系统都是由诸多要素组成的有机整体，系统的整体功能大于各要素的个体作用，而各要素在系统中发挥各自特定作用，且要素之间相互关联[①]，构成了一个不可分割的整体。城市—区域系统是城市中人、物、信息等各种资源在一定地域范围内集聚和交互作用中形成的。随着与周边地区联系的不断加强，城市与区域的关联影响程度不断密切和加深[②]，从而形成多元化动态演进过程。在城市—区域系统发展初期，首位城市较为发达，作为区域发展核心，与周边中、小城市发展差距较为显著，随着城市—区域系统不断发展和升级，首位城市与周边城市共同发展，发展规模和发展

[①] 王向阳等：《城乡资源要素双向流动的理论框架与政策思考》，《农业经济问题》2020年第10期。

[②] 徐宏潇：《城乡融合发展：理论依据、现实动因与实现条件》，《南京农业大学学报》（社会科学版）2020年第5期。

水平差距缩小,首位城市核心地位不再凸显,区域内部发展较均衡(见图1-6)。

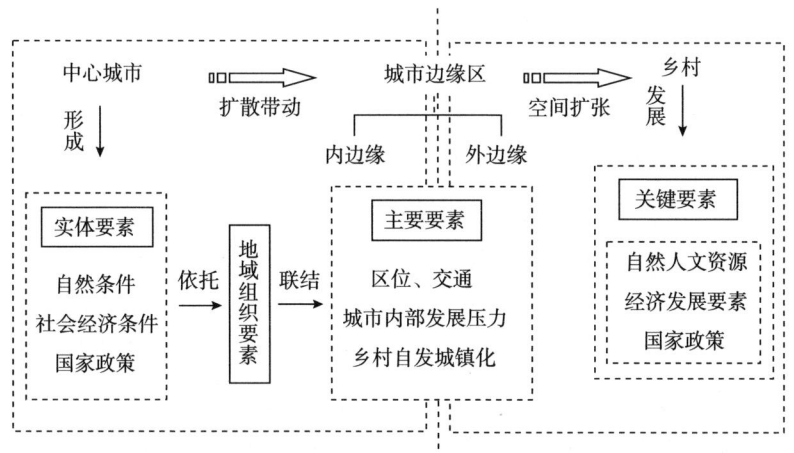

图1-6 城市—区域系统

研究基于城市—区域系统论,视中心城市为区域互动核心,以中间过渡带为载体,将其影响力和辐射力持续往外波动,逐步将距离较远的城市边缘区纳为辐射范围,进而向更远距离的乡村推进,各种过渡带作为中心城市辐射的通道,环环相连,将城市与其影响区域组成一个系统单元(unit)。而周边城市也形成这样的系统单元,各单元两两之间均存在两中心城市相互影响和作用的边界,而中心城市经济发展水平和影响力的高低,决定了这一边界的远近,因此这条边界将伴随着中心城市之间的合作与竞争不断波动,进而形成了城市—乡村系统。在城市—乡村系统中,实体要素、地域组织要素和要素流三部分,紧密相连,不可或缺,并随着三要素之间作用强度和关联度的增强①,结构更加完善和优化,并在动态变化中,带来辐射范围及其边界的扩大和延伸。

---

① 高耿子:《从二元分割到城乡融合发展新思路——中国农村经济高质量发展研究》,《现代经济探讨》2020年第1期。

(二) 城乡非均衡理论

城乡非均衡理论以佩鲁的增长极理论和缪尔达尔的循环累积因果理论[1]为主要代表，通过梳理可将其分为城乡发展优先次序论和城乡空间演化论两大类。城乡发展优先次序论，基本观点包括，城乡关系发展是以农村剩余劳动力转移及其流动机制为依托的，并基于空间视角研究，可分为城市发展优先和乡村发展优先两种类型，无论是资源要素配置以城市为中心还是以农村为发展基础，城乡产业发展呈现非均衡状态，在生产方式、生产效率、工资收入水平等方面均存在明显差距，且日趋表现出空间集聚性；进而随着各项资源的集聚，促进发达地区优先发展，在市场自由环境下，先发区域的回流效应（极化效应）势必超越扩散效应（涓滴效应），城乡差距拉大，在有效调控或区际联系良好时，先发区域的涓滴效应占据主导地位，城乡差距收敛；随着积极的城乡关系能有效促进核心城市向乡村腹地扩散这一理论受到广泛认可[2]，城乡空间演化研究开始引起关注，研究内容逐步深化，开始探索要素流动对城乡空间形态演变的影响规律，随后又开始探讨城乡空间演化模式，并形成了城乡接合带、都市圈、大都市连绵区、城市群等诸多典型模式。[3]随着网络信息技术的普及，增强了全球的联系紧密程度，推进了基于城乡要素流动和相互作用的城镇网络模式，将以发达城市为发展核心的城乡空间模式推进到基于城乡互融为核心的城乡空间模式。

研究依托城乡非均衡理论，可以较为全面地审视城乡发展的空间演化（见图1-7），随着城市经济发展水平的提升，城市自身已不能满足其持续增加的资源和空间需求[4]，土地扩张和产业外迁逐渐常态化，向次级城市和卫星城市这些腹地不断推进，随着发展实力的扩充，次级城市和卫星城市逐步具备辐射带动功能，将腹地外扩，通过空间扩张和技术外溢带动外围区发展，在这些外围区提升过程中，工业化和城镇化水

---

[1] 潘晔：《城乡关系研究的演变逻辑与评析》，《经济问题》2020年第4期。
[2] 周佳宁等：《等值化理念下中国城乡融合多维审视及影响因素》，《地理研究》2020年第8期。
[3] 郭宁、吴振磊：《非均衡发展—均衡发展—城乡一体化——西方经济学城乡关系理论评述》，《生产力研究》2012年第10期。
[4] 刘彦随：《中国新时代城乡融合与乡村振兴》，《地理学报》2018年第4期。

平不断提升，开始向农村这一边缘区延伸，在城乡发展政策的引导下，促进各项发展要素双向流通，促进了城乡之间的产业互动、社会生态文化联系。在政策宏观调控和市场资源配置有机融合下，城市的扩散效应不断外扩，空间范围不断扩大，有效促进城乡互动互融。

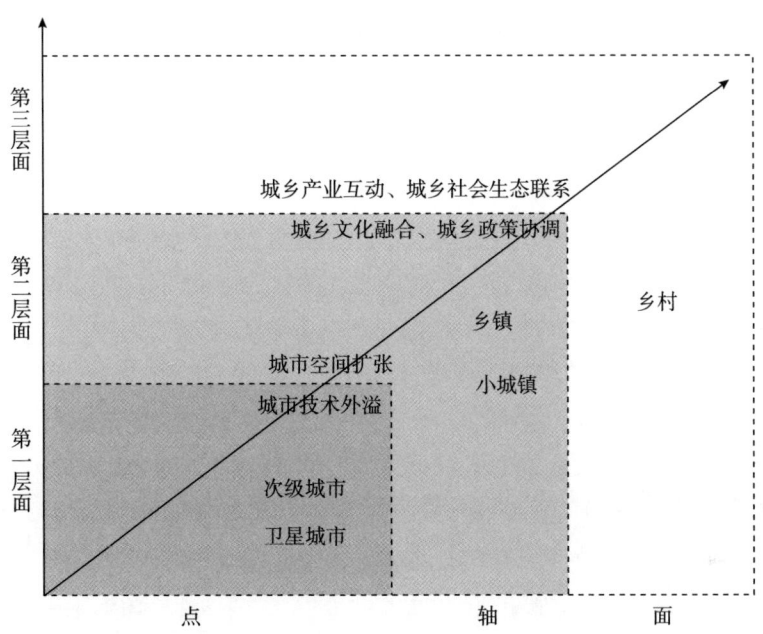

图1-7　城乡空间演变

（三）城乡均衡发展理论

均衡发展理论由纳克斯、罗森斯坦-罗丹为首的发展经济学家提出。基本观点包括：发展中国家要改变落后发展状态、摆脱贫困恶性循环态势，必须进行大规模全面投资，促进各部门相互依存、共同发展。

研究基于均衡发展理论，认为城乡关系作为人地关系地域系统中的一个重要环节，其完善与否直接影响区域的可持续发展。具体来看，研究将中国城乡作为一个系统，并分为城市与乡村两个子系统[①]，在明确

---

① 苏小庆等：《新型城镇化与乡村振兴联动：现实背景、理论逻辑与实现路径》，《天津社会科学》2020年第3期。

中国城乡非均衡发展的前提下，突出强调城乡非均衡发展中的均衡，二者视为同等重要（见图1-8）。首先，对城乡这一系统内部新型城镇化与乡村振兴各自的发展现状、城与乡之间的连通性进行评价研究，其次，通过增强城乡连通性促进人力、物力、财力、智力等发展要素在城乡间自由流动与合理配置①，突破传统的农村向城市单向流动模式，同时，建立健全统筹城乡的社会保障体制，促进城乡居民基本公共服务均等化，切实保障在增强城市"以城带乡"功能的同时，提升乡村自我发展能力，有效地推进城乡非均衡中的均衡发展。

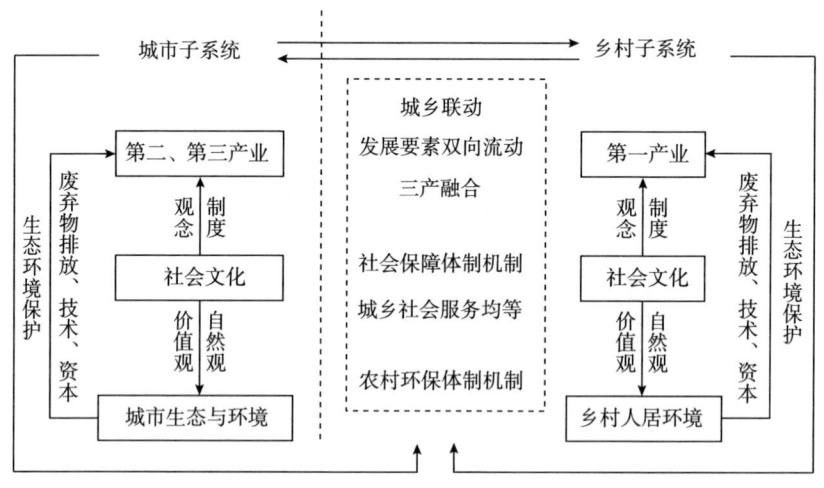

图1-8 城乡均衡发展理论

（四）城乡共生理论

"共生理论"由美国生物学家马古利斯（Lynn Margulis）等在"盖娅假说"的基础上提出。基本观点包括：共生是共生单元在一定共生环境下彼此相互依存、紧密互利；其本质是共同演化、共同适应和共同发展，在演化过程中共生单元之间采取某种共生模式形成竞争、磨合、适应、协作等关系，经过一系列能量、结构或新形态的更替，在不断递

---

① 徐维祥等：《乡村振兴与新型城镇化的战略耦合——机理阐释及实现路径研究》，《浙江工业大学学报》（社会科学版）2019年第1期。

进的相互作用中各共生单元最终实现相互促进合作①，并且在获得相关利益的同时也能保持自身独立性，共生组织整体呈现出向前或向更高级方向演化，演化过程可划分为非共生、不完全共生和完全共生 3 个发展阶段；就中国国情和社会经济发展现状而言，城乡共生式发展特征一直贯穿于中国城乡关系演化过程中，并表现出非共生（包括寄生共生和偏利共生）、不完全共生（非对称式互惠共生）和完全共生三种演化形式。

研究依托共生理论，将城市和乡村视为一个完整的共生系统，可以较为全面地审视城乡关系（见图 1-9），城市与乡村相互依存、平等合作，在不断磨合和相互适应过程中，充分发挥各自优势逐步实现互促互融、协调发展②，不能单向地利用乡村的劳动力、资源支持城市发展，走"以乡促城"的道路，而要鼓励工业"反哺"农业、城市支持农村，走"以城带乡"道路，充分利用新时代"新型城镇化"和"乡村振兴"发展战略的契机，城市和乡村取长补短、合作共赢③，开创经济社会生态各方面"平等互利、发展共享"的完全共生城乡关系新格局。

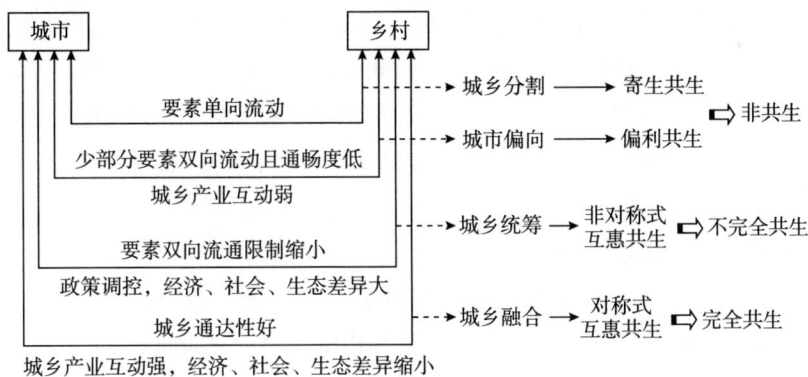

图 1-9 城乡关系演化

① 杨志恒：《城乡融合发展的理论溯源、内涵与机制分析》，《地理与地理信息科学》2019 年第 4 期。
② 年猛：《中国城乡关系演变历程、融合障碍与支持政策》，《经济学家》2020 年第 8 期。
③ 涂圣伟：《城乡融合发展的战略导向与实现路径》，《宏观经济研究》2020 年第 4 期。

第三节　研究目标、技术路线和主要内容

一　研究目标

通过上述分析，研究拟实现以下目标。

（1）基于城乡关系演化阶段判断依据，识别中国城乡关系发展由单轮驱动到双轮驱动演化的阶段划分，揭示中国"双轮协调"发展的时空演变规律，验证双轮驱动的可行性，进而增强城镇化对农村发展的带动能力，改善传统的"以城带乡"单一模式存在的"短板"，为我国新型城镇化战略服务。

（2）基于城乡融合视角和中国"双轮协调"发展的条件分析，构建"双轮协调"影响因素评价指标体系，识别中国"双轮协调"发展的主要影响因素，从而更精准地定位全国或区域城乡不协调发展面临的阻力，改善"三农"问题，协同新型城镇化的机遇，实现乡村振兴，为建设小康社会提供指导。

（3）构建面向城乡融合发展的"双轮协调"政策体系，通过建立健全有利于城乡融合发展的体制机制和政策落实保障机制，发挥城乡联动优势，扩大双向开放，引导生产要素在城乡间双向自由流动，有效提升农村农业现代化水平和新型城镇化发展质量，改善农村农业滞后问题，指导城乡发展实践。

二　研究技术路线

研究沿着"发现问题—剖析问题—解决问题"逻辑思路，在文献梳理和理论分析的基础上，首先，梳理中国城乡发展政策，发现城乡差距不断拉大在很大程度上是因为长期以城市为发展重心的城市偏向模式，要实现城乡融合从单轮驱动向"双轮协调"驱动转变有必要且可行；其次，在评价乡村振兴与新型城镇化各自"单轮"发展水平的基础上，从不同尺度详细分析"双轮协调"时空演变规律、空间集聚效应，进而识别全国、分区域、分等级城乡融合发展的影响因素；最后，在归纳中国"双轮协调"发展中存在问题基础上，基于不同视角提出"双轮协调"发展实现路径，进而构建面向城乡融合的"双轮协调"政

策体系（见图1-10）。

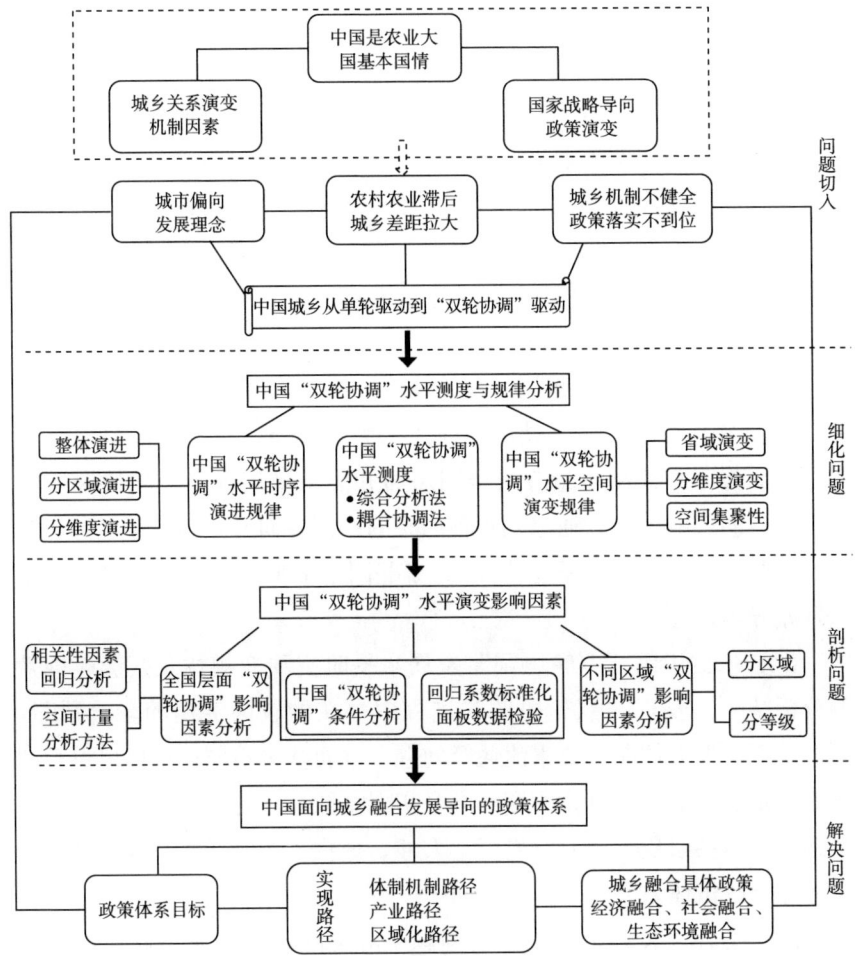

图1-10 研究技术路线

三 研究主要内容

围绕上述目标和技术路线，研究主要包括以下内容。

（1）通过文献总结和归纳，分析"双轮协调"发展促进城乡融合的可行性，凝练思路框架，全面梳理发展政策指导下的城乡关系演变，并探寻"双轮协调"发展的现实意义和理论价值，强化城乡融合必须将"双轮协调"发展视为实现路径,从而为"双轮协调"发展水平测度、影响因素分析,和面向城乡融合调控政策体系的构建提供理论指导。

(2)立足城乡融合选择合适的"双轮协调"测度方法,建立城乡融合发展评估体系,对全国层面、分区域层面及省域层面乡村振兴与新型城镇化之间的协调关系进行测度,探究城乡融合时空演变规律,并对双轮整体和双轮经济、社会、生态三维度协调水平进行评估,深入剖析城乡融合空间演变规律与区域类型,回答在我国各省区不同层面、不同维度双轮之间协调水平如何、是否存在空间差异、是否已经出现空间集聚、集聚区域在哪里等问题。

(3)依据"双轮协调"的相关理论,构建影响"双轮协调"时空演变的影响因素,针对"双轮协调"水平的时空差异与现实特征,运用空间面板回归模型定量分析全国层面和分区域层面"双轮协调"或失调背后的影响因素,通过判断各因素的作用方向及贡献大小,回答具体是哪些因素影响了"双轮协调",哪些因素带来了"双轮协调"水平区域差异等问题。

(4)依据中国"双轮协调"发展水平时空演变规律及其影响因素的分析结果,发现"双轮协调"进程中存在的较为突出的融合质量、城乡差距、发展体制和要素流通等问题,进而基于不同视角提出可行的体制机制、产业和区域化的城乡融合实现路径,在此基础上构建面向城乡融合的包括财税、产业、投资、人才、环保、土地等的"双轮协调"调控综合政策体系。

第四节 研究方法

城乡融合发展系统是复杂的巨系统,要素繁多、结构复杂、规模庞大,系统内部各要素相互作用、相互影响、相互渗透,使研究更为复杂和多元,根据研究内容、目标和对象,以人文经济地理学、区域经济学等学科为依托,注重学科交叉融合,主要采用了以下研究方法。

一 文献查阅与实地调研相结合

通过相关文献图书资料、文献检索数据库等收集并整理国内外关于乡村振兴、新型城镇化、城乡融合的相关研究成果，梳理、归纳现有资料在城乡关系研究内容、研究尺度等方面的经验和问题。根据《中国统计年鉴》《中国城市统计年鉴》《中国农村统计年鉴》及各省份统计年鉴、统计公报获取相关区域数据资料，并通过实地调研收集和整理典型案例地域相应数据，实现对全国、分区域、省域和典型案例地区数据的整理和分析，构建城乡融合发展数据库，提高获得数据的准确性以及研究的可靠性和实用性。

二 综合比较与归纳论证相结合

在对城乡融合发展概念内涵分析的基础上，运用综合思维研究中国城乡从单轮驱动到"双轮协调"驱动的演化阶段性特征，分析不同时间尺度和要素维度的"双轮协调"发展规律以及影响因素，综合比较中国"双轮协调"不同区域层面、不同要素维度的发展水平特征与规律，探索地带区域和不同省域"双轮协调"发展水平的空间类型及影响因素，总结归纳中国城乡融合协调发展的时空演变规律与综合影响机理，充分体现学科综合交叉和归纳论证有机结合的研究方法，对研究内容进行全面梳理、阐释、归纳和提炼。

三 理论研究与实证研究相结合

借助人文经济地理学、区域经济学等学科交叉融合视角，梳理新型城镇化、乡村振兴、双轮协调驱动、城乡融合发展的内涵理论，完善了"双轮协调"驱动下中国城乡融合发展的理论体系。在此基础上，建立城乡融合视角下中国城乡融合发展指标体系，从不同时段、不同维度、不同区域等开展中国城乡融合发展的时序演变、空间演变与影响因素研究，体现了"理论研究—实证研究"结合，提升了研究的科学性和实践性。

四 定性分析与定量研究相结合

在城乡融合发展理论基础和中国城乡从单轮驱动到"双轮协调"的演化阶段划分分析基础上，构建乡村振兴及新型城镇化发展评价体系，利用耦合协调度对中国乡村振兴及新型城镇化"双轮协调"水平进行评估，判断其水平和规律，进一步运用GIS空间分析方法探索其空间格局演化与集聚现象。在对中国"双轮协调"水平的影响因素进行识别的基础上，构建多元回归模型对"双轮协调"水平协调的影响因素进行回归分析，研究城乡融合和各因素之间的显著关系，以及多个因素对双轮协调的影响程度，识别全国、分区域、分等级"双轮协调"发展的关键性促进因素或制约性瓶颈因素，为研究区域"双轮协调"实现路径和差异化政策体系提供支撑。

第五节　研究的创新与特色

理论方面，从人文经济地理学视角完善了"双轮协调"驱动下城乡融合发展的理论体系和政策体系。从经济、社会、生态环境三个维度明确界定"双轮协调"驱动的内涵，强调城乡融合是在承认城乡差距存在的前提下的城乡联动发展，将农村和城市并重，突出双轮驱动下城乡融合发展评估、城乡融合发展如何促进，改变了单纯以城带乡的发展模式，发挥城与乡双向作用，实现了理论视角从单轮驱动到"双轮协调"驱动的转变。

实践方面，开展了"双轮协调"驱动下中国城乡融合发展时空演变及影响机制研究。将理论层面理论应用到中国实践，分区域、分维度全面梳理中国城乡融合发展规律与影响机制，补充完善了中国城乡融合发展的相关研究。运用耦合协调、GIS 空间分析、空间计量等方法，从全国层面、分区域层面、分维度层面，对中国城乡融合发展的时空演变规律进行分析，比较区域城乡融合特征及模式，为区域城乡融合发展水平的提升提供实践指导和案例支撑。

政策方面，建立了符合中国国情和区域特色的城乡融合发展路径选择机制与政策体系。研究服务于中国城乡融合发展，基于"双轮协调"进程中存在的问题，从不同视角提出可能的实现路径，包括体制机制路径、产业路径及区域化路径，进而构建包括城乡经济、社会、生态融合的政策体系，为推进"双轮协调"驱动下的城乡融合发展提供支撑。

第二章
国内外文献述评

　　国外城乡关系历经城乡对立向"城乡融合"的演变,马克思城乡关系理论认为城乡融合是工业化高度发展基础上的高质量的城乡关系状态①,中国城乡关系演变的进程中,政府一直处于主导地位,其城市偏向政策在城乡发展进程中长期扮演着主角,带来生产要素、公共服务供给、生态环境治理等诸多方面都向城市偏移,导致城乡产业发展失衡、城乡公共服务悬殊、城乡人居环境差距大,使城乡二元结构不断固化和强化,单纯依靠提升城市实力带动农村这一单轮驱动模式可能会带来短期效益,但会拉大城乡差距,不具有持续性,马克思城乡关系理论及

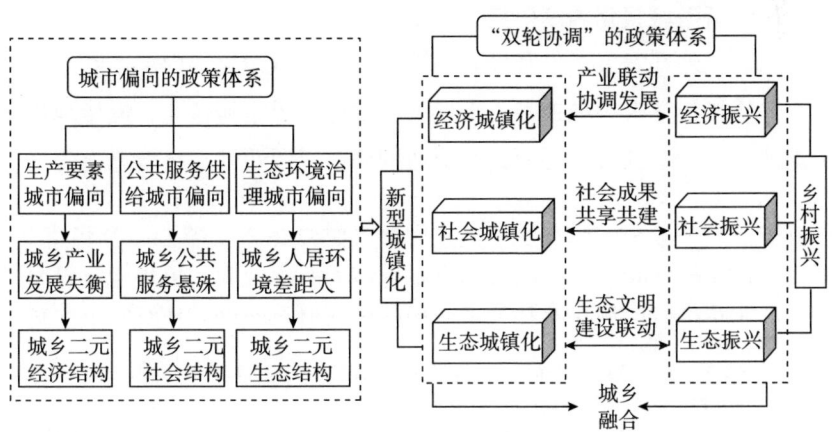

图 2-1　新型城镇化、乡村振兴与城乡融合联动协调关系

---

　　① 苏小庆等:《新型城镇化与乡村振兴联动:现实背景、理论逻辑与实现路径》,《天津社会科学》2020年第3期。

中国经济社会发展的实践证明，城乡融合发展是解决中国城乡二元结构固化的必由之路和必然选择，城乡融合需要将城市和乡村视为经济社会发展的双轮驱动，促进城市和乡村两大主体联动协调发展，因此，需要识别新型城镇化、乡村振兴两大战略的内涵、发展水平、发展模式等，理清城乡融合发展视角下两者的互动关系，进而构建两者协调驱动机制、实现路径及政策体系，加快改善城乡二元结构，推进城乡融合发展进程。

第一节 新型城镇化

关于城镇化，国外研究更早一些。城镇化往往伴随着工业化进程逐步推进，在工业革命进程中，世界范围内生产力快速发展和社会关系变革促进工业化快速发展，城市数量和规模持续扩大，区域级、国家级、世界级城市和城市群（带）逐步形成[1]，带动"城镇化"这一议题演变成国内外学术界关注的热点和重点，并在内涵研究[2]、转型研究[3]、评价分析[4]、时空格局[5]、驱动机制[6]形成了诸多具有深远影响的观点和一套较为完善的理论体系。

一 新型城镇化内涵研究

随着内外部发展条件和发展环境的变化，城镇化的内涵不断丰富和充实，从最初学者单纯地基于人口数量变化来界定城镇化，慢慢地扩充到土地、经济、社会等层面，在交通拥挤、资源短缺、环境恶化等城市

---

[1] Feinerman E. et al., "Impact of Counter-urbanization on Size, Population Mix, and Welfare of An Agricultural Region", *American Journal of Agricultural Economics*, Vol. 93, No. 4, April 2011.

[2] 魏后凯等：《"十四五"时期中国城镇化战略与政策》，《中共中央党校（国家行政学院）学报》2020年第4期。

[3] 何江等：《中国新型城镇化：十年研究全景图谱——演进脉络、热点前沿与未来趋势》，《经济地理》2020年第9期。

[4] 宋周莺、祝巧玲：《中国边境地区的城镇化格局及其驱动力》，《地理学报》2020年第8期。

[5] Osman T. et al., "Driving Factors of Urban Sprawl in Giza Gov Ernorate of Greater Cairo Metropolitan Region Using AHP Method", *Land Use Policy*, November 2016.

[6] Hoggart K., *The City's Hinterland: Dynamism and Divergence in Europe's Peri-Urban Territories*, Farnham: Ashgate Publishing, 2012, p. 13.

病逐渐显现并日益加剧时,学者开拓视角,融合人口、经济、生态、社会、基础设施、城乡统筹等多方位视角,赋予城镇化新的内容和内涵,创新性地提出新型城镇化。

欧美国家工业化开始较早,城镇化已伴随工业化进程历经200多年,促进其经济结构、就业结构、空间结构、城乡结构等不断改革和优化,相对来说发展较为规范,存在问题较少。城镇化相关研究以人文社会科学领域为主,已形成丰富和完善的研究成果,国外研究中城镇化融合生态要素[1]、城乡统筹[2]层面及较为完善的评价指标体系等对于我国新型城镇化的扩展研究有一定参考和借鉴意义。但是,中国作为农业大国、人口众多、城乡二元结构固化等基本国情,与国外千差万别,不能照搬西方城镇化发展道路和发展模式,要基于我国城镇化发展面临土地与人口城镇化失调、人口资源环境与经济发展失调、城乡发展不均衡不协调等困境,选择适合中国发展现状有中国特色的新型城镇化发展道路和发展模式。鉴于此,国内学者从新型城镇化战略解读、发展水平测度、时空格局、驱动机制、发展路径、发展模式等方面展开研究。

在新型城镇化战略解读方面,学者主要围绕着人的城镇化是新型城镇化的核心意涵这一观点展开,方创琳明确指出新型城镇化是人地和谐、高效低碳、生态环保、节约创新、智慧平安的质量提升型城镇化[3],陈明星等基于文献研究,证明并深化新型城镇化以人为本、和谐、包容和可持续的科学内涵,指出其是从人口城市化向以人为本城市化的转变[4],范双涛通过比较发达国家和发展中国家的城镇化,解析了新型城镇化的理念、内涵、目标及发展中面临的困境,指出充分发挥城市规模与空间结构效应和高新技术产业的国民经济支撑能力,才能实现

---

[1] Glaeser E. L., Kahn M. E., "Sprawl and Urban Growth", *Handbook of Regional and Urban Economics*, Vol. 56, No. 4, April 2004.

[2] Deng X. et al., "Growth, Population and Industrialization, and Urban Land Expansion of China", *Journal of Urban Economics*, Vol. 63, No. 1, January 2008.

[3] 方创琳:《中国新型城镇化高质量发展的规律性与重点方向》,《地理研究》2019年第1期。

[4] 陈明星等:《中国特色新型城镇化理论内涵的认知与建构》,《地理学报》2019年第10期。

以人为核心的新型城镇化[1]，任冲以印度城镇化进程为研究对象，在将其经验教训与中国新型城镇化发展现状比较分析的基础上，明确指出中国新型城镇化的关键是农业转移人口的市民化，且中国特色的新型城镇化要实现可持续发展，必须依靠优化城乡发展空间布局、深化体制机制改革、城乡统筹协调发展[2]，宋连胜、金月华认为，新型城镇化涵盖了居民个人发展、城市空间结构、社会治理结构、生态环境和谐等层面，并进行全方位剖析，在此基础上强调新型城镇化要以人为主体，同时要保持人、社会、自然三者和谐相处、互动共进，城镇化才能有序持续发展[3]；张荣天、焦华富指出新型城镇化最核心的内涵是人的城镇化，并以集约性和持续性作为发展的重要标志，以高新技术产业发展为关键动力，以城市高质量发展和城乡协调并进为主要目标[4]；牛文学等将城乡间人口流动与城市经济发展的互动关系作为研究对象，指出农村人口以追求个人发展和改善家庭生活质量为目的向城市流动，鉴于这一考虑，新型城镇化要强化以人为本，遵循城镇化建设的制度设计与个人全面发展相结合的理念[5]；王新越等认为，新型城镇化是从数量向质量转变的城镇化，可以通过提升城市承载能力、完善城市各项职能，改善传统城镇化发展模式存在的问题，从而提高居民生活质量和提升经济持续发展能力。[6]

二 新型城镇化发展水平测度研究

国外学者对城镇化水平进行测度时，大多围绕社会学、规划学和经济性视角展开，选取指标时采用单项指标和复合指标两种方式，已形成较为成熟完善的指标体系囊括人口、经济、社会、基础设施、城市规模等动态指标。其中，联合国在构建发达国家和发展中国家城镇化水平评价指标体系时，基于人口、经济和社会之间的关系选取了19项指标，

---

[1] 范双涛：《中国新型城镇化发展路径研究》，博士学位论文，辽宁大学，2015年。
[2] 任冲：《中国特色新型城镇化发展战略选择研究》，博士学位论文，山东大学，2015年。
[3] 宋连胜、金月华：《论新型城镇化的本质内涵》，《山东社会科学》2016年第4期。
[4] 张荣天、焦华富：《中国新型城镇化研究综述与展望》，《世界地理研究》2016年第1期。
[5] 牛文学等：《当前我国新型城镇化研究现状分析》，《西北人口》2016年第6期。
[6] 王新越等：《新型城镇化的内涵、测度及其区域差异研究》，《地域研究与开发》2014年第4期。

英国地理学家克劳克（Cloke）尝试基于人的视角，构建了包含人口数量、个人职业、个人住所与市中心的距离等 16 项指标的城镇化评价指标体系[①]，日本部分学者从人口数量、经济发展、居民收入水平和基础设施建设等方面构建指标体系，可选取城镇成长力系数法评价城镇化演进进程，以日本城市地理学家稻永幸男为主要代表，采用复合指标法对选取的人口静态动态变化、城市规模、经济活动和区位 4 类指标进行测算，以此评价城镇化发展历程。[②]

国内学者测度城镇化水平时，基于不同尺度，指标体系构建集中涉及人口、经济、社会、空间、生态、基础设施等视角，采用的评价方法多为基于熵权法、德尔菲法进行权重分析的层次分析法、态势分析法、主成分分析法等。基于宏观尺度，王建康等从经济高效、社会和谐、环境友好、功能齐备、城乡协调 5 个层面构建新型城镇化发展水平评价指标体系，对全国新型城镇化进行定量研究[③]；姚旭兵等从人口、经济、生态和城乡统筹 4 个方面的实现程度构建指标体系，共选取 12 个指标对粮食主产区的新型城镇化发展水平进行测算[④]。

基于省域尺度，以山西省新型城镇化为评价对象，在构建指标体系时，杜志国设置人口、经济、社会、生态、空间城镇化五个子系统层，牛晓春等设置人口、经济、生态环境、居民生活水平、基础设施、城乡统筹 6 个准则层，分别采用主成分分析法和层次分析法进行测度[⑤]；以河北省及县域新型城镇化为研究对象，张胜军设置经济、社会、生活、生态、城乡统筹 5 个准则层[⑥]；张春玲等设置经济社会发展、公共服务

[①] Cloke Paul J., "Changing Patterns of Urbanisation in Rural Areas of England and Wales 1961–1971", *Regional Studies*, Vol. 12, No. 5, May 1978.

[②] 肖祎平：《中国城市化质量综合评价及其时空特征》，《中国人口·资源与环境》2018 年第 9 期。

[③] 王建康等：《中国新型城镇化的空间格局演变及影响因素分析——基于 285 个地级市的面板数据》，《地理科学》2016 年第 1 期。

[④] 姚旭兵等：《粮食主产区新型城镇化发展水平综合评价》，《商业经济研究》2017 年第 5 期。

[⑤] 牛晓春等：《基于新型城镇化视角的区域城镇化水平评价——以陕西省 10 个省辖市为例》，《干旱区地理》2013 年第 2 期。

[⑥] 张胜军：《基于 TOPSIS 模型的河北省新型城镇化发展质量评价及对策研究》，《经济论坛》2018 年第 11 期。

能力、文化教育水平和基础设施建设4个准则层，分别运用TOPSIS模型、因子分析法和聚类分析法对研究区新型城镇化质量进行评价[①]；曹红华对浙江省11个城市进行新型城镇化评价研究，在构建城镇化发展指标体系时，设置自然物质环境品质和社会文化品质两个一级目标，并将自然物质环境品质目标层分解成生态文明建设和服务设施完善两维度，将社会文化品质目标层分解成经济持续发展、居民生活品质、文化繁荣和管理现代化四维度，进而选择德尔菲法和态势分析法进行定量分析。[②]

基于市域尺度，余艳昕以重庆市为对象研究新型城镇化发展水平，主要从经济（宏观经济状况、产业结构水平、科技创新能力）、社会（就业结构水平、居民生活水平、公共事业服务及社会保障能力）和生态（生态环境质量）三维度进行指标体系构建，并采用聚类分析、因子分析法进行具体测算[③]；朱晓静采用层次分析法对汉中市新型城镇化水平进行评价，评价指标体系设置经济发展、居民生活、社会保障及人居环境4个准则层、4个指标层，总共16个指标。[④]

基于不同视角，景志慧等主要基于社会发展视角对四川省18个地级市和3个民族自治州进行新型城镇化水平评价，具体设置社会保障能力、文化发展、公共服务水平、城市管理4个准则层[⑤]；李红燕、邓水兰对新型城镇化评价指标体系加以丰富，除其他学者基本都包含的人口、经济、社会、生态层面外，增加了涉及空间、公平差异方面的指标，并用熵值法和综合指数法对中部六省省会城市的新型城镇化水平进行测算[⑥]；蓝庆新等突出新型城镇化的质量与效益，因此在构建指标体

---

① 张春玲等：《县域新型城镇化质量评价研究——以河北省为例》，《河北经贸大学学报》2019年第1期。
② 曹红华：《从测度到引导：新型城镇化评价指标体系构建与评估》，硕士学位论文，浙江大学，2014年。
③ 余艳昕：《重庆市新型城镇化发展水平综合评价》，硕士学位论文，西南财经大学，2014年。
④ 朱晓静：《基于综合指标评价的汉中市新型城镇化水平研究》，硕士学位论文，长安大学，2014年。
⑤ 景志慧等：《四川省新型城镇化水平综合评价研究》，《四川农业大学学报》2017年第1期。
⑥ 李红燕、邓水兰：《新型城镇化评价指标体系的建立与测度——以中部六省省会城市为例》，《企业经济》2017年第2期。

系时有所侧重,主要设置城镇化质量、效率和协调性三个指数,并结合熵值法和层次分析法,对全国新型城镇化质量进行评价[1];李晓梦在构建新型城镇化评价指标体系时强化以人为本,并将其融入经济、社会、基础设施和资源环境城镇化四大准则层中,以济南市乡镇为例进行具体评价[2];王保力等构建了独具特色的新型城镇化评价指标体系,针对新疆建设兵团这一特殊研究对象,将行政体制准则层纳入指标体系,并加入了新疆建设兵团营业外支出、公共管理与社会组织就业人员、农牧团场农牧工可支配收入等相应指标。[3]

三 新型城镇化时空格局研究

学者在对研究区域进行城镇化质量测度的基础上,通过不同软件、模型或方法对其时序演进特征和空间格局差异进一步探讨,杨洋结合计量模型和 GIS 软件,剖析了自 21 世纪以来山东半岛城市群新型城镇化综合水平的时空动态演变进程[4];沈威等选取 3 个时间节点,以长江经济带地级及以上城市为研究对象,运用熵值法、空间自相关分析法对其新型城镇化水平进行时空格局演变特征分析[5];王建康基于中国 2003 年以来 285 个地级市相关数据,通过构建空间计量模型剖析其新型城镇化水平空间格局的演变特征[6];王富喜[7]、刘静玉等[8]、李小军[9]分别采

---

[1] 蓝庆新等:《中国新型城镇化质量评价指标体系构建及评价方法——基于 2003—2014 年 31 个省市的空间差异研究》,《南方经济》2017 年第 1 期。

[2] 李晓梦:《济南市乡镇新型城镇化水平综合评价研究》,中国城市规划学会、杭州市人民政府:《共享与品质——2018 中国城市规划年会论文集(16 区域规划与城市经济)》,中国城市规划学会、杭州市人民政府,2018 年 5 月,第 14 页。

[3] 王保力等:《基于熵权法的新疆兵团新型城镇化发展质量评价》,《数学的实践与认识》2018 年第 19 期。

[4] 杨洋:《山东半岛城市群新型城镇化综合水平的时空变化》,《经济地理》2017 年第 8 期。

[5] 沈威等:《长江经济带新型城镇化时空格局演变及影响因素研究》,《华中师范大学学报》(自然科学版) 2017 年第 4 期。

[6] 王建康:《中国新型城镇化的空间格局演变及影响因素分析——基于 285 个地级市的面板数据》,《地理科学》2016 年第 1 期。

[7] 王富喜:《基于熵值法的山东省城镇化质量测度及空间差异分析》,《地理科学》2013 年第 11 期。

[8] 刘静玉等:《河南省城镇化质量的区际比较及区域差异研究》,《河南大学学报》(自然科学版) 2013 年第 3 期。

[9] 李小军:《基于突变理论的经济发达地区市域城镇化质量分区研究——以江苏省 13 市为例》,《经济地理》2014 年第 3 期。

用系统聚类、主成分分析、突变理论对山东省、河南省和江苏省的城镇化质量进行空间分异分析并进行类型划分。

四 新型城镇化驱动机制研究

国外城镇化的影响因素分为正向和负向两类，其中政策、经济发展水平、产业结构、教育和人口素质的提升对城镇化发展起促进作用，而能源消耗增加、城乡要素不流通不利于城镇化发展。其中，在正向影响因素中，Henderson V. J. 从政府角度出发，指出不同政策对产业部门间生产要素的流通起到促动或约束作用，城镇化政策会间接促进城镇化发展[1]；Dutt、Noble 认为，经济发展水平的提升能有效促进城镇化发展，随着工业和服务业发展，第二、第三产业从业人员比重持续增加，而农业从业人员比重日益减少，城镇化水平不断提高[2]，同时，Hoggart K.[3] 和 Irwin E. G. 等[4]认为城镇化提升过程中，服务业和新兴产业对城镇的聚集效应迅速增加，对城市经济的贡献能力不断上升，也带来产业结构的升级，从而更有效地促动城镇化发展；在对前人相关研究的基础上，Tselios V. 发现城镇化发展的影响因素错综复杂，教育和人口素质对城镇化发展具有关键决定性作用，人才的培养是促进城镇化持续发展的核心动能[5]，同时，城市的 FDI 知识溢出不断表现出其对周边地区城镇化发展的扩散效应，应注重加快产业结构的专业化和多样化来提升其有效支撑能力。[6] 在负向影响因素中，Machey 指出生产要素在城乡间配置失衡，大多呈农村向城市单向流动，短期内看能促进城镇化水平的提升，但会造成城镇化发展的不公平，导致其发展质量不高和持续发展力不

---

[1] Henderson V. J., "Evidence on the Political Economy of the Urbanization Process", *Journal of Urban Economics*, Vol. 53, No. 1, January 2003.

[2] Dutt A. K., A. G. Noble., *Challenges to Asian Urbanization in the 21st Century*, Berlin: Springer, 2004, p. 10.

[3] Hoggart K., *The City's Hinterland: Dynamism and Divergence in Europe's Peri-Urban Territories*, Farnham: Ashgate Publishing, 2012, p. 13.

[4] Irwin E. G. et al., "The Economics of Urban-rural Space", *Annu. Rev. Resour. Econ*, Vol. 1, No. 1, January 2009.

[5] Tselios V., "Urbanization and Socioeconomic Status in the European Regions: The Role of Population Ageing and Capital City Regions", *European Planning Studies*, Vol. 22, No. 9, September 2014.

[6] Lucas Jr, R. E., "Life Earning sand Rural-Urban Migration", *Journal of Political Economy*, Vol. 112, No. S1, January 2004.

足，应促进生产要素在城乡间合理配置，加强城乡互促互进、协调发展，才能提升区域整体经济发展水平[1]；Farhana K. M. 在对发展中国家城镇化进程研究时发现，发展中国家经济在增长，但经济增长带来的能源资源消耗和污染排放在持续增加，对经济增长的限制程度也会不断扩大。[2]

五　新型城镇化发展路径研究

在对所属研究区域新型城镇化发展水平、时空格局、驱动机制研究的基础上，对其发展路径也进行探讨，主要包括城乡产业融合、以人为本、低碳生态、小城镇发展、战略依托、体制机制等发展路径。城乡产业融合发展路径方面，相关研究成果最多，其中，夏后学指出，实现城镇生产需求和服务与农村农业相融合，不仅能促进新型城镇化发展，也能加快农业实现现代化，同时，新型城镇化要注重人的城镇化，通过提高农村转移人口的社会保障、公共福利水平及社会参与程度，优化其消费结构，从而带动消费增长，促动经济发展水平提升，也为新型城镇化发展增强经济保障能力；要提高农村转移人口在城镇中的社会参与度，加强社会保障，提升城镇人口的需求层次从而增加消费需求，促进经济健康发展[3]；陈如铁指出新型城镇化应注重人的城镇化，而不能片面追求土地城镇化，要通过产业结构优化升级改善就业结构、增加农村迁移人口的社会公共福利和社会保障，促进城乡均衡发展[4]；董晓峰基于当前时代背景，指出新型城镇化应低碳生态发展，降低城镇化成本，通过低碳发展路径有效提升新型城镇化发展效率[5]；刘国斌指出，当前大中小城市协调发展中，小城镇发展对就地和就近城镇化开展具有显著的促进效应，其集散作用和衔接功能不能忽视，应将小城镇发展作为促进新

---

[1] Machey., "The Governance of Global Value Chain", *Review of International Political*, Vol. 12, No. 2, February 2008.

[2] Farhana K. M., "Factors of Migration in Urban Bangladesh: An Empirical Study of Poor Migrants in Rajshahi City", *SSRN Electronic Journal*, Vol. 9, No. 1, January 2012.

[3] 夏后学：《新型城镇化与人的全面发展实现相互协调了吗？——基于人的物质水平改善视角》，《农业经济问题》2016 年第 1 期。

[4] 陈如铁：《辽宁省新型城镇化路径及其影响因素》，《经济地理》2017 年第 3 期。

[5] 董晓峰：《中国新型城镇化理论探讨》，《城市发展研究》2017 年第 1 期。

型城镇化发展的重要支点。①

杜金金在分析新时代形势下新型城镇化必要性和面临问题的基础上，指出新型城镇化建设要基于国家"四化同步"战略，坚持与工业化、信息化、农业现代化互促互进、协调发展②；陈明星等基于"一带一路"建设的空间规划和发展路线，指出新型城镇化可实现与其对接，在全面部署新型城镇化建设重点任务和推进路线时可将"一带一路"空间发展路线作为依据，同时，科学灵活的新型城镇化战略布局的制定，也能有效支撑"一带一路"的实施③；高宏伟等阐述社会力量对新型城镇化建设不可或缺，明确指出将政府、市场和社会力量融合，才能真正解决新时代新型城镇化发展中面临的问题，有序推进新型城镇化建设。④

六 新型城镇化发展模式研究

国外学者针对城镇化进程中城市经济发展带来诸多资源浪费和环境污染问题，提出依托生态城市、城市可持续发展和小城镇发展三种模式，以期通过城市经济、社会、生态协调发展，提高城镇化高质量。霍华德提出"田园城市"的设想，初衷即城市与乡村协调，可视为城乡一体化理论的起源⑤；联合国教科文组织详细剖析人类活动与环境之间的关系演化，促使"生态城市"进入学者的视野并受到广泛关注，经过一系列研究，美国学者理查德·瑞吉斯特明确指出未来城市的持续发展要注重与自然演进的动态平衡，从而编著并发表以生态城市为主体的著作，并界定了"生态城市"的具体概念。⑥

世界环境与发展委员会在《共同的未来》报告中，明确"可持续发展"观点，获得国际社会广泛认可，并逐步成为各国政府制定政策

---

① 刘国斌：《新型城镇化背景下大中小城市和小城镇协调发展研究》，《黑龙江社会科学》2018年第4期。
② 杜金金：《近五年我国新型城镇化发展认识研究》，《西南交通大学学报》（社会科学版）2018年第2期。
③ 陈明星等：《"一带一路"与新型城镇化的融合发展》，《科技导报》2018年第3期。
④ 高宏伟：《新型城镇化发展的三维逻辑研究：政府、市场与社会》，《经济问题》2018年第3期。
⑤ Howard E., *Garden Cities of Tomorrow*, London: Faber, 1946, p. 346.
⑥ Regist R., *Ecocities: Rebuilding Cities in Balance with Nature*, New Society Publishers, 2006, p. 35.

制度和经济社会发展的依据和原则；Onishi T. 指出要促进人与城市可持续发展，须注重在城镇化进程中促进经济、社会和生态协调推进的同时，也要关注城市居民的幸福感和满意度[1]；马克·罗斯兰德基于生态城市演变进程及演变特征，指出社会经济发展和城市规划要加强与生态城市结合，促进城镇化和城市持续发展，从而能通过加大民生投入着实改善民生，进而提高人居生活质量[2]；Qadeer M. A. 在研究发展中国家城镇化空间结构时，发现人口城镇化表现出农村人口向城镇转移和农村人口就地增长两种方式，基于此明确指出可将人口聚集程度作为城镇化发展水平高低的重要标志[3]，在此基础上，Meijers E. 和 Burger M. 基于"借来规模"研究，发现无论是对于较大城市溢出的聚集效益的吸收能力，还是利用较少成本对周边人口和要素的聚集能力，小城镇都具有独特的聚集作用，指出小城镇可依据中心城市的辐射和自身的聚集能力推动区域城镇化发展[4]；Gerald L. 和 Gordon 对小城镇发展模式下的城镇化加以研究，指出小城镇发展模式也呈多样化特点，应因地制宜地选取适合自己的发展模式，并且在发展过程中也要注重基础设施保障能力的提升。[5]

国内关于新型城镇化的发展模式研究，研究成果较为集中，主要包括小城镇发展和城市群发展两种。关于城市群的研究起步较晚，但研究成果较为丰富，以理论模型和实证研究居多。在理论模型研究方面，黄旭成等基于城市竞争力内涵和特征，初步构建了城市竞争力一般理论模型[6]，基于这一研究，北京国际城市发展研究院（IUD）在分析城市竞争力理论框架基础上，给予城市竞争力新的概念，并通过建立指标体系

---

[1] Onishi T., "A Capacity Approach for Sustainable Urban Development: An Empirical Study", *Regional Studies*, Vol. 28, No. 1, January 1994.

[2] Roseland M., "Dimensions of the Eco-city", *Cities*, Vol. 14, No. 4, April 2009.

[3] Qadeer M. A., "Ruralopolises: The Spatial Organisation and Residential Land Economy of High-density Rural Regions in South Asia", *Urban Studies*, Vol. 37, No. 9, September 2000.

[4] Meijers E., Burger M., "Stretching the Concept of 'Borrowed Size'", *Urban Studies*, Vol. 54, No. 1, January 2017.

[5] Gerald L., Gordon, *The Economic Survival of America's Isolated Small Towns*, Taylor and Francis, 2015, p. 34.

[6] 黄旭成、唐礼智：《城市竞争力理论浅析》，《福建地理》2001年第2期。

对其进行测算，进而构建了城市竞争力动态模型[1]；倪鹏飞本着"全面性"原则，将城市竞争力评价指标划分为显示性指标和解释性指标，通过测算结果提出了弓弦模型[2]；在实证研究方面，国内学者集中研究不同区域的时空格局演变。分别选取长江中游城市群[3]、中原经济区[4]、山东半岛城市群[5]、长三角城市群[6]、珠三角城市群[7]为研究区域，闫欣、孙芳、王成新、朱子明、许学强等依据各城市群发展条件构建各自的新型城镇化评价指标体系，对其发展水平的时空演变及演变特征进行评价，并提出差异化发展策略，另外，张涛通过对成渝城市群新型城镇化发展水平进行评价，指出其空间格局呈现"1+5"特征[8]，在此基础上，李剑波以 2005 年和 2014 年为时间断面，对成渝城市群的新型城镇化协调度进行探讨。[9]

第二节　乡村振兴

国内学者基于不同的研究视角和研究方向，对乡村振兴的研究较多，研究成果主要包括理论研究、研究内容、突破口、实施路径、专题研究、认识误区 6 个方面。

一　乡村振兴内涵研究

国外学者以乡村发展（Rural Development）为研究对象，内涵方面

---

[1] 北京国际城市发展研究院：《关于中国城市竞争力评价系统的解释》，《领导决策信息》2002 年第 24 期。
[2] 倪鹏飞：《中国城乡一体化进程研究与评估》，《城市观察》2016 年第 1 期。
[3] 闫欣：《长江中游城市群新型城镇化发展水平测度与时空特征研究》，硕士学位论文，南京师范大学，2015 年。
[4] 孙芳等：《山地欠发达地区的精明收缩发展路径研究——以重庆城口县为例》，《2019 中国城市规划年会论文集（17 山地城乡规划）》，重庆市人民政府：中国城市规划学会，2019 年 5 月，第 13 页。
[5] 王成新等：《城市群竞争力评价实证研究——以山东半岛城市群为例》，《地域研究与开发》2012 年第 5 期。
[6] 朱子明、罗栋燊：《福建省城市化水平时空差异及演变趋势》，《合作经济与科技》2014 年第 8 期。
[7] 许学强等：《珠江三角洲城镇化研究三十年》，《人文地理》2009 年第 1 期。
[8] 张涛：《成渝城市群新型城镇化水平测度与发展研究》，《决策咨询》2016 年第 3 期。
[9] 李剑波：《成渝城市群新型城镇化发展协调度时序特征》，《现代城市研究》2018 年第 9 期。

的研究主要围绕乡村功能定位和乡村治理学说。在乡村功能定位方面，Mirek Dymitrow 指出乡村不只是农业生产属地，也是居民生活场所，不能只关注其生产服务属性，应兼顾生产和人居两大功能。① 基于多领域多学科比较研究，Daniels P. W.② 通过分析发展中国家农村发展进程，创造性地提出了乡村整合发展理论，即在一定乡村发展规划指导下，提升农村持续发展能力、改善农民生活质量和加强基层组织自治能力，进而改善当前农村地区现状。

国内学者对于乡村振兴内涵的认识基本一致。乡村振兴是基于中国作为农业大国的国情和"三农"问题提出的具有中国特色的战略，在党的十九大报告中明确了涵盖目标和任务的"乡村振兴"内涵，即产业兴旺、生活富裕、乡风文明、生态宜居、治理有效。学者基于不同视角和不同领域对其内涵进行解读，韩俊③、叶兴庆等④认为，乡村振兴战略强调乡村各方面协调发展，比新农村建设具有更深刻的内涵；马晓河强调乡村振兴要在村貌、产业、生活、风尚及组织五方面创新⑤；温铁军等认为乡村振兴在目标界定上体现出深意，即实现城乡双向互动，完善乡村治理体系，改善乡村人居环境，需要乡村在生态、生活、生产、文化和治理五方面进行创新。⑥

另外，学者一致认为乡村振兴具有一定现实意义。刘彦随认为加快推进乡村振兴上升为国家战略，对解决城乡分离、人地分离及各种乡村病问题有重要意义，有利于解决农村农业发展不平衡不充分困境⑦，许利峰认为，乡村振兴战略的提出把农业农村发展摆在优先位置，有利于

---

① René Brauer et al., "Quality of Life in Rural Areas: A Topic for the Rural Development Policy?", *Bulletin of Geography: Socio-economic Series*, Vol. 25, No. 25, November 2014.

② Daniels P. W. et al., "The Planning Response to Urban Service Sector Growth: An International Comparison", *Growth & Change*, Vol. 22, No. 4, April 1991.

③ 韩俊：《关于实施乡村振兴战略的八个关键性问题》，《中国农业文摘——农业工程》2019年第3期。

④ 叶兴庆等：《把农业农村优先发展落到实处》，《中国农业文摘——农业工程》2019年第2期。

⑤ 马晓河：《乡村振兴要围绕"四短"展开》，《中国农村科技》2019年第3期。

⑥ 温铁军等：《乡村振兴背景下生态资源价值实现形式的创新》，《中国软科学》2018年第12期。

⑦ 刘彦随：《新时代乡村振兴地理学研究》，《地理研究》2019年第3期。

激发乡村发展的主动性和发展活力，有利于改善"三农"问题①；蒋和平认为，实施乡村振兴战略可通过农业供给侧结构性改革，优化经济结构和转换经济动能，从而增强经济持续发展能力和竞争能力。②王廉认为，随着乡村振兴战略的提出与实施，是产业发展面临的机遇和挑战，应全力把握这一机遇，应对和适应新一轮农村改革。③

二 乡村振兴综合评估研究

诸多学者从不同视角对乡村振兴内容加以研究，综合来看研究成果主要围绕"人、地、钱"要素展开，主要包括制度建设、产业建设、人才建设、文化建设、生态建设、福祉建设、政治建设等。王佳宁认为，乡村振兴要实现"三农"现代化的目标，需要对5个方面加以振兴④；李周认为，新时代乡村振兴要实践20字方针⑤；魏后凯认为，乡村振兴是融合经济、社会、文化、治理体系和生态的全方位振兴，并非某一层面的振兴⑥；张强等认为，乡村振兴主要内容包括社会、文化、精神3个方面⑦；张军在分析新时代发展面临新矛盾的基础上，指出乡村振兴应涵盖经济、文化、生态、福祉、政治5方面内容⑧；范建华指出，乡村振兴主要内容包括体制机制改善、农村农业现代化、农村队伍建设等⑨；罗必良强调乡村振兴内容应该以"人、地、钱"为核心，主要围绕农村人才队伍建设、农地关系创新、体制机制改革等方面展开。⑩

---

① 许利峰：《我国乡村振兴战略背景下的特色小镇发展趋势》，《建设科技》2018年第2期。
② 蒋和平：《实施乡村振兴战略及可借鉴发展模式》，《农业经济与管理》2017年第6期。
③ 王廉：《乡村振兴：特色小镇发展战略及产业机遇初探》，《南方农村》2017年第6期。
④ 王佳宁：《乡村振兴视野的梁家河发展取向》，《改革》2017年第11期。
⑤ 李周：《乡村振兴战略的主要含义、实施策略和预期变化》，《理论参考》2018年第4期。
⑥ 魏后凯：《实施乡村振兴战略的关键与难题》，《山东经济战略研究》2018年第11期。
⑦ 张强等：《浅析农村金融如何助力乡村振兴战略》，《时代金融》2018年第26期。
⑧ 张军：《乡村价值定位与乡村振兴》，《中国农村经济》2018年第1期。
⑨ 范建华：《乡村振兴战略的理论与实践》，《思想战线》2018年第3期。
⑩ 罗必良：《明确发展思路，实施乡村振兴战略》，《南方经济》2017年第10期。

乡村振兴是一个长期的战略任务，中国农村区域差异显著，对于振兴的突破口学者也进行了广泛研究，研究成果主要集中在农业产业建设、人才建设、农村文化建设、农村生态文明建设3个方面。针对农业产业建设，陈锡文认为乡村振兴最重要的是构建和完善农业产业现代化体系，从而实现农业现代化[1]；蔡丽君认为，乡村振兴计划的实施重点是农业产业链的构建，有利于农业供给侧改革的深化和城乡一体化建设[2]；王思博指出乡村振兴要注重农业产业自我修复和完善，可依靠稳定的农业补贴政策来保障[3]；陈文胜指出乡村振兴的主要突破口在于乡村产业融合，相关部门应从不同侧面鼓励乡村产业体系的构建、实施和完善[4]；厉新建等认为乡村振兴可借助乡村旅游促进产业融合，为农村农业发展注入新的活力，为乡村振兴带来新的契机[5]；针对农村人才建设，贺雪峰认为乡村振兴要注重农村相关人员的培训以提升发展能力，同时兼顾人才引进，多方面加强人才队伍建设[6]；薛秀娟认为亟须提高农村居民文化素养，可从互联网建设和基本设施改善等方面加强农村文化建设，提升村民文化生活和满足感[7]；针对生态文明建设作为突破口，温铁军强调乡村振兴要注重生态文明建设，改善乡村环境质量，保持与党中央的政策的一致性[8]；李刚指出乡村生态振兴，有利于农村土地高效利用[9]；杨苹苹强调要重视生态振兴，有利于农村人居环境的改善、农耕文化的保护与传承，从而带动农村各领域全面发展。[10]

---

[1] 陈锡文：《从农村改革四十年看乡村振兴战略的提出》，《中国人大》2018年第15期。

[2] 蔡丽君：《实现农村产业兴旺的对策研究》，《农业经济》2018年第9期。

[3] 王思博：《现阶段我国乡村发展中的若干问题及振兴建议——2017—2018年度中央一号文件地方贯彻落实情况第三方评估调研思考》，《西部论坛》2018年第1期。

[4] 陈文胜：《怎样理解"乡村振兴战略"》，《农村工作通讯》2017年第21期。

[5] 厉新建等：《全域旅游发展：逻辑与重点》，《旅游学刊》2016年第9期。

[6] 贺雪峰：《谁的乡村建设——乡村振兴战略的实施前提》，《探索与争鸣》2017年第12期。

[7] 薛秀娟：《补齐乡村振兴的"精神短板"》，《人民论坛》2018年第5期。

[8] 温铁军：《生态文明战略转型与乡村建设》，《湖南农业科学》2018年第6期。

[9] 李刚：《新型城镇化与乡村振兴的战略耦合机制研究》，《热带农业工程》2019年第5期。

[10] 杨苹苹：《乡村振兴视域下生态宜居乡村的实现路径》，《贵阳市委党校学报》2017年第6期。

三 乡村振兴实施路径研究

国外相关研究围绕农民收入提升路径和乡村发展路径两方面推进。在农民收入提升路径研究方面，针对具有乡村旅游发展条件的乡村，Vasily Erokhin 等认为应充分利用优美风景和良好生态优势，打好"乡村旅游牌"，带动农民充分就业和就业方式多元化，从而促进农村农民多渠道增收①，而针对不具备乡村旅游发展条件的乡村，Stefan Neumeier 和 Kim Pollermann 指出这些地区从表象来看不具备资源禀赋优势，但可以根据地区环境和文化特色，开发具有差异化的特色乡村旅游。② 在乡村发展路径方面，Inayatullah Jan 和 Waqar Akram 认为，可以从加强先进生产技术传播和推广、新旧生产理念更替两方面展开。③

国内学者对乡村振兴实施路径的研究主要基于农业、农村、农民三个视角展开，具体途径集中在产业融合、体制机制创新、加强基层治理、促进人的全面发展等方面。农业发展视角方面，大部分研究均从经济学视角展开，其中，陈秧分等在分析农业、农村变迁及关系演化的基础上，阐述农业对乡村振兴具有支撑作用，并明确推进农业产业化、传统农业向特色农业转变有助于推动农业振兴进程④；周立认为促进产业融合是乡村振兴的关键途径，具体可通过增强农业内部融合性、推进工业化信息化建设、完善基础设施、顺畅城乡要素流通等方面促进农村充分发展。⑤

农村发展视角方面，学者基于城乡关系演变的阶段特征及存在问题，从不同侧面对乡村振兴的实施路径进行探讨，其中，郑有贵通过健

---

① Vasily Erokhin et al., "Trade Tensions between EU and Russia: Possible Effects on Trade in Agricultural Commodities for Visegrad Countries", *Visegrad Journal on Bioeconomy and Sustainable Development*, Vol. 3, No. 2, February2015.

② Stefan Neumeier et al., "Rural Tourism As Promoter of Rural Development-Prospects and Limitations: Case Study Findings from A Pilot Projectpromoting Village Tourism", *European Countryside*, Vol. 6, No. 4, April 2014.

③ Inayatullah Jan Waqar Akram, "Willingness of Rural Communities to Adopt Biogas Systems in Pakistan: Critical Factors and Policy Implications", *Renewable and Sustainable Energy Reviews*, Vol. 81, No. 1, January 2018.

④ 陈秧分等：《乡村振兴战略中的农业地位与农业发展》，《农业经济问题》2018年第1期。

⑤ 周立：《乡村振兴的核心机制与产业融合研究》，《行政管理改革》2018年第8期。

全乡村治理体系帮助农村脱贫，构建了"党支部+合作社+农户"的发展模式[1]；叶兴庆指出加大政府对农村投入力度并拓宽投资渠道，能有效助推乡村振兴[2]；张军[3]、唐任伍[4]、张强[5]等都明确指出加强体制机制的改革与完善，促进乡村振兴机制的共享发展有助于实现城乡公平发展，缓解城乡差距过大问题，促进城乡一体化建设，付翠莲指出城乡融合发展助力乡村振兴，能带来城乡并肩前行、共同繁荣，并从体制机制改革、要素配置优化、农业产业振兴、生态振兴等多维度阐述其助力路径[6]；农民发展视角方面，学者基本上围绕着以人为本的理念展开，其中，缪雨认为乡村振兴的目标之一，即推进人的全面发展，包括人在物质、思想、文化等全方位发展，因此要坚持将以人民为中心的发展理念贯彻在实施乡村振兴战略进程中，充分调动各方面积极性，切实推动农业、农村和农民全方位发展[7]；廖彩荣、陈美球指出通过增强惠农政策扶持、完善农民权益保障体制机制等层面深入挖掘农民发展潜力，是乡村振兴的有效途径。[8]

四 典型区域乡村振兴模式研究

学者对民族地区乡村振兴模式研究较为集中。中国农村发展水平及发展阶段呈现多样性，民族地区因其地形复杂多样、少数民族与汉族交错聚居、生态环境脆弱、基础设施短缺等限制性因素，导致经济贫困、文化贫困、生态贫困等交互循环，在乡村振兴战略背景下如何助力民族地区脱贫引起学者的广泛关注，经过研究已取得了不少研究成果，主要集中在乡村振兴必要性和特点、突破口、实施路径3个方面。

---

[1] 郑有贵：《由脱贫向振兴转变的实现路径及制度选择》，《宁夏社会科学》2018年第1期。
[2] 叶兴庆：《振兴乡村，"制度性供给"为何重要》，《农村工作通讯》2018年第3期。
[3] 张军：《深化改革，释放乡村振兴内生动能》，《东岳论丛》2018年第6期。
[4] 唐任伍：《新时代乡村振兴战略的实施路径及策略》，《人民论坛·学术前沿》2018年第3期。
[5] 张强：《发展现代农业引领乡村振兴》，《经营管理者》2019年第12期。
[6] 付翠莲：《新时代以城乡融合促进乡村振兴：目标、难点与路径》，《通化师范学院学报》2018年第1期。
[7] 缪雨：《人的全面发展视域下的乡村振兴战略》，《云南民族大学学报》（哲学社会科学版）2018年第3期。
[8] 廖彩荣、陈美球：《乡村振兴战略的理论逻辑、科学内涵与实现路径》，《农林经济管理学报》2017年第6期。

在必要性和特点方面，廖林燕明确指出中国要顺利推进乡村振兴战略，重点补齐民族地区乡村振兴"短板"具有越来越显著的迫切性和必要性[1]；丁忠毅指出边疆地区乡村振兴与整合具有特殊使命，对于发挥东西部扶贫协作、对口支援等政策的实效性至关重要;[2]；王建民指出民族地区的乡村振兴具有3个显著特点，即多样性、主体性和文化性。[3]

在突破口方面，主要集中在精准扶贫和社会治理两方面，针对精准扶贫，杨浩、池文强、韩广文等以高原藏区、凉山彝族自治州、张家川回族自治县为研究对象，通过分析得出民族贫困地区要推进乡村振兴，要将精准脱贫作为首要的关键性任务[4]，针对社会治理，廖林燕通过理论和实证分析，得出民族地区推进乡村振兴的关键点是社会治理，可通过挖掘整合地区特色治理资源、构建与完善社会治理体系，逐步化解社会矛盾。[1]

在实现路径方面，研究成果相对更多，主要集中在产业扶持、乡村治理、文化重构、人才建设、生态保护等方面，其中，从产业扶持角度，凤兰勇基于民族地区面临经济发展困境提出乡村振兴发展路径，包括增强产业扶持力度、扩大农业技术支持、深化农村土地制度改革、构建乡村田园综合体等[5]；吴晓萍指出着力扶持乡村特色生态高效农业和旅游产业能有效促进乡村振兴，可尝试增强政府对乡村基础设施与公共服务投入力度和规模[6]；从乡村治理角度，刘超、唐婷认为乡村振兴背景下实现乡村治理制度性资源的现代化，需要处理好正式化建构与非正式化传承、核心功能保持与功能扩展、传统制度与现代正式制度安排、

---

[1] 廖林燕：《乡村振兴视域下边疆民族地区乡村治理机制创新研究》，《西北民族大学学报》（哲学社会科学版）2018年第1期。

[2] 丁忠毅：《边疆地区乡村振兴与整合的特殊使命与着力点选择》，《四川大学学报》（哲学社会科学版）2020年第3期。

[3] 王建民：《民族地区的乡村振兴》，《社会发展研究》2018年第1期。

[4] 杨浩等：《少数民族地区精准脱贫进程评价及对策研究》，《贵州民族研究》2016年第7期。

[5] 凤兰勇：《民族地区乡村振兴的经济困境与出路初探》，《农村经济与科技》2018年第2期。

[6] 吴晓萍：《论乡村振兴战略背景下民族地区的乡村建设与城乡协调发展》，《贵州师范大学学报》（社会科学版）2017年第6期。

传统传承方式与现代传承手段四个关系①；从文化重构角度，吕蕾莉认为乡村文化重建关系到农耕文化的保护与传承，对于中国农业大国的国情至关重要，在重建乡村文化时要注重其与乡村基层组织力关联效应，切实促进两者互促互融②；刘红紧扣组织保障、主力军建设、物质基础三个方面强调了推进乡村振兴的重点环节；从人才建设角度③；何燕明确西北地区要实现乡村振兴，农民合作社组织作为农业生产要素承载的重要主体，需加强其在治理制度、组织结构、社会关系及运作实践等方面的创新④；邓磊直面西部地区人力资本匮乏困境，针对性地指出如何开发和利用人力资源将作为乡村振兴第一要务，对乡村振兴能否实现具有一定的决定性作用⑤；从生态保护角度，蒋星梅⑥、徐克勤⑦等在对西部地区诸多村寨错综复杂的自然条件、人口、经济、文化等诸多方面调研和比较分析的基础上，明确西部地区乡村振兴应注重识别经济、社会、文化发展的差异性，在保护地区特色文化的前提下有针对性地进行开发。

五 乡村振兴战略实施预警

乡村振兴战略提出之后，全国各地的乡村振兴工作如火如荼地展开，在多方面见实效的同时，是否也暴露出一些问题，诸多学者对于乡村振兴战略实施中可能出现的误区进行了预警和分析，研究成果集中在重规划轻落实、发展模式趋同化等，张宏强研究发现在乡村振兴过程中，部分地区做到了规划先行，也遵循了以人为本和可持续发展原则，

---

① 刘超、唐婷：《乡村振兴中民族地区乡村治理的传统制度性资源：价值、困境与转型路径》，《四川行政学院学报》2019年第1期。

② 吕蕾莉：《文化振兴视角下西北民族地区村民自治的内在需求》，《华南农业大学学报》（社会科学版）2019年第2期。

③ 刘红：《民族地区实施乡村振兴战略要抓住关键和重点》，《中国民族报》2018年第7期。

④ 何燕：《乡村振兴背景下西北地区农民专业合作组织的治理创新实践》，《甘肃社会科学》2020年第1期。

⑤ 邓磊：《西部民族地区乡村变迁与乡村振兴》，《华中师范大学学报》（人文社会科学版）2018年第6期。

⑥ 蒋星梅：《乡村振兴战略背景下民族地区村寨游艺民俗资源开发的方向、原则与路径——以贵州黔东南苗侗聚居区为例》，《贵州师范大学学报》（社会科学版）2017年第6期。

⑦ 徐克勤：《把握实施乡村振兴战略机遇 进一步推进少数民族特色村镇建设》，《中国民族报》2018年7月6日第6版。

但在实施过程中，可能出现政策流于形式主义而忽略落实可行性和实效性、注重经济目标而忽略精神文明建设、重基础设施建设而忽略公共服务水平提升等不良倾向①；陈杰则指出有些地区可能急于展现乡村振兴效果，片面地解读乡村振兴战略，在不考虑地区发展条件和面临困境存在差异化的前提下，开展乡村振兴工作，需要提前预警的5方面包括：不切实际地调控乡村人口增加、将扩大产业规模与农业产业现代化等同、所有乡村同步振兴、振兴与脱贫等同、乡村振兴即政府主导②；李昌平等基于方法论视角，指出某些地区所有乡村都千篇一律地搞乡村振兴，振兴模式完全雷同③；针对这样的误区，贺雪峰指出乡村振兴发展模式不能在各地复制和推广，要依托不同乡村的多样性、差异性和区域性，因地制宜地创新振兴模式，才能实现缩小城乡发展的不平衡性这一重要目标，否则将会使农村发展面临更大的不平衡不充分问题。④

第三节　城乡融合

一　城乡融合基本思路

国外对城乡关系理论研究源自空想社会主义，经历了空想的城乡平等理论、城乡二元经济理论、初期城乡一体化理论、城乡协调发展理论的演进进程。圣西门首先提出"城乡平等"概念⑤；欧文在其基础上基于自己的理想社会模式构建新协和村，虽然过于空想，但从不同角度体现了城乡一体化思想⑥；随后着力于城乡关系现状研究，衍生出以二元经济论为代表的大量经典理论，首先，伯克在社会经济制度研究过程中提出"城乡二元经济"概念，并将印度尼西亚划分为传统部门和现代

---

① 张宏强：《推动乡村振兴需防止四种不良倾向》，《经济日报》2018年11月8日第15版。
② 陈杰：《乡村振兴的若干思考：谨防的误区与注意的事项》，《中国建设报》2019年第4期。
③ 李昌平、杨嘉翔：《村社内置合作金融促进乡村振兴及扩大内需的实践报告与政策性建议》，《当代世界社会主义问题》2019年第2期。
④ 贺雪峰：《振兴乡村如何避免新不平衡》，《农村工作通》2018年第14期。
⑤ 圣西门：《圣西门选集》第1—3卷，商务印书馆1979年版。
⑥ 欧文：《欧文选集》第1卷，商务印书馆1979年版。

部门①；之后，刘易斯提出"城乡二元经济结构"，并深入分析了发展中国家存在的经济问题②；随后拉尼斯和费景汉提出了"刘易斯—拉尼斯—费景汉"模型，丰富了城乡二元经济结构研究，指出农业劳动力转移到工业部门的门槛条件是农业生产率提高解放劳动力，带来农业剩余③；霍华德④和赖特⑤针对城乡差距拉大且城市发展面临拥挤、环境恶化等困境时，提出构建"田园城市"和"广亩城市"，在一定程度上体现了城乡一体化思想，舒尔茨明确指出破解城乡差距扩大的主要途径是开发乡村人力资本⑥；托达罗基于托达罗人口流动模型，指出大力发展农村经济才能缩小城乡差距，进而实现城乡一体化目标。⑦

随着城乡关系演进，发展形势和发展阶段呈现多样化特征，在城乡二元结构日益凸显时，城市偏向论、乡村偏向论、城乡一体化、城乡融合理论陆续出现。城市偏向论可追溯至刘易斯，他提出"分散型城市"概念，认为城市构造严密紧凑，拥有健全的工业基础和发展能力，可独立发展并能满足社会发展变化需求。⑧利比顿在总结前人思想的基础上明确提出"城市偏向论"，认为城乡关系应立足于优先发展城市，进而带动区域发展和城乡发展⑨；"乡村偏向论"以施托尔⑩和托德林⑪为代

---

① Indonesiaby J. H., "Boeke Economics and Economic Policy of Dual Societies", *American Anthropologist (New Series)*, Vol. 56, No. 6, June 1954.

② 刘易斯·福芒德：《城市发展史：起源、演变和前景》，中国建筑工业出版社2005年版。

③ 费景汉、拉尼斯：《增长和发展：演进观点》，商务印书馆2004年版。

④ 埃比尼泽·霍华德：《明日的田园城市》，商务印书馆2000年版。

⑤ Frank Lloyd Wright, "When Democracy Builds", *The Journal of Land & Public Utility Economics*, 1945, pp. 389-390.

⑥ 舒尔茨：《人力资本投资》，商务印书馆1990年版。

⑦ M. P. 托达罗：《第三世界的经济发展》，中国人民大学出版社1994年版。

⑧ 王颂吉、白永秀：《城乡要素错配与中国二元经济结构转化滞后：理论与实证研究》，《中国工业经济》2013年第7期。

⑨ Stohr Taylor, *Development from Above or Below? The Dialectics of Regional Planning in Developing Countries*, Chicheste：John Wiley & Sons. LTD, 1981, pp. 158-163.

⑩ Terluin I. J., "Differences in Economic Development in Rural Regions of Advanced Countries：an Overview and Critical Analysis of Theories", *Journal of Rural Studies*, Vol. 19, No. 3, March 2003.

⑪ Hartshorn R. B. T. A., "Regional Development Policy：A Case Study of Venezuelaby John Friedmann", *Journal of Developing Areas*, Vol. 7, No. 2, February 1967.

表,二人指出乡村应形成选择性密闭空间,避开与城市的关联以摆脱中心城市对其的控制和约束,进而形成"选择性空间密闭"理论,这一理论对于城市和乡村发展均未带来实际效果。以马克思为代表的城乡协调发展理论应运而生,指出城乡关系必然会从城乡对立走向城乡融合,是一个漫长的历史进程,弗里德曼的"核心—边缘"理论将区域划分为核心区和外围区,其中核心区表示具有经济优势、发展条件良好、创新能力强且制度完善的区域,外围区位于核心区外围,核心区对外围区有辐射带动作用,而外围区受核心区支配,这一理论的出现能有效阐释城乡从对立发展、互相关联、不均衡发展最终走向均衡发展的演变进程。[1]"城乡一体化理论"代表人物是麦吉和弗兰克,麦吉以亚洲发展中国家为研究对象,发现城乡界限模糊,城乡交接地带农业与非农产业并存,加强城乡间生产要素双向交流既能促进非农产业迅速发展,又能改善乡村居民生活水平,进而提出城乡发展"Desakota"模式[2],体现了"城乡一体化理论"部分内涵,弗兰克进而提出具有现实意义的城乡一体化发展模式,包括"农业—工业化模式""后生产主义"和"可持续发展模式"。[3] 无论是城市偏向论、乡村偏向论,还是城乡一体化理论,这些理论均基于城乡共存的前提提出,或以城带乡,或城乡互动,都为城乡融合理论的形成和发展奠定了基础。

中国城乡关系历经了城乡对立、城乡统筹、城乡一体化、城乡融合等不同演进阶段,学者在研究时将马克思城乡关系理论与中国现实国情结合,在分析马恩城乡融合思想及其在中国继承与发展的基础上,形成了具有中国特色的城乡关系理论。1949年中国处于经济社会恢复生产时期,政府选择重工业优先发展战略来改变发展落后状态,以提升国家发展实力,因此,农业生产为重工业发展提供资金积累和劳动力供给是唯一选择,随后面对城乡差距不断拉大的局面,政府提出统筹城乡发展,发展战略也从城市偏向向兼顾农村农业发展战略调整,但诸多因素

---

[1] 景普秋、张复命:《城乡一体化研究的进展与动态》,《城市规划》2003年第6期。

[2] Evans Morris, Winter, "Conceptualizing Agriculture: A Critique of Post-productivism as the New Orthodoxy", *Progress in Human Geography*, Vol. 26, No. 3, March 2002.

[3] Evans Morris, Winter, "Conceptualizing Agriculture: A Critique of Post-productivism as the New Orthodoxy", *Progress in Human Geography*, Vol. 26, No. 3, March 2002.

限制导致收效甚微,城乡差距持续拉大,基于中国城乡二元结构国情,学者在这一时期的相关研究,或突出"城市偏向",或强调"乡镇偏向",如以费孝通为代表的乡镇企业是符合我国国情的重大思路的"小城镇论",以樊纲等为代表的学者倡导大力发展城市化的"大城市论"[1],自 2003 年以来,针对经济社会不平衡、不协调、不可持续问题,国家政策持续调整,学者也围绕新型城镇化、新农村建设、城乡发展模式及政策等方面展开研究,针对如何打破城乡对立局面、实现城乡融合,林志鹏指出依靠新型城镇化统筹城乡户籍制度、改善城乡生态环境,实现城乡经济社会生态协调发展[2];刘先江、杨仪青等指出只有加快农业现代化进程,加快制度创新,农业现代化、城乡基础设施和公共服务均等化,切实缩小城乡差距,以城乡生产生活融合发展助力乡村振兴,城乡才能均衡发展[3][4];戈大专等、叶超等、刘春芳等、郭明睿、温政等指出要实现城乡融合,关键在于加强工农产业互动,城市通过功能定位科学化、规划先进化和城市生态化等层面,积极促进城市绿色发展[5][6],农村则注重农业农村现代化,加快"三农"充分发展,切实解决"三农"问题[7][8];反之,城乡融合也能有效缓解城市资源承载力负重和生态环境恶化问题,为工农产业发展提供保障。[9]

二 城乡融合模式

部分学者基于国内外文献,总结国外城乡融合模式的演进历程,由

---

[1] 叶超、高洋:《新中国 70 年乡村发展与城镇化的政策演变及其态势》,《经济地理》2019 年第 10 期。

[2] 林志鹏:《乡村振兴战略需要坚持城乡融合发展的方向》,《红旗文稿》2018 年第 18 期。

[3] 刘先江:《马克思恩格斯城乡融合理论及其在中国的应用与发展》,《社会主义研究》2013 年第 6 期。

[4] 杨仪青:《城乡融合视域下我国实现乡村振兴的路径选择》,《现代经济探讨》2018 年第 6 期。

[5] 戈大专、龙花楼:《论乡村空间治理与城乡融合发展》,《地理学报》2020 年第 6 期。

[6] 叶超、于洁:《迈向城乡融合:新型城镇化与乡村振兴结合研究的关键与趋势》,《地理科学》2020 年第 4 期。

[7] 刘春芳、张志英:《从城乡一体化到城乡融合:新型城乡关系的思考》,《地理科学》2018 年第 10 期。

[8] 郭明睿:《中国西部地区城市发展问题探究》,《马克思主义学刊》2016 年第 3 期。

[9] 温政:《马克思恩格斯城乡关系思想及其当代启示》,硕士学位论文,辽宁大学,2017 年。

"城市分散化""Desakota"等城乡对立的发展状态，逐步形成"城市综合体""田园城市观""区域新城化""城乡融合式""城乡一体的社会组织形态"等多种模式。[1]

中国城乡关系具有中国特色，且区域差异化特征显著，学者基于不同视角对中国城乡融合模式进行研究，主要包括城镇化带动模式、乡村复兴助推模式、产业融合发展带动模式、城乡要素对接模式和空间结构优化模式等。城镇化带动模式方面，具有典型代表意义的有苏南模式、温州模式、珠三角模式和成都模式[2]，其中，苏南模式主要以政府为主导，以乡镇企业为依托，依靠小城镇发展推动城乡互动，温州模式主要依靠市场调控，以私营企业为核心发展动力，以家庭工业为辅助，形成产业规模效应的同时推动小城镇发展，珠三角模式则依托地域优势，增强外商投资力度以扩大对外开放程度，提升城镇化水平，成都模式则坚持城乡规划先行，依靠"县域增长极"推动城镇化发展。乡村复兴助推模式方面，李灿等指出通过构建利益联结机制，创新共享农庄发展模式，通过乡村复兴，助推城乡融合发展[3]；曾雯等、张小林、李智等指出通过经济依赖型、中间通道型乡村复兴路径，促进城乡互动[4]。产业融合发展带动模式方面，李爱民、马嘉爽指出城乡融合可依托产业融合发展带动模式，搭建城乡要素对接交流平台，创新要素交易方式和产业融合模式，推动城乡融合进程[5][6]；陈笑在对白鹿原城乡融合发展水平评价的基础上，提出将白鹿原特有的生态资源与西安市相关产业关联，通过城乡生产要素集聚，产业链横、纵延伸，形成产业规模化等方式，促进城乡产业结构优化，以实现产业融合

---

[1] 张沛：《城乡一体化研究的国际进展及典型国家发展经验》，《国际城市规划》2014年第1期。
[2] 高彬：《基于溢出效应分析的新型城镇化路径选择研究》，硕士学位论文，山东师范大学，2016年。
[3] 李灿、薛熙琳：《共享农庄研究：利益联结机制、盈利模式及分配方式》，《农业经济问题》2019年第9期。
[4] 曾雯等：《乡村振兴视角下县域尺度城乡融合发展评价研究》，《池州学院学报》2018年第3期。
[5] 李爱民：《我国城乡融合发展的进程、问题与路径》，《宏观经济管理》2019年第2期。
[6] 马嘉爽：《新时代城乡融合发展实证研究》，硕士学位论文，吉林大学，2019年。

发展带动模式促进城乡融合发展①。城乡要素对接模式方面，蔡秀玲和陈贵珍指出充分融合市场与政府双重作用，在政策扶持下促进城乡要素双向流动有效对接，尤其注重引导生产要素流向乡村②；杨一鸣等通过实证研究发现，资金、产业、信息等要素在城乡间有效流动对接，对城乡互融互通、协同发展已经起到有效促进作用，土地和人才要素流动阻碍作用显著，今后应重点引导土地和人才实体要素在城乡间有效对接，通过实现"有为政府"和"有效市场"深度结合，弱化其对城乡融合发展的阻碍作用③；空间结构优化模式方面，车冰清等以江苏省为研究对象，提出江苏省通过枢纽连接、集聚吞并和融合扩散等方式优化城乡空间形态，促进城乡融合④。陈笑指出城乡融合发展模式从空间形态方面分析，可考虑点轴扩散圈层模式，以增长极为中心，沿着集聚效应明显的交通线，由近及远地以圈层形式逐步开发⑤；张志指出通过构建城乡动态网络式空间，建立连续式、点—线—面递进与结合的多层次城乡经济社会综合体。⑥

三 城乡融合计量方法

相关研究主要集中在城乡协调度测度及影响因素评价两个方面。城乡协调度测度是了解城乡融合发展进程的基础。学者在构建城乡协调发展评价指标体系⑦⑧的基础上，测算城乡协调度、城乡一体化指数、城

---

① 陈笑：《西北白鹿原地区城乡融合发展研究》，硕士学位论文，西北大学，2020年。
② 蔡秀玲、陈贵珍：《乡村振兴与城镇化进程中城乡要素双向配置》，《社会科学研究》2018年第6期。
③ 杨一鸣等：《中国城乡实体要素流动对城乡融合发展的影响机制研究》，《地理科学进展》2022年第12期。
④ 车冰清等：《江苏省城乡空间融合的形态演化研究》，《长江流域资源与环境》2017年第7期。
⑤ 陈笑：《西北白鹿原地区城乡融合发展研究》，硕士学位论文，西北大学，2020年。
⑥ 张志：《强化空间开发管制加强城镇化体系规划——建设部城乡规划司副司长张勤谈城乡统筹与区域协调》，《城乡建设》2005年第11期。
⑦ 韩磊：《中国农村发展进程及地区比较——基于2011—2017年中国农村发展指数的研究》，《中国农村经济》2019年第7期。
⑧ 周佳宁等：《多维视域下中国城乡融合水平测度、时空演变与影响机制》，《中国人口·资源与环境》2019年第9期。

乡互动能力等发展指数①②③，对城乡融合发展水平进行评价及分级，评价方法主要包括耦合协调度模型、因子分析法、多项指标综合分析法、GIS技术和ESDA方法、格兰杰因果分析法、主成分分析法、数据包络分析法、泰尔系数④等定量方法，张海朋等运用耦合协调度模型和趋势面分析法对环首都地区的城乡融合系统耦合协调度进行测度，指出环首都地区城乡融合系统耦合协调度呈波动上升趋势，但空间差异化显著，呈"北高南低—东高西低"空间格局⑤；周佳宁等采取全局主成分分析法测度中国城乡融合发展水平，指出中国城乡融合发展水平较低，但整体趋势向好，空间集聚效应显著，但俱乐部趋同和内部分异并存⑥；吴燕等利用引力模型，以武汉市城乡融合区为研究对象，对其空间关联强度进行测度，指出内部区域发展联系性增强，空间联系网络结构整体上趋向"多中心"分布，空间联系整体格局表现为"外围圈层式"结构⑦；曾福生等采用因子分析法对湖南省城乡协调度进行测算，指出湖南省城乡发展协调度虽有提升但与城乡一体化发展差距很大，且城乡统筹水平和城乡收入差距之间存在双向因果关系⑧；阮云婷等选用主成分分析法对中国及31个省份城乡协调度的测算结果显示，东部城乡协调水平明显高于中西部地区⑨；李盼指出长江经济带已处于城乡融合阶

---

① 杨娜曼等：《城乡统筹发展视角下湖南省城乡协调发展评价》，《经济地理》2014年第3期。
② 韩磊等：《中国农村发展进程及地区比较——基于2011—2017年中国农村发展指数的研究》，《中国农村经济》2019年第7期。
③ 吴先华：《城乡统筹发展水平评价——以山东省为例》，《经济地理》2010年第4期。
④ 李盼：《长江经济带城乡协调发展水平测度与影响因素分析》，硕士学位论文，江西财经大学，2018年。
⑤ 张海朋等：《大都市区城乡融合系统耦合协调度时空演化及其影响因素——以环首都地区为例》，《经济地理》2020年第11期。
⑥ 周佳宁等：《多维视域下中国城乡融合水平测度、时空演变与影响机制》，《中国人口·资源与环境》2019年第9期。
⑦ 吴燕、李红波：《大都市城乡融合区空间演进及内在关联性测度——基于武汉市夜间灯光数据》，《地理科学进展》2020年第1期。
⑧ 曾福生、吴雄周：《城乡发展协调度动态评价——以湖南省为例》，《农业技术经济》2011年第1期。
⑨ 阮云婷、徐彬：《城乡区域协调发展度的测度与评价》，《统计与决策》2017年第19期。

段，但城乡要素不协调、各经济板块内部差异化显著问题仍然存在。[1]

在此基础上，学者对城乡融合发展水平演变的影响因素进行分析，主要评价方法包括地理探测器模型、二元回归分析法、空间计量经济学模型等，张海朋等运用地理探测器模型分析显示，环首都地区城乡融合系统耦合协调发展的主要影响因素，包括城乡经济发展水平、政策导向、城乡收入差距、交通通达性等，且核心影响因素表现出时空差异性，李刚采用二元回归分析法对东北地区城乡协调发展的影响因素进行识别，指出城乡公共服务差异和城市偏向政策是主要影响因素[2]；杜威漩等在构建和分析城乡协调发展和城乡收入差距关系计量模型的基础上，发现城乡收入差距合理化是城乡协调发展的内生动力[3]；周佳宁等通过构建面板数据空间计量经济学模型，对中国城乡融合发展影响因素进行检验，得出财政支出、金融发展、产业结构调整都会影响城乡间劳动力、土地、资本等发展要素的流向及流动程度，从而影响城乡融合发展[4]；王艳飞等借助空间计量经济学模型，对中国地级市城乡协调发展影响因素进行剖析，指出经济增长、城镇化、对农投资、消费能力对城乡协调发展起正向促进作用[5]；黄禹铭运用空间自回归模型对东北三省城乡协调发展影响因素进行分析，结果显示，城镇化和农业规模化经营起主要促进作用，工业化发展水平起阻碍作用。[6]

四 城乡融合制度创新

随着国家政策的调整与完善，中国城乡融合取得了一定成效，但在发展过程中也涌现出诸多问题，相关研究指出体制机制起到很大的影响作用，亟须加强农村体制、产权体制等改革。韩俊指出，城乡要素双向交流在规模和范围上有一定突破，公共服务能力和基础设施水平有所增

---

[1] 李盼：《长江经济带城乡协调发展水平测度与影响因素分析》，硕士学位论文，江西财经大学，2018年。

[2] 李刚：《东北地区城乡经济协调发展的区域差异及模式研究》，博士学位论文，东北师范大学，2014年。

[3] 杜威漩、胡盼盼：《城乡协调发展与城乡收入差距间互动机理分析》，《西北农林科技大学学报》（社会科学版）2010年第4期。

[4] 周佳宁等：《多维视域下中国城乡融合水平测度、时空演变与影响机制》，《中国人口·资源与环境》2019年第9期。

[5] 王艳飞等：《中国城乡协调发展格局特征及影响因素》，《地理科学》2016年第1期。

[6] 黄禹铭：《东北三省城乡协调发展格局及影响因素》，《地理科学》2019年第8期。

强，促进城乡融合水平明显提升①；与此同时，学者通过分析发现，中国城乡融合面临诸多经济社会及体制等困境，如农村"短板"突出②、乡村传统发展模式③依然桎梏农业经济发展，很大程度上导致乡村经济社会衰败，城乡融合发展城乡地位不平等、城乡不能有效互动④，城乡产业融合不足，城乡居民收入、消费差距大，城镇化质量不高，公共服务配置不均衡，协调体制机制不健全，城乡经济差距仍未形成质的改变等主要问题。⑤

在此基础上，多位学者指出城乡融合发展重在城乡发展体制机制的构建与完善，合理流动和优化组合城乡生产要素，促进要素配置优化，实现城乡基础设施和公共服务共享上的平等⑥、收入水平均衡⑦；盛开指出依靠体制机制完善，重塑城乡关系，双向促进城乡发展⑧；孙振华指出构建城乡资源要素流动机制，提升城乡资源要素流动效率，依托新型城镇化发展提高乡村市场化水平，优化产业结构、促进经济高质量发展，推动城乡融合⑨；何仁伟指出城乡融合要实现与乡村振兴互为支撑，可通过统筹城乡发展空间和创新城乡体制，促进城乡经济社会协调发展⑩；陈丹等指出城乡融合的关键在于发展政策和发展重心向农村农业倾斜，将农村农业放在城乡经济结构优化调整的优先位置，增加地方政府支农支出，提升金融服务保障能力，促进城乡资源人才技术要素双

---

① 韩俊：《破除城乡二元结构走城乡融合发展道路》，《理论视野》2018 年第 11 期。
② 蒋永穆等：《新中国成立 70 年来中国特色农业现代化内涵演进特征探析》，《当代经济研究》2019 年第 8 期。
③ 李智：《县域城乡聚落体系的演化路径及其驱动机制研究——以江苏省为例》，博士学位论文，南京师范大学，2018 年。
④ 宋迎昌：《城乡融合发展的路径选择与政策思路——基于文献研究的视角》，《杭州师范大学学报》（社会科学版）2019 年第 1 期。
⑤ 徐丽杰：《中国经济新常态下推动城乡一体化发展的新策略》，《税务与经济》2016 年第 1 期。
⑥ 刘春芳、张志英：《从城乡一体化到城乡融合：新型城乡关系的思考》，《地理科学》2018 年第 10 期。
⑦ 黄小明：《收入差距、农村人力资本深化与城乡融合》，《经济学家》2014 年第 1 期。
⑧ 盛开：《以城乡融合发展推动乡村振兴战略》，《调研世界》2018 年第 6 期。
⑨ 孙振华：《新型城镇化发展的动力机制及其空间效应》，博士学位论文，东北财经大学，2014 年。
⑩ 何仁伟：《城乡融合与乡村振兴：理论探讨、机理阐释与实现路径》，《地理研究》2018 年第 11 期。

向流动，实现城乡融合发展①；叶允最以珠江—西江经济带为研究对象，指出重点开发区重在提高城乡经济发展水平和公共服务能力，限制开发区需强化"三农"充分发展，优化开发区需深化工业化进程、增强投资动力和提升服务业竞争能力②③；李刚指出实施以工促农和以城带乡融合是城乡协调发展的关键。④

第四节　现有研究述评

综合来看，国内外专家学者围绕新型城镇化、乡村振兴和城乡融合发展开展了积极的探索，但还存在一些亟待解决和思考的问题。

一是需要建立新型城镇化、乡村振兴双轮驱动下城乡融合发展的理论创新研究。现有理论研究多集中在单要素研究，或以服务城镇化为主的城乡关系研究为主，将新型城镇化与乡村振兴协调并重、联动发展的研究较少。因此，有必要研究双轮协调驱动发展，探索中国城乡融合发展的机理、机制。

二是需要加强运用定性和定量相结合的方法系统综合分析中国城乡融合发展的规律与机理研究。国内学者在分析新型城镇化和乡村振兴时，更多的是单要素的内涵及时空演变规律研究，或多是将新型城镇化或乡村振兴作为其提升路径进行定性描述，应加强二者之间的融合研究，特别是构建评估体系，同时进一步梳理二者之间的关系，以期为政策提升提供指导。

三是需要建立基于"凝练一个体系"的机制政策体系。我国国家战略及城乡政策实施以来，一直作为学者的研究热点，当前研究意识到城乡融合发展调控多偏重于行政手段且存在"一刀切"问题，但因其

---

① 陈丹、张越：《乡村振兴战略下城乡融合的逻辑、关键与路径》，《宏观经济管理》2019年第1期。

② 叶允最：《珠江—西江经济带不同主体功能区城乡融合评价及对策研究》，硕士学位论文，广西师范大学，2017年。

③ 周江燕：《中国省域城乡发展一体化水平评价研究》，硕士学位论文，西北大学，2014年。

④ 李刚：《东北地区城乡经济协调发展的区域差异及模式研究》，硕士学位论文，东北师范大学，2014年。

考量指标选取难度较大，在研究时也只是将其作为一个发展对策探讨，没有深入探索区域城乡融合政策体系的完整性，对此，在综合交叉视角下，需要综合考虑全国、分区域、典型地域等的差异性，开展城乡融合政策体系研究，以推动新型城镇化与乡村振兴战略有效实施，切实改善"三农"问题，实现城乡融合。

第三章

中国城乡从单轮驱动到双轮协调的演化阶段划分

中国是农业大国且人口众多，这是中国的基本国情，同时，计划经济体制和城市偏向战略长期在城乡关系演进中占据着主导地位，在计划经济转为市场经济前后，针对不同的发展背景和现状，政府从政策和制度等层面做了多方面调整，诸多方面造就了有中国特色的城乡关系并表现出鲜明的阶段特征。由此，为宏观把握和准确识别中国城乡融合发展的方向和思路，寻求当前存在问题的根本源头，有必要梳理政策演变对中国城乡关系演化的影响，并基于国家政策和基础理论对城乡关系进行阶段划分。

本章的目的主要是探讨研究新型城镇化与乡村振兴"双轮协调"驱动城乡融合的必要性和可行性，并着重回答以下3个问题：①农村和城镇化政策的演变过程是怎样的，单轮在城乡关系不同阶段起什么作用，单轮驱动会呈现什么问题？②在两种驱动均已发挥效应的情况下，为什么要选择"双轮协调"驱动这一思路？③我国的城乡关系演化进程中是否存在单轮驱动效应局限的问题，双轮驱动是否已有协调的迹象？

第一节 中国是一个农业大国的基本国情

一 粮食总量能满足城乡居民口粮的基本需求

中国人口众多，这一国情决定了中国城乡居民对口粮的需求量大，城镇化进程的加快和经济社会的高速发展，对粮食的需求日益扩大，农业在我国的基础地位不可动摇。粮食生产首先要满足中国城乡居民对于口粮的需求，而其供需配比现状如何，将选取城乡居民人均粮食消费量①进行衡量（见图3-1）。粮食供给能满足城乡居民的口粮需求。城乡人均粮食需求量缓慢下降，在125.72—198.83千克，人均粮食产量虽呈缓慢下降态势，但人均粮食供需比逐步上升，从1949年的1.3379提升到3.5387，数据显示中国人口数量庞大且持续增加，但中国农业发展能完全满足中国居民对口粮的基本需求，反映农村供应端的稳定及可持续，对于城乡居民生产、生活及社会稳定的基础保障作用不容忽视。

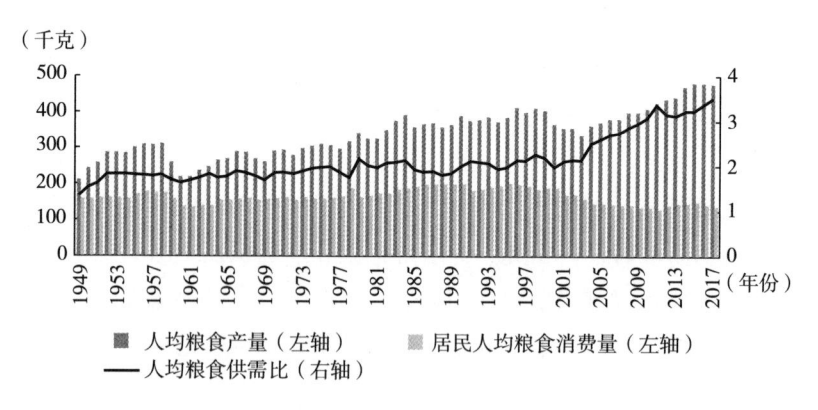

图3-1 1949—2017年中国城乡居民人均粮食供需变化

二 粮食结构能满足中国居民食品消费结构的转变要求

居民粮食消费除口粮这一直接消费外，还包括间接消费，如肉禽蛋奶鱼等动物源食品中所包含的粮食，即生产这些产品所消耗的饲料粮。自1978年以来，随着国家GDP和居民收入水平的提高，居民消费结构从温饱需求逐步向小康需求转变，饮食结构也不断优化，从主食消费为主向食品营养化多元化转换，带来肉、禽、蛋、奶等动物性食品的消费数量和消费种类显著增加（见图3-2）。

---

① 中国是农业大国，粮食生产总量较大，但并不是每个人都生产粮食，因此采用人均指标更具有现实意义，所以选取人均粮食产量表征农业的供给能力，选取人均粮食供需比指标既可以衡量粮食供需情况，也可以考量农业的生产效率和贡献能力。为保证统计数据的一致性，城乡居民人均粮食消费量均采用原粮，如稻谷和小麦。

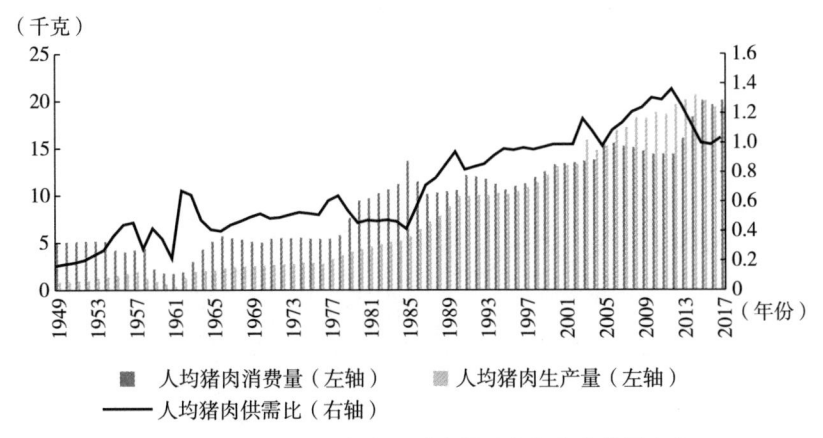

图 3-2　1949—2017 年中国城乡居民人均猪肉供需变化

1949 年以来，我国居民人均食用植物油、猪肉和牛奶的产量、需求量均出现了大增长，且基本实现供求均衡。中国居民食品消费结构在不断优化，对绿色生态产品的需求越来越强烈，要满足城乡居民日益增长的美好生活需求，农业作为供应端，亟须提升绿色生产能力，有必要将打造绿色生态产品作为深化农业供给侧结构性改革的切入点之一，而产业融合成为关键环节，有利于城市资金、技术、人才流动，为城乡融合提供经济基础（见图 3-3、图 3-4）。

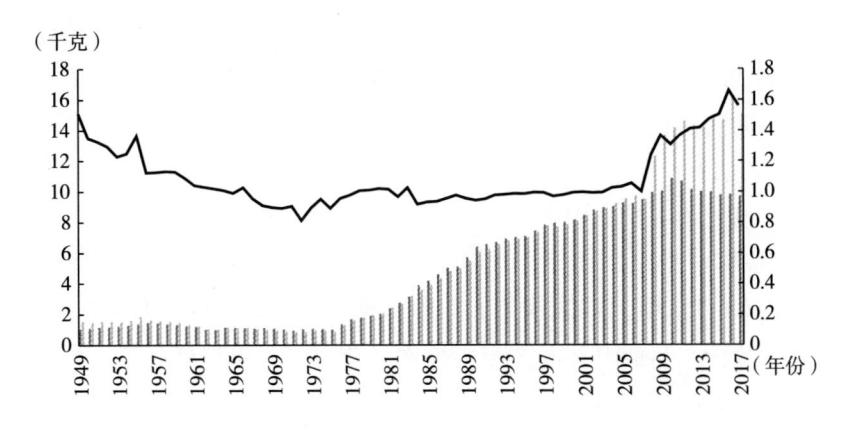

图 3-3　1949—2017 年中国城乡居民人均食用油供需变化

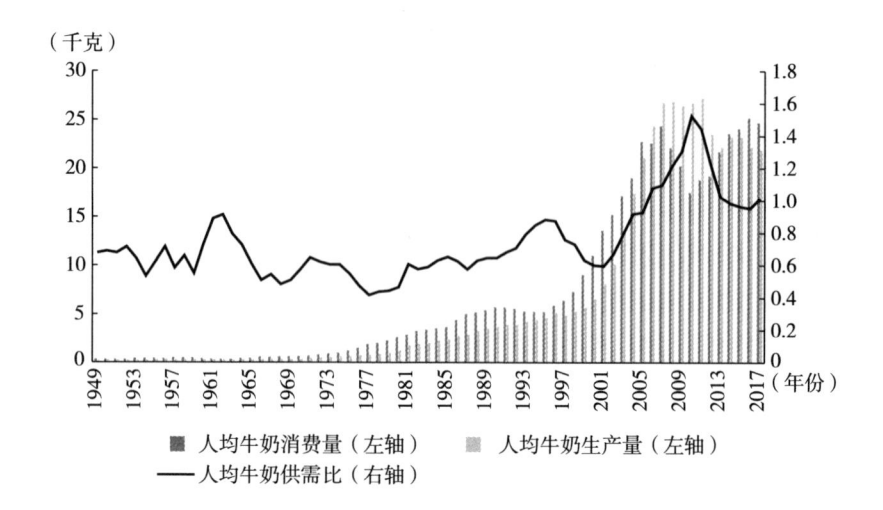

图 3-4　1949—2017 年中国城乡居民人均牛奶供需变化

三　粮食供给与产业结构优化的需求长期处于"紧平衡"状态

随着城镇化快速推进、工业化进程加快，诸多粮食工业、第三产业要提升发展质量和发展层次，以粮食生产的稳定和发展为前提和保障，粮食稳定生产、提质增效才能满足产业结构优化对粮食的刚性需求，诸多国内外发展经验显示，粮食生产效率和增速，在很大程度上决定了产业结构升级和经济发展能否顺利实现。对此，选取投入产出直接消耗系数指标衡量粮食生产对于产业结构调整的重要性。投入产出直接消耗系数，是指某一产品部门（如 j 部门）在生产经营过程中单位总产出直接消耗的各产品部门（如 i 部门）的产品或服务的数量。[①]

公式如下：

$$A_{ij}=\frac{X_{ij}}{X_j}(i, j=1, 2, 3, \cdots, n) \tag{3-1}$$

式（3-1）中，X_j 表示第 j 产品（或产业）部门的总投入，X_{ij} 表示 X_j 去除该产品部门（或产业）生产经营中所直接消耗的第 i 产品部门的货物或服务价值量。

投入产出直接消耗系数的取值范围在 0—1，其中：

[①]　卢芬：《机场项目对国民经济的贡献研究》，硕士学位论文，华南理工大学，2011 年。

A_{ij} 越大，说明第 j 部门对第 i 部门的直接依赖性越强；

A_{ij} 越小，说明第 j 部门对第 i 部门的直接依赖性越弱；

$A_{ij}=0$，则说明第 j 部门对第 i 部门没有直接的依赖关系。①

依据图3-5，投入产出直接消耗系数计算结果不难发现，食品制造业、纺织、缝纫机皮革产品和其他制造业，化学工业、建筑业、住宿餐饮业、其他服务业在生产过程中均表现出对于粮食的依赖，投入产出直接消耗系数都大于0，尤其是三类制造业的依赖性较强。未来一个时期，我国粮食需求增长的压力仍然会持续增加。在产业结构优化升级过程中，伴随着人民生活质量的提升和消费结构的优化，人类需求日益呈现多元化、创新化特点，对各行业各产业要求也逐步提高，而粮食加工业、第三产业等为了取得更多、更优质的粮食原材料，将会在品牌、价格、渠道等上面遭遇竞争，迫切需要粮食生产提质增效，而在当前城乡融合发展大背景下，农村有望借助乡村振兴和供给侧结构改革战略背景，打造农业供应链、优化农业产能，缓解粮食供求"紧平衡"的状态，实现粮食供求关系均衡化。由此可以看出，粮食生产和产业结构调整并非互不相干，而是协调发展、相互促进。

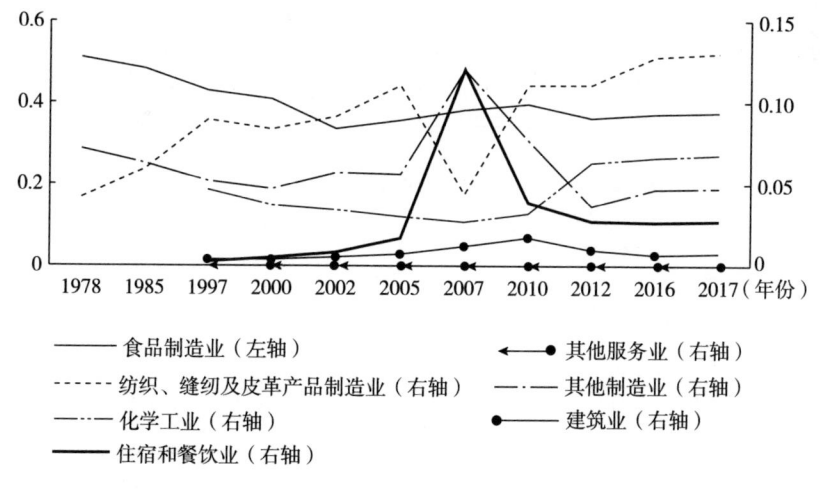

图3-5 相关产业对粮食的投入产出直接消耗系数变化

---

① 覃勇：《黑龙江省能源消费与经济增长关系研究》，硕士学位论文，哈尔滨工业大学，2010年。

农业是中国经济发展、社会稳定的基础，能满足城乡居民口粮和食品消费结构转变的基本需求，但与产业结构优化对于粮食的需求将长期处于"紧平衡"状态，综合来看，要确保城乡经济的持续发展和社会的长期稳定，必须要积极抓牢稳固农业的基础地位，然而，当前农业现代化水平严重滞后于工业化水平，城乡差距不断拉大，如何依托国家发展战略和发展契机提升农业自我发展能力，对城乡融合发展实效至关重要。

第二节 城乡关系演变的判断依据

城乡关系的演变，影响因素错综复杂。对前人的研究成果进行比较发现，影响因素主要集中在：国家政策的演变，受制于政治、经济、社会、制度等多层面带来的城乡收入差距，以及城乡建设财政支出、城市化进程、城市化率、农村劳动力流动等因素，基于此，研究形成城乡关系演变的判断依据具体如图3-6所示。在中国城乡关系演变进程中，国

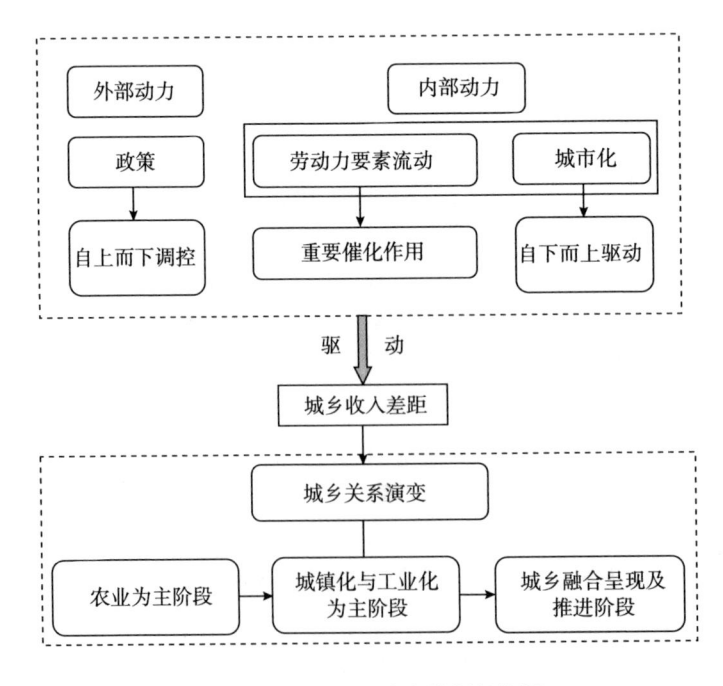

图 3-6 城乡关系演变的判断依据

家政策始终发挥着主导作用,在一定程度上决定城乡关系演变方向,而政府对城乡建设投入规模和力度能直接体现政策倾向,本研究选取城乡建设财政支出表征国家城乡政策的演变,将其作为城乡关系演变的判断依据之一,城乡收入差距的变化能直接反映城乡关系是否优化,劳动力要素转移可提高城市化率,促进城市化发展,而城镇化在有效扩大城市消费市场、增加城市居民收入的同时,可能扩大城乡收入差距,因此,将劳动力要素转移、城市化率及城市化进程、城乡收入差距等作为城乡关系演变的判断依据。

一 国家城乡政策演变对城乡关系演变的影响

城乡收入差距可直接表征城乡关系变化,研究构建城乡财政支出对城乡收入差距的影响模型,以考量国家城乡政策倾向对城乡关系演变的现实影响及影响程度。首先,可基于农村、城市部门产出构建一个福利函数,假设城乡两部门产出均为政府支出,则福利函数为:

$$W = W(R, U) = W[R(G_R), U(G_U)] \tag{3-2}$$

其中,W 为城乡居民福利,R 为农村产出,U 为城市产出,G 为政府公共支出,G_R 为农村支出份额,G_U 为城市支出份额。① 考虑:

$$\max W = W[R(G_R), U(G_U)]$$
$$\text{s. t. } G_R + G_U = G$$
$$G_R > 0, \ G_U > 0 \tag{3-3}$$

前提是农村支出增加的边际福利贡献与城镇支出减少造成的福利损失相等,即:

$$\frac{\partial W}{\partial R} \frac{\partial R}{\partial G_R} = \frac{\partial W}{\partial U} \frac{\partial U}{\partial G_U} \tag{3-4}$$

则问题转化为如何分配政府支出在城乡之间的合理比率,使城乡居民福利最大化。变换式(3-4)得:

$$\frac{G_U}{G_R} = \frac{\alpha W, U \cdot \alpha U, GU}{\alpha W, R \cdot \alpha R, GR} \tag{3-5}$$

其中,$\alpha W, U = \frac{\partial W}{W} / \frac{\partial U}{R}$,代表城市产出福利弹性系数;$\alpha U, GU=$

---

① 程开明、李金昌:《城市偏向、城市化与城乡收入差距的作用机制及动态分析》,《数量经济技术经济研究》2007 年第 7 期。

$\dfrac{\partial U}{U} \Big/ \dfrac{\partial G_U}{G_U}$，代表城市政府支出的产出弹性系数；$\alpha W, R = \dfrac{\partial W}{W} \Big/ \dfrac{\partial R}{R}$，代表农村产出福利弹性系数；$\alpha R, GR = \dfrac{\partial R}{R} \Big/ \dfrac{\partial G_R}{G_R}$，代表农村政府支出的产出弹性系数。

又据测算有：

$$\dfrac{\alpha W, U}{\alpha W, R} = \lambda \dfrac{U}{R}, \quad \lambda > 0 \tag{3-6}$$

代入式（3-6）得：

$$\dfrac{U}{R} = \dfrac{1}{\lambda} \dfrac{G_U}{G_R} \dfrac{\alpha R, GR}{\alpha U, GU} \tag{3-7}$$

城乡产出比（U/R）与城乡政府支出比（GU/GR）成正比，将城乡产出比转换为城乡收入差距，城乡政府支出比代表政策偏向程度，即城市偏向越明显，城乡收入差距越大。①

二 农村劳动力要素流动对城乡关系演变的影响

20世纪60年代末，美国发展经济学家托达罗（1969）在《人口流动、失业和发展、两部门的分析》中阐述了乡村—城市劳动力转移模式。该模式在分析人口流动的动机时，强调了预期因素，描述了农村劳动力在比较优势的驱动下向收入较高的城市地区流动的理性行为。托达罗模型可用以下数学公式表示。②

$$M = \Phi(d) \quad \Phi' > 0$$
$$d = W_u \pi - W_r \tag{3-8}$$

其中，M 表示人口从农村迁移到城市的数量，d 表示预期城乡收入差距。则式（3-8）表明劳动力转移数量是预期城乡收入差距的增函数。W_u 表示城市的工资水平，π 表示在城市部门的就业概率，W_r 表示农业部门的工资水平。式（3-8）清晰地表达了托达罗模型关于城乡比

---

① 程开明、李金昌：《城市偏向、城市化与城乡收入差距的作用机制及动态分析》，《数量经济技术经济研究》2007年第7期。

② 程开明、金昌：《城市偏向、城市化与城乡收入差距的作用机制及动态分析》，《数量经济技术经济研究》2007年第7期。

较经济利益决定农村劳动力流动的观点。①

由于劳动力迁移过程是动态的和连续的,因此劳动力转移模式应该建立在比较长的时间范围基础上。托达罗给出了单个转移者的转移行为方程:

$$V(0)=\int_{t=0}^{n}[P(t)W_u(t)-W_r(t)]e^{-\rho}dt-C(0) \qquad (3-9)$$

$$P(t)=\pi(0)+\sum_{s=1}^{t}\pi(s)\prod_{k=1}^{s-1}[1-\pi(k)] \qquad (3-10)$$

其中,n 表示迁移者计划内的时期数,也可以看成是劳动力在劳动力市场的时期数;$V(0)$ 表示迁移者计划期内城乡收入差距的净现值;$W_u(t)$ 和 $W_r(t)$ 分别表示 t 时期城市和农村的工资收入;$C(0)$ 表示从农村转移到城市的成本(如搬迁费用等)。$\pi(s)$,($s=0,1,2,\cdots,t$)表示 s 时期城市的就业概率。$P(t)$ 表示 t 时期迁移者累加的就业概率,其表达式由式(3-9)给出;ρ 表示贴现率,托达罗将其解释为转移者的时间偏好程度。当 $V(0)$ 为正时,具有理性的潜在移民就会决定转移;反之潜在转移者将不会转移。综上所述,劳动力转移行为可以从流动的成本和收益两方面进行分析。②

三 城市化对城乡关系演变的影响

(一)城市化进程对城乡收入差距的双向影响

作为经济社会进步的产物,城市化发展与城乡关系的演变关系密切,尤其是中国的城市化道路呈现多元化,对城乡关系的影响较为复杂,影响程度多大、具体如何影响均需深入探讨。

在城市化进程中,城乡二元结构带来农村要素大量流入城市,对城乡收入差距产生双向效应。以劳动力要素为例,农村劳动力大量涌入城市,一方面,城市化能有效缩小城乡收入差距。原因有三:第一,农村劳动力基于增加家庭收入、提高生活水平的目标,从农村流向城市,对城市来说,劳动力供给增加,城市劳动力市场竞争加剧,促进劳动力质

---

① 范晓非:《中国二元经济结构转型与农村劳动力转移问题的计量分析》,博士学位论文,东北财经大学,2014 年。

② 范晓非等:《预期城乡收入差距及其对我国农村劳动力转移的影响》,《数量经济技术经济研究》2013 年第 7 期。

量提升的同时也导致工资水平由 W_{U0} 下降为 W_{U1}（见图3-7）；对农村来说，剩余劳动力转移到城市有利于缩小农村劳动力市场竞争压力和提高人均资源拥有量，农村居民工资水平由 W_{R0} 上升为 W_{R1}。第二，转移到城市中的农村劳动力在获得一定资金和技术后返乡就业，为农村带来技术和资金，有利于农业现代化和基础设施建设，也有利于增加农民收入。第三，城市化进程促进城市规模扩大，其辐射范围逐步向城乡接合部和农村推进，有利于带动农村发展。

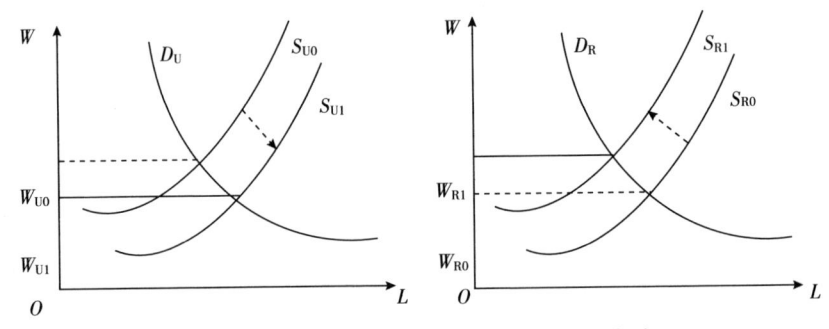

图3-7 城市、乡村劳动力市场工资水平变动

另一方面，城市化也可能导致城乡差距扩大。城市发展需要和农村居民改善生活质量的双重需求，促进大量农村劳动力快速涌进城市，引起各项发展要素在城市聚集，生产效率提高，集聚规模效益更为显著，城市居民收入水平快速提升，而农村因青壮年劳动力转移形成"空心村"，有效劳动力短缺，使农业生产劳动力在数量、质量和结构上的矛盾加剧，致使农业经营粗放、抛荒等问题严重，农业技术难以推广[①]，农产品产量和质量受限，农村居民收入下降；同时，人口的快速增长带来城市基础设施供求矛盾加剧，政府投资更加向城市倾斜，政府支农资金相应减少，农村道路建设滞后、供水保障能力不高、乡村人居环境质量低等问题改善难度加大，农村基础设施"短板"效应更加显著，农民收入增加的保障能力不足；城乡分立的公共服务政策、户籍制度等，长期限制城乡公共服务一体化，城市经济增长促进城市公共服务能力不断提升，而乡村学校硬件弱，乡镇卫生院设施条件和医务人员不足，农

---

① 赵梅：《江西省莲花县农业可持续发展研究》，博士学位论文，江西农业大学，2016年。

村市场化社会化养老服务欠缺、乡村公共文化服务滞后[①]等问题突出，城乡公共服务配置和建设水平差异显著，城乡差距持续拉大。

（二）城市化率与基尼系数关系变动的影响

将基尼系数进行整理：

$$gini = \frac{L_R L_C (I_f - I_q)}{(L_R + L_C)(L_R I_q + L_C I_f)}$$

$$= \frac{L_C (I_f - I_q)}{(L_R + L_C)(I_q + L_C I_f / L_R)}$$

$$= \frac{L_C (I_f - I_q)}{(L_R + L_C)(I_q + I_f [L_C/(L_R + L_C)]\{1/[1 - L_C/(L_R + L_C)]\})} \quad (3\text{-}11)$$

令城市化率 $\mu = L_C/(L_R + L_C)$ 代入上式整理后得到：

用 gini 对城市化率 μ 求偏导数得到：

$$\frac{\partial gini}{\partial \mu} = \frac{(1-2\mu)(I_f - I_q)[(1-\mu)I_q + \mu I_f] - \mu(1-\mu)(I_f - I_q)^2}{[(1-\mu)I_q + \mu I_f]^2}$$

$$= \frac{(I_f - I_q)[(1-2\mu)I_q - \mu^2(I_f - I_q)]}{[(1-\mu)I_q + \mu I_f]^2} \quad (3\text{-}12)$$

为了解改善收入分配的城市化率满足的条件，令式（3-12）小于0。因为该式中分母一定大于0，分子中第一项（$I_f - I_q$）也大于零，如要该式小于0，此时随着城市化率的提高而基尼系数下降，那么分子中第二项需要满足条件：

$$(1-2\mu)I_q - \mu^2(I_f - I_q) < 0 \quad (3\text{-}13)$$

可以看出，不等式左边中城市化率平方项的系数为负，所以基尼系数对城市化率的一阶导数与城市化率是倒"U"形曲线的关系。式（3-13）条件与城镇市民和农村农民的人均收入有关，假设他们之间的人均收入比例为：$\alpha = \dfrac{I_f}{I_q}$，代入式（3-13）得到：

$$u^2(\alpha - 1) + 2\mu - 1 > 0 \quad (3\text{-}14)$$

进一步解式（3-14）得到：$\mu > \dfrac{\sqrt{\alpha} - 1}{\alpha - 1}$ 或 $\mu < \dfrac{-\sqrt{\alpha} - 1}{\alpha - 1}$，因城市化率在0

[①] 江西省发展改革研究院课题组、龙强：《推进江西全面建成小康社会及基本实现现代化路径研究》，《老区建设》2020年第20期。

到1之间不可能小于0，舍去第二项保留第一项。令 $\mu_0 = \frac{\sqrt{\alpha}-1}{\alpha-1}$，得到：

假设二元经济结构中城乡收入比例为 $\alpha = \frac{I_f}{I_q}$，城市化率的提高对收入分配状况的影响呈现出先恶化后改善的倒"U"形关系。城市化对收入分配影响有一临界点 $\mu_0 = \frac{\sqrt{\alpha}-1}{\alpha-1}$，当城市化率 $\mu<\mu_0$ 时，加快城市化的进程将提高经济中的基尼系数而恶化收入分配，当 $\mu>\mu_0$ 时，加快城市化的进程将降低经济中的基尼系数而改善收入分配。①

四 城乡收入差距对城乡关系演变的影响

假设 UR 为第二、第三产业的劳动生产率，以 p_2 表示，除以每个城镇劳动力的供养人口 bu。RR 为农村从业人员的劳动生产率，除以每个农村劳动力的供养人口 br。农村从业人员的收入由两部分构成：一部分收入来自农业经营性收入，由农业劳动生产率 p_1 决定，另一部分收入来自非农产业的工资性收入，主要由第二、第三产业的劳动生产率 p_2 决定，考虑到由于就业歧视、劳动力质量差别等因素，农民工工资一直低于城镇职工的工资，如李实和罗楚亮根据2007年CHIP数据计算，农民工月平均工资是城镇职工月平均工资的67%，因此还需要乘以农民工工资与城镇职工工资的比值 p_{ru} 来进行修正。②

假设在农村劳动者中从事农业生产经营活动的劳动者比例为 r，从事非农生产活动的比例为 $1-r$，按照上面的分析，即有：

$$gap = \frac{UR}{RR}$$

$$= \frac{p_2}{rp_1+(1-r)p_2 p_{ru}} \times \frac{b_r}{b_u}$$

$$= \frac{1}{r\frac{p_1}{p_2}+(1-r)p_{ru}} \times b_{ru}$$

---

① 莫亚琳、张志超：《城市化进程、公共财政支出与社会收入分配——基于城乡二元结构模型与面板数据计量的分析》，《数量经济技术经济研究》2011年第3期。
② 张延群、万海远：《我国城乡居民收入差距的决定因素和趋势预测》，《数量经济技术经济研究》2019年第3期。

$$= \frac{1}{rp_{12}+(1-r)p_{ru}} \times b_{ru} \tag{3-15}$$

gap 为每个城镇劳动者抚养人数与每个农村劳动者抚养人数之比，p_{12} 是农业和非农业劳动生产率的比值，即相对劳动生产率，并且：$\partial gap/\partial p_{12}<0$，$\partial gap/\partial p_{ru}<0$，$\partial gap/\partial b_{ru}>0$，$\partial gap/\partial r>0$。

根据定义，将式（3-15）中的 r 做进一步的分解，得到式（3-16）：

$$r=\frac{E_1}{E_R}=\frac{E_1/E_T}{E_R/E_T}=\frac{re_1}{re_r} \tag{3-16}$$

同时将 p_{12} 进行分解，得到式（3-17）：

$$p_{12}=\frac{V_1 E_1}{V_2 E_2}=v_{12}\frac{E_2/E_T}{E_1/E_T}=v_{12}\frac{re_2}{re_1} \tag{3-17}$$

其中，E_1、E_2 和 E_T 分别为从事第一产业、第二产业和第三产业，以及全部从业人员数；E_R 为农村的全部从业人数，因此 re_1 和 re_2 分别是全社会从业人员中第一产业以及第二、第三产业就业人员的比重，re_r 为全社会从业人员中农村从业人员所占的比重。[①] 将式（3-16）和式（3-17）代入式（3-15），得到：

$$gap = \frac{1}{v_{12}\dfrac{re_2}{re_r}+\left(1-\dfrac{re_1}{re_r}\right)p_{ru}} \times b_{ru}$$

$$= \frac{1}{v_{12}rer_2+(1-rer_1)p_{ru}} \times b_{ru} \tag{3-18}$$

其中，$rer_2=\dfrac{re_2}{re_r}$，$rer_1=\dfrac{re_1}{re_2}$。

并且，$\partial gap/\partial v_{12}<0$，$\partial gap/\partial rer_2<0$，$\partial gap/\partial rer_1>0$，$\partial gap/\partial p_{ru}>0$。

理论模型将影响收入分配差距（gap）的因素分解为政策（v_{12}）、劳动力要素流动（re_1 和 re_2）、城镇化（re_r）、体制机制（p_{ru}）以及其他因素（b_{ru}）。

---

① 张延群、万海远：《我国城乡居民收入差距的决定因素和趋势预测》，《数量经济技术经济研究》2019 年第 3 期。

第三节 基于城乡关系演变判断依据的城乡关系阶段划分

城镇化与乡村发展一直是国内外不同学科和学者关注的热点和重点，中国作为农业大国，这一基本国情对城乡政策的倾向和演化更加敏感，直接影响国计民生。在中国城乡关系演变进程中，政府一直处于主导的地位，因此梳理城乡国家战略和政策演变有利于深刻剖析和理解新型城镇化与乡村振兴协调水平变化的根源及影响机制因素的阶段差异性。

通过对中国城乡发展战略和政策演变进程进行详细梳理，将城乡关系演变划分为以乡促城发展阶段、以城带乡发展阶段、城乡融合显现及推进阶段（见图3-8）。

一 以乡促城发展阶段（1949—2002年）

（一）以乡促城初步阶段（1949—1977年）

这一时期，国家经济发展重心逐步从农村向工业化和城镇化转移，尽管一度重视农村和农业发展，促进农村生产效率和发展水平有了短暂提升，并形成以农业为主的发展阶段，但始终将其定位在服务城市的功能，导致城乡差距不断拉大（见图3-9）。

整个时期可具体分为恢复农业生产阶段（1949—1952年）、农业短暂发展为重工业提供原始积累阶段（1953—1958年）和"三农"发展受限阶段（1959—1977年）。在这一时期初，国家全力恢复经济社会秩序，为了快速转变农业国落后的现状，政府选择重工业优先发展战略，以期快速达到发达的工业国水平，要提升工业快速发展能力，需要雄厚的资金和劳动力支持，在中国当时的发展情景下，将农业发展的红利作为工业发展的资金积累和劳动力需求的唯一选择，于是，政府先后通过农业征税、设置工农产品价格"剪刀差"、对农产品统购统销、农业集体化经营、人民公社化等政策，力图通过农业剩余支持重工业优先发展，通过一系列政策出台和实施，效果较为显著，工业产值占国内生产总值的比重从1949年的7.25%上升到1977年的42.90%，同时，面对工业化和城镇化发展带来的城镇人口快速增加，引发城镇口粮紧缺和管

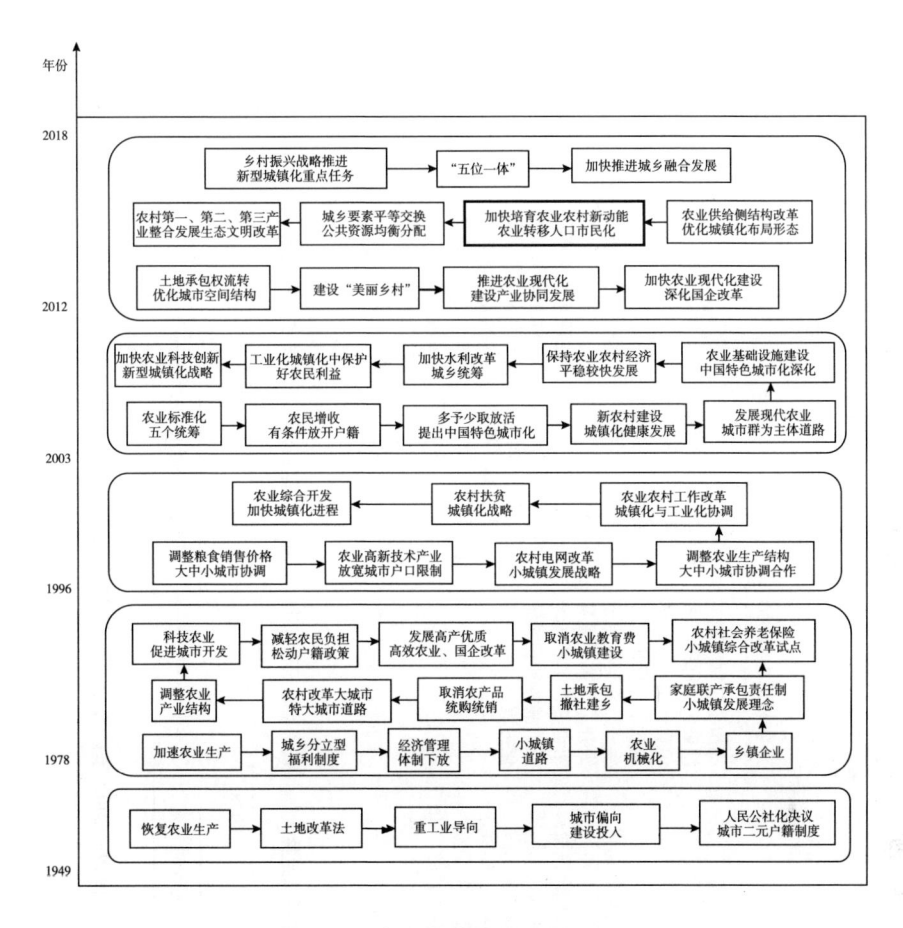

图 3-8　1949 年以来农村及城镇化发展的战略和政策导向

注：黑色表示农村战略和政策，加粗表示城镇化战略和政策。

理难度大等问题，政府出台"上山下乡"政策，引导城镇人口逆流，并建立城乡二元户籍制度、城市就业和社会福利制度。

该时期政府支出大多用于城市建设，对农村支持极为有限。图3-10显示，1949年政府对城市建设支出为49.80亿元，对农村的支出仅为1.25亿元，城乡财政支出比高达39.42，随后政府以年均16.44%和13.03%的增速增加城乡支出资金，增速较大，但因对农村的支出一直较少，1977年城乡财政支出比仍高达5.94%。

69

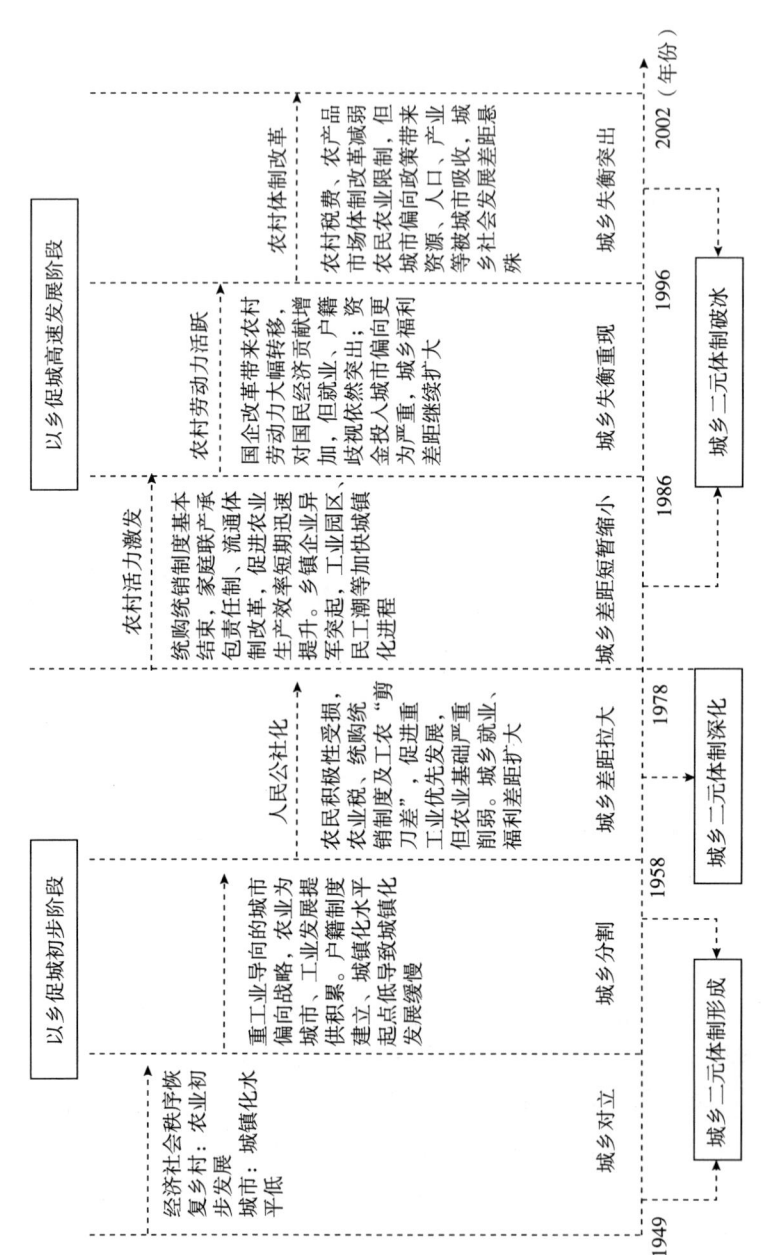

图 3-9 1949—2002 年以乡促城发展阶段演变

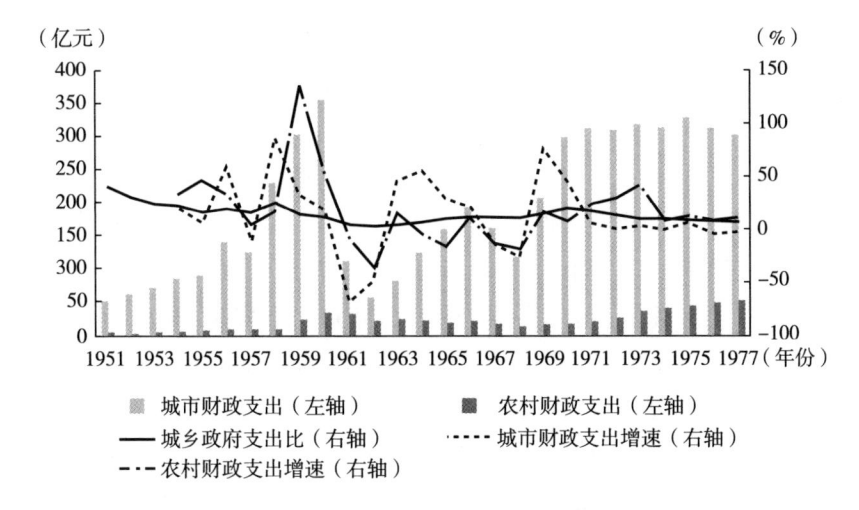

图 3-10　1951—1977 年中国城乡政府财政支出变化

综合来看，该时期城乡政策的实施及计划经济体制的建立，基本是为城镇化和工业化保驾护航，这一时期城乡二元机制建立并不断深化，政策致力于城市建设，在选取牺牲农业的工业化模式和偏向城市的建设投入机制的同时，建立城乡分立型福利机制，并对农村严格控制，极大地削弱了农民的生产积极性和农业发展活力，城乡对立发展，巩固了城乡二元结构。

（二）以乡促城高速发展阶段（1978—2002 年）

这一时期，面对城乡差距不断拉大的局面，政府从经济、社会、体制等多层面出台一系列加快农业农村发展和推进工业化城镇化进程的政策和措施，经过 25 年的变革和发展，农业产值从 1978 年的 1018.40 亿元增长到 2002 年的 16117.30 亿元，净增长 15098.90 亿元，增幅高达 1482.10%，从增速和增幅上看，农业加速发展实效显著，政策调整起到了较大的推动作用。整个时期可细化为政策激发"三农"活力阶段（1978—1986 年）、农村劳动力活跃阶段（1987—1996 年）和"三农"发展限制削弱阶段（1996—2002 年）三个阶段。

国家发展战略从单一的城市偏向向兼顾农村农业发展战略调整，陆续出台加速农业生产、促进农村改革、加快农业农村工作改革等政策，对农业农村发展的关注和重视逐步显现；农村农业从发展理念、发展方式及配套保障等层面，也陆续有了政策支持，农业基本经济制度从农业集体经营转变为家庭联产承包责任制，农产品市场体制也实现改革，取消农副产品统购统派制度，改为农业生产资料专营、提高粮食销售价格，并取消农业教育费、减轻农民负担，这一系列政策的提出，有效地提升了农民权利和发展机会，提高了生产积极性；同时，为有效促进农业生产效率快速提升，政府推出加快推进农业机械化、调整农业产业结构和生产结构、建设农业社会化服务体系、发展高产优质高效农业和农业高新技术产业、农业综合开发等政策，从发展战略、发展理念到发展方式均有所突破；另外，为保障农业农村发展政策实施效果，相应保障政策及措施也逐步完善，如农村电网改革、农村社会养老保险、农村扶贫等，为农业生产水平、农村社会进步、区域均衡发展提供一定保障能力。

城镇化政策不断完善和推进，带来的效果更为显著，城市化率从1978年的17.92%提升到2002年的39.09%，增幅为21.17%，城市人口从17245万人增加到50212万人，净增32967万人，工业产值占GDP比重从44.40%增长到45.30%，增幅虽然不高，但实际产值变化较大，从1607亿元提升到45975.20亿元，净增44368.20亿元。在这一时期城镇化发展政策中，随着乡镇企业为主体到国有企业为主的发展模式的更替，发展小城镇、撤社建乡、促进城市开发等政策和理念层出不穷，中国城镇化发展道路也由小城镇为主向大城市特大城市道路，进而大中小城市协调合作道路演变，尤其是城镇化上升为发展战略以后，在强调城镇化与工业化协调发展的同时，加快城镇化进程。与之相适应，管理体制也不断改变，经济管理体制下放、城乡分立型福利制度建立、户籍制度从松动到放宽，各项政策对城市发展及城市居民的公共福利支持力度都不断加大。

这一时期乡村与城镇化发展政策都较多，且带来了一定实效，但从城乡关系发展结果看，城市化率迅速增加，但城乡收入比从1978年的2.57上升到2002年的3.11，城乡消费比从2.90提高到3.27，城乡差距也在扩大（见图3-11）。

以上现象可从以下两个方面来解释：一是政策的出台与实施之间有时间差，实施效果在短期内并不能快速显现；二是政策的调整要有一个转变和适应过程，各地域在长期的传统体制机制约束下，已形成自身的

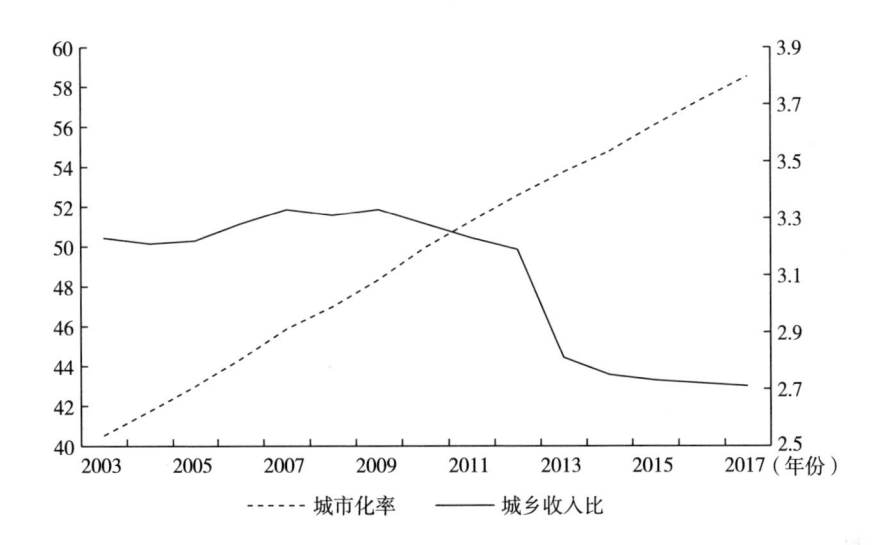

图 3-11　1978—2002 年城市化率与城乡收入比变化

惯性发展模式，要进行改革和突破，须逐步破除各种障碍。从城乡建设投入机制和社会福利机制两个方面看，自 1949 年以来政府对城市建设就存在资金投入偏向，1980 年以前政府支农支出占 GDP 比重基本保持在 10%左右[①]，随后这一占比逐步下降，下降到 2001 年的 8.91%，支农资金规模从 1978 年的 76.95 亿元增加到 1102.70 亿元，虽然数值在增加，但城乡投资比在这段时期依然保持在 3.19 左右，少量的增幅与农业投资欠账逐年累积的缺口相比差距很大，从而导致农业农村发展资金持续保障能力不足；而城乡社会福利机制仍沿袭传统的城乡分立型管理体制，政府公共财政对城市进行投入，而农村仍主要依靠基层政府各类收费、集资、摊牌等方式进行制度外供给，这些方式的不稳定性和不合理性，势必造成农村公共服务投入有限，同时在一定程度上加重了农村负担，导致城乡社会福利差距持续拉大。

这一时期农村与城镇化政策在打破城乡二元经济体制方面取得一些成就，推出向农民赋权、推动农业农产品市场化改革、松动户籍制度以减少农村迁移劳动力障碍等方式，有利于改善城乡关系失衡局面，也使

---

① 董志凯：《我国农村基础设施投资的变迁（1950—2006 年）》，《中国经济史研究》2008 年第 3 期。

城乡协调发展逐步成为共识。但是，改变传统计划经济体制到市场化机制、户籍制度改革等均需要一个较为缓慢的过程，政策实施效果与出台初衷之间存在诸多障碍和困难。

二 以城带乡发展阶段（2003—2012 年）

这一时期国家政策将上一时期政策加以延续和深化，主要通过调整城乡投入结构将破除城乡二元体制从经济领域扩展到社会领域（见图 3-12）。

进入 21 世纪以来，中国经济实力有所增强，具备工业"反哺"农业、城市带动农村的条件，国家政策也日益明确构建城乡一体化的新型城乡关系，将"统筹城乡发展"列为"五个统筹"之首，并构建基于"以工促农、以城带乡"长效机制的城乡一体化新格局，在这一发展目标和政策理念指导下，推进中国特色城市化，提出以人为本的新型城镇化战略，基于中国资源环境承载能力的客观要求，推进城市群为主体形态的城镇化道路，在为工业化城镇化奠定基础的同时也强调保护好农民利益，有条件地放开户籍制度，改善了农民工的劳动地位，同时，党的十七大报告中明确了要统筹城乡发展，必须推进社会主义新农村建设，这一基调夯实了农业的基础地位，并陆续出台了政策实施细则，包括农业标准化、多予少取放活、发展现代农业、农业基础设施建设、加快水利改革发展、加快农业科技创新等，均以保持农业农村经济平稳较快发展、城乡统筹为目标。

在政策落实过程中，政府增加支农支出这一举措对改善城乡关系的实效较为明显。2003 年政府支农支出为 9937.35 亿元，是 1996 年的 19.48 倍，在此期间政府支农支出规模以年均 30.87% 的增速增加，另外，"四项补贴"政策、将农村公共服务供给作为政府公共财政投入重点的方针，促进农村公共服务资金大幅增加，为农民社会公共服务水平的提升提供政策和资金保障，同时，建立新型农村合作医疗制度、改革农村义务教育经费保障机制及建立农村最低生活保障制度等举措，对促进城乡公共服务均等化、缩小城乡社会差距起到积极作用。

这一时期的政策确实为城乡统筹发展提供了制度保障，带来了城镇化和工业化的长足发展，但政府城乡支出差距仍然较大（见图 3-13），2003—2012 年城乡政府支出比从 2.85 倍上升到 5.82 倍，以年均 54.62%

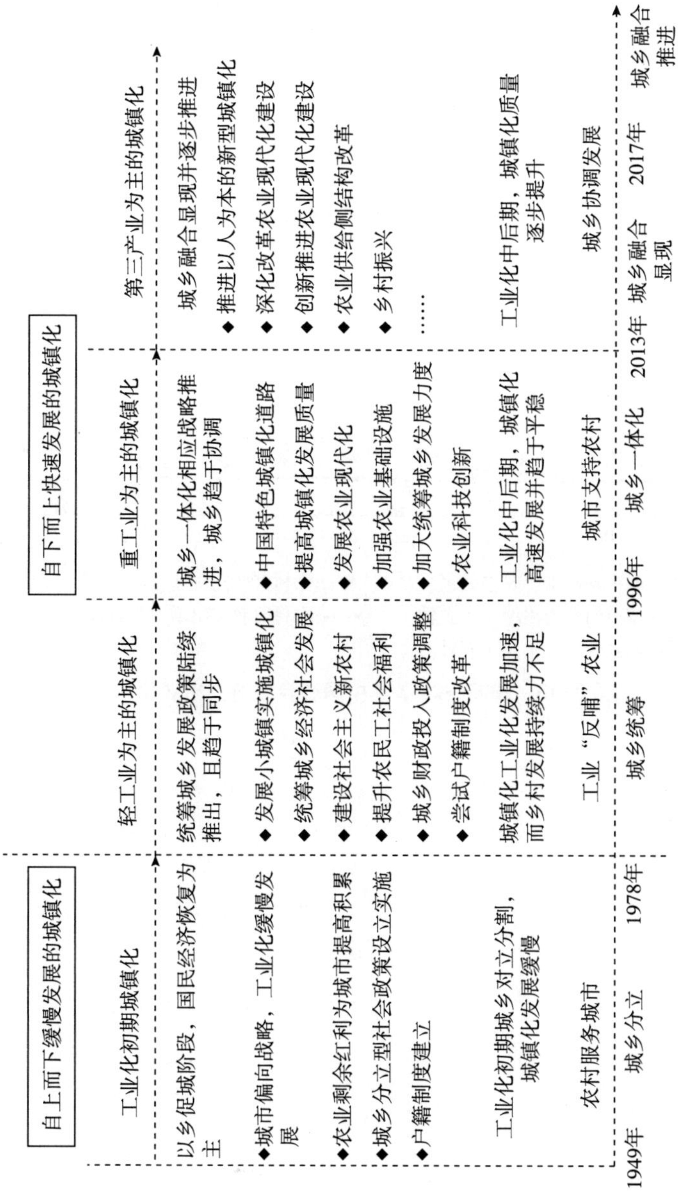

第三章 中国城乡从单轮驱动到双轮协调的演化阶段划分

自上而下缓慢发展的城镇化		自下而上快速发展的城镇化	
工业化初期城镇化	轻工业为主的城镇化	重工业为主的城镇化	第三产业为主的城镇化
以乡促城偏向战略为主	统筹城乡发展政策陆续推出，且趋于同步	城乡一体化相应战略推进，城乡趋于协调	城乡融合显现以人为本的新型城镇化推进
● 工业化初期阶段，国民经济恢复，工业化缓慢发展	● 发展小城镇实施城镇化	● 中国特色城镇化道路	● 推进以人为本的新型城镇化建设
● 农业剩余红利为城市提高积累	● 统筹城乡经济社会发展	● 提高城镇化发展质量	● 深化改革农业现代化建设
● 城乡分立型社会政策设立实施	● 建设社会主义新农村	● 发展农业现代化	● 创新推进农业现代化建设
● 户籍制度建立	● 提升农民工社会福利	● 加强农业基础设施	● 农业供给侧结构改革
	● 城乡财政投入政策调整	● 加大统筹城乡发展力度	● 乡村振兴
	● 尝试户籍制度改革	● 农业科技创新	……
工业化初期城乡对立分割，城镇化发展缓慢	城镇化工业化发展加速，而乡村发展持续力不足	工业化中后期，城镇化高速发展并趋于平稳	工业化中后期，城镇化质量逐步提升
农村服务城市	工业"反哺"农业	城市支持农村	城乡协调发展
1949年 城乡分立	1978年 城乡统筹	1996年 城乡一体化	2013年 城乡融合显现 2017年 城乡融合推进

图 3-12 以城带乡发展阶段演变

75

的增速投入城市建设，是支农支出增速的 1.77 倍，由于农村农业长期乏力，尤其是城镇化和工业化快速推进对农村资源要素的吸力增强，导致农村有效劳动力缺失、资金技术短缺、环境污损化程度加大、贫困化增长，城乡两极化日益凸显。城市化进程表现出强劲的增长势头，但是城乡收入差距 2003—2012 年呈现波动中扩大的趋势，从 2003 年的 2.79 扩大到 2012 年的 3.33（见图 3-14）。

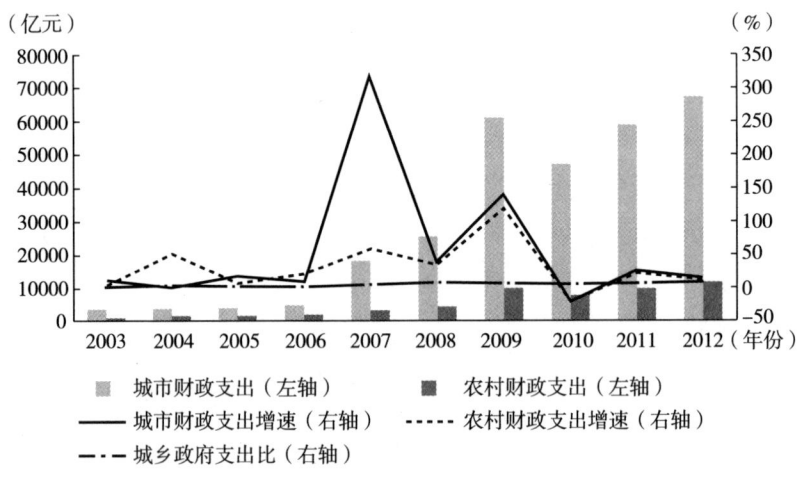

图 3-13　2003—2012 年中国城乡政府支出变化

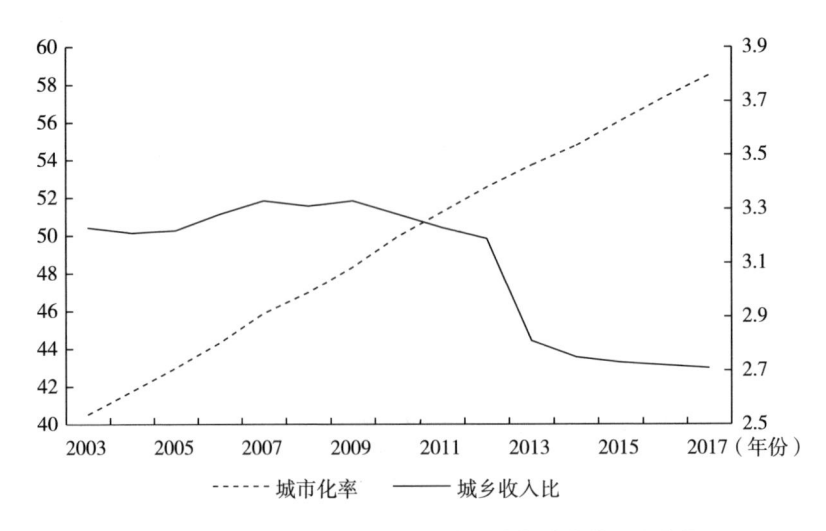

图 3-14　2003—2017 年中国城市化率与城乡收入比变化

这一时期国家政策明确统筹城乡的战略思想，城市偏向的城乡政策有了改观，对农业农村政策已覆盖了经济层面和社会层面，但农业长期持续动力短缺导致发展不充分，户籍制度、城乡二元分立型管理体制的影响仍存在，城乡居民在就业准入和发展机会等诸多方面不平衡，城乡经济和社会差距依然较大。

三 城乡融合显现及推进阶段（2013年至今）

2012年党的十八大明确指出将"三农"问题作为工作重中之重，2013年党的十八届三中全会进一步明确，构建旨在城乡一体化发展的新型工农城乡关系，以破除城乡二元结构这一障碍，2017年党的十九大明确提出促进城乡融合发展，国家政策层层递进。在这一时期，国家出台了旨在加快推进城乡融合发展的一系列政策，以城市群为载体，通过产业协同、城镇化空间布局优化等举措推进城乡融合发展进程，在促进城市高质量发展的同时，依托土地承包权流转、农业供给侧结构改革、加快培育农业农村新动能等路径实现乡村振兴，工业产值从2013年的222337.60亿元提升到2017年的279996.90亿元，净增长57659.30亿元，增幅为29.53%，农业产值从55329.10亿元提升到65467.60亿元，净增长10138.50亿元，增幅为18.32%，城乡收入比从2013年的3.10下降到2017年的2.71，城乡消费比从3.16下降到2.69（见图3-15），各项数据均显示城乡关系有所改善，国家城乡政策的积极推动作用正在发挥。

同时，可以发现随着中国经济逐步进入新常态，公共财政收入也随之下行，但政府支农支出在规模和比例上均保持增长态势，2008—2012年，政府支农支出总额3.90万亿元，占比为10.20%，2013—2017年国家投入金额增加到7.90万亿元，占比为10.45%，国家公共财政投入持续增加，能有效弥补多年来农村投入欠账累积的缺口，改善农村投资环境，提高农民收入，提升农村社会公共服务供给水平；城乡要素双向流动机制在两方面取得一定实效，一方面，政府不断放松城市工商资本和社会资本流入农村的限制，缓解了农业农村资金投入不足困境的同时，也通过引进先进技术和发展理念，促进农业高质高效发展，有利于加快农业现代化进程；另一方面，农民工返乡的规模较大，回到农村会带来资金、技术和经验，为农村农业发展注入活力，能有效助力乡村振

(亿元)

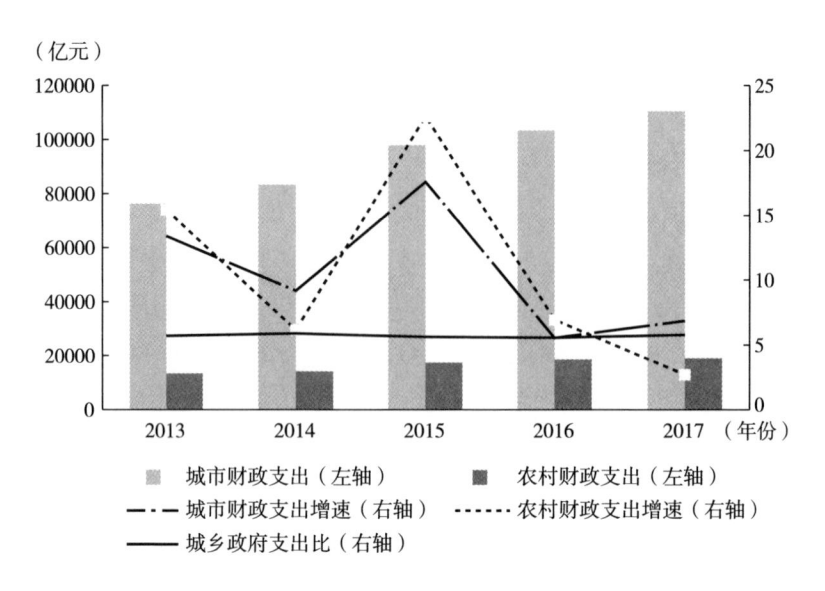

图 3-15　2013—2017 年中国城乡政府支出变化

兴；加大户籍制度改革力度和城乡基本公共服务并轨，首先将教育、就业、养老、医疗、住房等城镇基本公共服务覆盖全部常住人口，进而取消户口限制进一步提升农村流动人口享受城市公共服务的范围和程度，随后建立均等化的城乡居民社会保障体系，这两大举措将有效推进城乡社会一体化发展。

通过梳理 1949 年以来农村和城镇化政策发现，二者政策基本同步出现。在城乡关系演化进程中，国家长期重视"三农"问题，但关注点呈阶段性变化特征：①从追求产值导向到专项政策再到国家战略转变，1949—1977 年，国家对于农村的政策倾向于利用农业发展的红利为工业和城镇化发展服务，并未关注农业持续发展、农民社会福利水平、农村兴旺等层面，1978—2002 年，农村政策突出专项层面，从提高农民生产积极性到提高农业产出、增加农民收入，再到推进农业农村现代化进程，随后开始关注农村公共服务能力的提升等，2003—2012年，农村政策着重加快农村农业现代化建设、缩小城乡差距、城乡统筹发展，2013 年以后，农村政策落在国家战略层面，致力于通过新型城镇化、农村供给侧结构性改革全面振兴农村农业，推出乡村振兴战略。②政策实施效果和影响层面逐步深化，政策实施效果从初期映衬工业化和城镇化发展，之后通过劳动力等资源要素流动支持城市建设，其后注重提升农业生产和农村社会福利水平，缩小城乡经济社会差距，从而推进城乡统筹协调发展。

值得关注的是，随着国家政策的实施和调整，中国城乡融合发展虽已初显成效，尚未破解的问题和新问题仍然存在于城乡关系演变进程中，如户籍制度改革力度不够、城乡二元经济差距大、城乡要素配置不合理、城乡社会公共服务不平等、乡村衰落加快等。要重塑新时代城乡关系，破解城乡经济社会发展矛盾，需要实现乡村振兴与新型城镇化战略的耦合协调。

第四节　本章小结

本章着重分析了中国城乡关系阶段演化，从单轮到双轮发展的必要性，对中国城乡发展阶段进行了详细的分析，结果显示：

（1）中国作为农业大国，农业是中国经济发展、社会稳定的基础，然而，当前农业现代化水平严重滞后于工业化水平，城乡差距不断拉大，如何依托国家发展战略和发展契机提升农业自我发展能力、促进城乡融合，显得尤为必要。

（2）通过梳理1949年以来的城乡发展战略与政策发现，中国城乡关系演变的进程中，不管是以乡促城阶段、工业化和城市化为主阶段，还是城乡融合显现及推进阶段，政府一直处于主导地位，其城市偏向政策在城乡发展进程中长期扮演着主角，致使城乡二元结构不断固化和强化，单纯依靠提升城市实力带动农村这一单轮驱动模式可能会带来短期效益，但会拉大城乡差距，不具有持续性。要破解城乡经济社会发展矛盾、重塑新时代城乡关系，实现单轮驱动向乡村振兴与新型城镇化"双轮协调"驱动极为必要。

第四章

"双轮协调"驱动下中国城乡融合发展水平时空演变特征分析

  城乡融合的根本是新型城镇化与乡村振兴"双轮协调"发展，城乡融合发展中的城市子系统、乡村子系统及二者连通性分别对应着"双轮协调"驱动结构中的新型城镇化、乡村振兴及二者耦合协调性。因此，城乡融合的本质就是耦合协调"双轮协调"驱动结构以达到整体最优效果，而通过"双轮协调"最终实现城乡融合，是一个长期阶段性演进和空间差异化的过程。研究通过评估"双轮协调"水平时空演变规律，明确城乡融合在时间上和空间上的阶段性特点，并识别城乡融合水平演变影响因素，进而提出可能的城乡融合路径和政策体系。

  中国城乡发展既有从单轮到双轮的必要，又有双轮驱动的可能，尤其是自 2013 年以来，城乡融合显现并逐步推进，"双轮协调"迹象呈明朗化，但双轮之间是否出现了实质性的协调发展？这是开展"双轮协调"关系研究的前提和关键。本章拟选取 1996—2017 年中国 31 个省（市、区）的基础指标数据，对全国层面、分区域层面及省域层面的"双轮协调"发展水平进行测度，并着重回答以下问题：①中国双轮之间是否已开始协调发展？②如果双轮之间已开始协调发展（或已具有协调的趋势），那么中国省域"双轮协调"发展呈现怎样的时空演进规律，是否存在空间集聚性？

第四章 "双轮协调"驱动下中国城乡融合发展水平时空演变特征分析

第一节 指标体系及研究方法

一 指标体系

(一) 指标体系构建原则

科学构建"双轮协调"水平评价指标体系是考察双轮发展状态、衡量"双轮协调"发展水平的重大实践。"双轮协调"作为一个融合政治、经济、社会、生态诸多内容的巨系统，影响因素错综复杂。研究在构建"双轮协调"发展评价指标体系时，以全面性、科学性、可比性、可操作性为评价原则，充分体现城乡经济、社会、生态三维度的耦合协调，较客观、全面地反映城乡发展及协调状态。

第一，全面性原则。"双轮协调"是一个以"人"为主体、经济发展为基础、社会发展为内容、生态环境为保障的有机整体。因此，要尽可能全面多角度地选择双轮存在共性和差异性的指标，以反映更为客观的"双轮协调"水平。

第二，科学性原则。"双轮协调"评价指标体系在分别构建目标层和要素层时，需在城乡融合理念指导下，体现出各要素层对经济、社会、生态目标层的内部逻辑关系，也要反映目标层对要素层的指导关系，避免指标体系过于宽泛、针对性不强。

第三，可比性原则。指标体系中选用的基础指标数据来源要规范统一，城乡之间、省域之间、区域之间选取的指标都具有普适性，能更好地综合比较区域之间的差异性。

第四，可操作性原则。指标选取应以问题为导向，考虑到不同区域数据的可获取性，同时数据来源应科学、可靠。

(二) 乡村振兴水平评价指标体系

由于"双轮协调"涉及城市和农村，包含内容极其宽泛，而城市和农村在发展战略、资源禀赋、发展基础、发展水平、发展道路、发展模式等方面差异显著，因此构建指标体系时要分开构建，以便于能结合城市和农村各自发展现状、实现路径、发展目标，制定出一套尊重现实、直面问题和预期未来的有借鉴意义的指标体系。当然，城乡协调涉及层面纷繁复杂，在构建指标体系时难以全部覆盖，只能基于可取可量化的视角尽力选取其主要方面，对当前"双轮协调"的现状及存在问题进行识别和评价。在新型城乡融合发展理念指标下，依据乡村振兴和新型城镇化的内涵及指标体系的构建原则，本书构建融合经济、社会、生态三个维度的乡村振兴和新型城镇化评价指标体系（见图4-1），再深入细化每个维度的具体基础指标，进而在二者发展水平测算的基础上，进行二者耦合协调度评价。

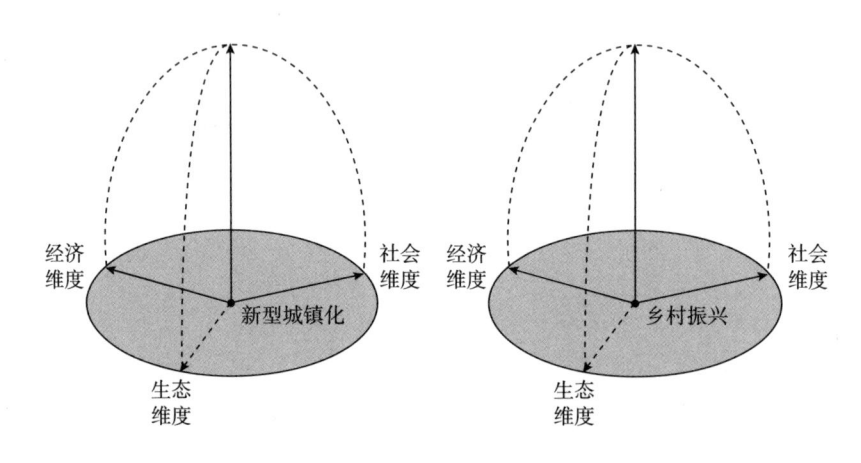

图4-1　新型城镇化与乡村振兴评价维度示意

乡村振兴是旨在助推农村现代化、解决"三农"问题，基于这一考虑，构建了指向"双轮协调"发展水平的中国乡村振兴评价指标体系（见表4-1），用乡村振兴发展指数代表乡村振兴水平。遵循指标体系构建的原则，在乡村振兴五大要求的指导下，从经济振兴、社会振兴、生态振兴三个维度选取基础指标，其中，经济振兴是乡村振兴的重点，是解决"三农"问题的重点，主要从产业发展水平和产业支撑能力两个要素层展开，产业发展水平要素层基于当前农业经济规模、农业生产效率及农业贡献能力选取基础指标，具体指标包括粮食总产量、人均农业产值、农业劳动生产率、人均乡村旅游收入、农业产值能耗；产业支撑能力要素层主要基于农业现代化水平滞后于工业化水平、农业生产经营非规模化、农业产业结构单一、农业生产效率不高等发展现状，考察农业发展要素供给水平及自我发展能力，具体指标包括农业技术人员占比、农村青壮年劳动力占比、劳均农用机械总动力、农业新增固定资产。这两大类要素层相互配合，较完整地反映了全国层面及分区域乡村经济振兴的具体实效、限制因素、实现潜能，也反映了城乡经济差距。

表 4-1 中国乡村振兴水平评价指标体系

目标层	要素层	指标层	单位
经济振兴	产业发展水平	粮食总产量	亿吨
		人均农业产值	万元
		农业劳动生产率	万元/人
		人均乡村旅游收入	万元
		农业产值能耗	吨标准煤/万元
	产业支撑能力	农业技术人员占比	%
		农村青壮年劳动力占比	%
		农业新增固定资产	万元
社会振兴	生活富裕程度	农村人均纯收入	元
		农村居民恩格尔系数	%
		文化娱乐支出占比	%
	基本公共服务	基础教育经费投入占比	%
		农村千人拥有医生数	人
	乡风文明建设	人均农村纠纷数量	件
		每村拥有乡镇文化站数量	个/村
		农村文化活动次数	次
	乡村治理水平	基层组织规模	个/万人
		基层组织效率	个/亿元
		农村千人司法站数量	个/千人
生态环境振兴	生态环境宜居	人均湿地面积	平方千米/人
		森林覆盖率	%
	生态环境治理	单位造林面积投资额	万元/公顷
		生活垃圾无害化处理率	%

社会振兴是乡村振兴实现的重要保障，从生活富裕程度、基本公共服务、乡风文明建设、乡村治理水平4个要素层展开，其中，生活富裕程度要素层的构建基于当前城乡居民生活水平差距大、农村村容村貌仍

需改善、农村社会公共服务的供给不足等层面，主要用来考察农村社会发展水平现状及改善能力，具体指标包括农村人均纯收入、农村居民恩格尔系数、文化娱乐支出占比；基本公共服务主要包括教育和医疗卫生方面，具体选取基础教育经费投入占比、农村千人拥有医生数两个指标；乡风文明建设是社会振兴的精神保障，主要基于当前农村人文环境质量不高、传统文化与先进文明割裂的现状，考察农村人文环境改善的突破口，具体指标包括人均农村纠纷数量、每村拥有乡镇文化站数量、农村文化活动次数；乡村治理水平是主要基于农村基层社会服务能力不足、乡村法制建设体系不健全的现状，考察乡村治理体系完善面临的问题，具体指标包括基层组织规模、基层组织效率和农村千人司法站数量。这四大要素层有机统一，较完整地反映了城乡社会发展差距，为城乡社会一体化体系的构建和完善提供了突破方向。

生态振兴是乡村振兴实现的关键底线，从生态环境宜居和生态环境治理两个要素层展开，其中，生态环境宜居要素层基于农村自然资源丰度变化构建，具体基础指标包括人均湿地面积和森林覆盖率，生态环境治理要素层基于生态环境破坏程度及改善能力两方面选取基础指标，具体指标包括单位造林面积投资额、生活垃圾无害化处理率。这两大要素层基本包含了城乡经济发展带来的生态环境质量的变化，能有效反映乡村生态振兴、城乡生态环境一体化发展水平。

（三）新型城镇化水平评价指标体系

新型城镇化是以实现农村转移人口的市民化为首要目标，并通过促进人口、资本、资源等各项要素在城乡之间自由流动及合理配置，促进城乡融合。基于这一考虑，构建了指向"双轮协调"发展水平的中国新型城镇化水平评价指标体系，用新型城镇化发展指数代表新型城镇化水平（见表4-2）。

表4-2　　　　　中国新型城镇化水平评价指标体系

目标层	要素层	指标层	单位
经济城镇化	经济发展水平	地方财政收入	亿元
		人均第二、第三产业产值	万元

第四章 | "双轮协调"驱动下中国城乡融合发展水平时空演变特征分析

续表

目标层	要素层	指标层	单位
经济城镇化	经济结构变动	第三产业产值占GDP比重	%
		高新技术产业产值占GDP比重	%
	经济增长效率	地均第一、第三产业增加值	万元/平方千米
		第二、第三产业劳动生产率	万元/人
社会城镇化	居民生活水平	城镇居民人均可支配收入	元
		城镇居民恩格尔系数	%
		城市化率	%
	社会保障体系	社会保障占地区财政支出比重	%
		城镇居民失业率	%
	基本公共服务	每千人口医疗卫生机构床位数	张/人
		城市平均受教育年限	年
	科技创新与信息化	研发经费占GDP比重	%
		互联网普及率	%
生态环境城镇化	城市生态建设	人均公园绿地面积	平方米/人
		建成区绿化覆盖率	%
	资源利用水平	建成区经济密度	亿元/平方千米
		单位工业总产值能耗	吨标准煤/万元
		单位工业总产值水耗	立方米/万元
	环境质量状态	$PM_{2.5}$	μg/立方米
		COD排放量	吨
		城市垃圾无害化处理率	%

遵循指标体系构建的原则,从经济城镇化、社会城镇化和生态环境城镇化三个维度选取基础指标,其中,经济城镇化维度是新型城镇化质量提升的物质基础,从经济发展水平、经济结构变动和经济增长效率三个要素层展开,其中,经济发展水平要素层基于发展要素供给水平与城市经济规模变化构建,具体基础指标选取地方财政收入、人均第二、第三产业产值,用来反映城市经济发展水平;经济结构变动主要包括第三产业产值占GDP比重、高新技术产业产值占GDP比重两个方面;经济增长效率选取地均第二、第三产业增加值和第二、第三产业劳动生产率。将这三大要素融合在一起,能较大程度上反映经济城镇化发展

85

实力。

社会城镇化维度是新型城镇化质量提升的重要保障，从居民生活水平、社会保障体系、基本公共服务、科技创新与信息化四个要素层展开，其中，居民生活水平要素基于城镇居民生活消费水平变化构建，具体基础指标选取城镇居民人均可支配收入、城镇居民恩格尔系数、城市化率；社会保障体系要素层选取社会保障占地区财政支出比重、城镇居民失业率为基础指标；基本公共服务选取每千人口医疗卫生机构床位数、城市平均受教育年限；科技创新与信息化具体选取研发经费占GDP比重和互联网普及率。将这四个要素层联合共同反映社会城镇化发展水平及城乡社会公共福利均等化程度。

生态城镇化维度是新型城镇化质量提升的发展底线和资源环境保障，从城市生态建设、资源利用水平和环境质量状态三个要素层展开，其中，城市生态建设是生态城镇化质量提升的基础，基于城市经济社会发展资源承载能力构建，选取人均公园绿地面积、建成区绿化覆盖率作为基础指标；资源利用水平要素层是生态城镇化发展面临的阻碍，基于城市经济发展的污染源变化构建，选取建成区经济密度、单位工业总产值能耗、单位工业总产值水能耗作为基础指标；环境质量状态要素层既能反映城市经济发展资金实力和技术水平，也能反映生态城镇化质量提升潜力和能力，选取$PM_{2.5}$、COD排放量、城市垃圾无害化处理率作为基础指标。将三个要素层联合一起共同反映生态城镇化面临的阻碍、提升潜力及城乡生态基础和建设差距。

二　研究方法

（一）综合发展水平评价模型

利用线性加权法和熵值法对乡村振兴与新型城镇化的综合发展水平进行测算，避免线性加权法将各指标独立开来的弊端，使测算结果更加精确、合理。

采用改进的归一化方法对原始数据进行标准化处理，分别运用式（4-1）处理正、负向指标。其中，

$$S_{ij}=[X_{ij}-\min(X_j)]/[\max(X_j)-\min(X_j)]$$
$$S_{ij}=[\max(X_j)-X_{ij}]/[\max(X_j)-\min(X_j)]$$
$$(i=1,2,3,\cdots,m;j=1,2,3,\cdots,m) \quad (4-1)$$

由此得到数据的标准化矩阵：

$$p_{ij} = \{X_{ij'}\} m \times n (0 \leq X_{ij'} \leq 1) \tag{4-2}$$

然后，采用熵值法对不同评价指标权重加以确定。

$$e_j = -k \sum_{i=1}^{m} p_{ij} \cdot \ln p_{ij},\ j=1,2,\cdots,n \tag{4-3}$$

$$g_j = 1 - e_j,\ j=1,2,\cdots,n \tag{4-4}$$

$$a_j = g_j \Big/ \sum_{j=1}^{n} g_j,\ j=1,2,\cdots,n \tag{4-5}$$

$$Y_{ij} = \sum_{j=1}^{n} a_{ij} Q_{ij},\ j=1,2,\cdots,n \tag{4-6}$$

（二）耦合协调度模型

耦合度及协调度用来反映持续演进中两者或多者协调一致性的变化程度，揭示从无序不协调走向有序协调的变化规律。耦合度用来衡量系统间关联程度，反映各系统间相互作用程度的大小，不能反映各系统的水平。而耦合协调度既可以反映各系统自身发展水平的高低，又可以反映系统间的相互作用程度。[1]

$$c = \frac{\sqrt{(u_1 \times u_2)}}{(u_1 + u_2)} \tag{4-7}$$

$$D = \sqrt{C \times T} \tag{4-8}$$

$$T = \alpha u_1 + \beta u_2 \tag{4-9}$$

式中，C 为耦合度值，D 为耦合协调度值，T 为乡村振兴与新型城镇化"双轮协调"指数，u_1、u_2 表示乡村振兴与新型城镇化发展水平值，α 和 β 是待定权数。乡村振兴是提升农村提质增效、城乡协调的必然选择，新型城镇化是解决"三农"问题的重要途径和有力支撑，是实现城乡协调的重要抓手，二者同等重要，α 和 β 值分别设定为 0.5。基于耦合协调度 D，有效判别乡村振兴与新型城镇化两者交互耦合的协调程度，当前学术界在其分类方面并未形成统一标准，在前人研究成果

---

[1] 文成业：《广西旅游产业与城镇化耦合协调发展研究》，硕士学位论文，南宁师范大学，2019 年。

的基础上①②③，结合计量结果，将乡村振兴与新型城镇化耦合协调度分为4个层次（见表4-3）。

表 4-3　　乡村振兴与新型城镇化协调等级及类型

协调度区间	协调等级	协调类型
0.400—0.449	濒临失调Ⅰ	濒临失调型（0.400—0.499）
0.450—0.499	濒临失调Ⅱ	
0.500—0.549	勉强协调Ⅰ	勉强协调型（0.500—0.599）
0.550—0.599	勉强协调Ⅱ	
0.600—0.649	初级协调Ⅰ	初级协调型（0.600—0.699）
0.650—0.699	初级协调Ⅱ	
0.700—0.749	中级协调Ⅰ	中级协调型（0.700—0.799）
0.750—0.799	中级协调Ⅱ	

三　数据来源

五年计划是中国国民经济计划的重要部分，属长期计划，主要是对国家重大建设项目、生产力分布和国民经济重要比例关系等作出规划，为国民经济发展远景规定目标和方向。④ 而第九个五年计划（1996—2000年），是跨世纪的五年计划，也是社会主义市场经济体制基本建立后的第一个五年计划，在计划中提出推进城镇化快速发展，同时农业投资比重才出现扭转，特别是基本建设投资额相比"八五"计划时期增长了3倍以上，呈现出城乡统筹发展的雏形。⑤ 因此研究时间周期选取1996—2017年。考虑到数据的可得性和研究的可行性，研究拟采用的数据为我国1996—2017年31个省份（港、澳、台除外）的省际面板数

---

① 肖黎明、张仙鹏：《强可持续理念下绿色创新效率与生态福利绩效耦合协调的时空特征》，《自然资源学报》2019年第2期。
② 徐维祥等：《乡村振兴与新型城镇化耦合协调的动态演进及其驱动机制》，《自然资源学报》2020年第9期。
③ 张海朋等：《大都市区城乡融合系统耦合协调度时空演化及其影响因素——以环首都地区为例》，《经济地理》2020年第11期。
④ 胡科翔：《生态旅游资源法律规制研究》，博士学位论文，重庆大学，2018年。
⑤ 张海鹏：《中国城乡关系演变70年：从分割到融合》，《中国农村经济》2019年第3期。

据，主要来源于《中国统计年鉴》《中国城市统计年鉴》《中国农村统计年鉴》以及各省（自治区、直辖市）统计年鉴等。

第二节 "双轮协调"驱动下中国城乡融合发展水平时序演变特征

一 中国不同区域层次"双轮协调"水平时序演变特征分析

（一）全国层面

1. 乡村振兴指数呈先平稳增加后较快上升的态势

研究对1996—2017年中国省域相关数据进行测算，以此评价中国乡村振兴水平变化及发展特征（见图4-2）。乡村经济振兴指数在1996—2017年呈现"先平稳增加后较快上升"的发展态势，年均增速约为9.77%，由1996年的0.1021增长至2003年的0.1594，整体增长幅度较小；由2004年的0.1924增长至2017年的0.7013，增长了0.5089，年平均增长率为7.51%。乡村社会振兴指数在1996—2017年呈缓慢波动上升态势，由1996年的0.1635上升至2017年的0.6729，年平均增长速度约为7.47%。乡村生态振兴指数在1996—2017年波动较大，年平均增长7.60%，增长幅度小于乡村经济振兴指数，略高于乡

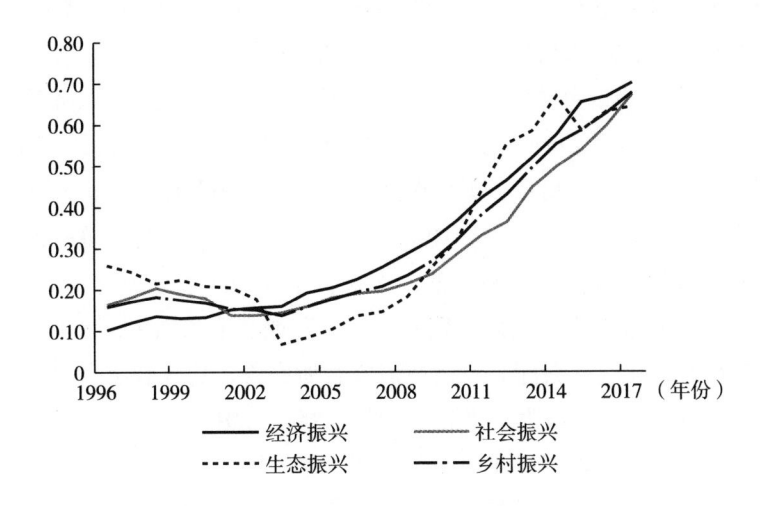

图4-2 中国乡村振兴及子系统指数变化

村社会振兴指数。研究表明，近年来中国乡村振兴取得一定成效，经济、社会和生态环境发展水平均有所提升，但乡村生态环境问题仍有一定的严峻性，同时社会振兴也存在较大的提升空间。

1996—2017年，全国层面的乡村振兴指数呈整体上升态势，从1996年的0.1581增长到2017年的0.6779，净增0.5198，年平均增长速度约为7.51%，具体可划分为三阶段（见图4-3）。

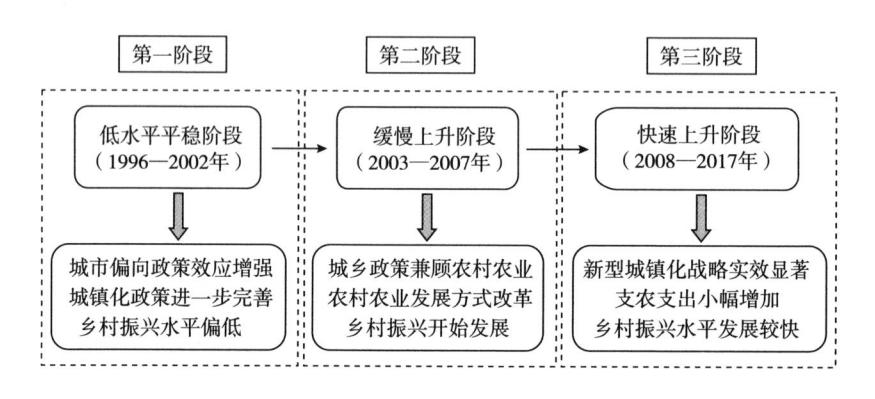

图4-3 中国乡村振兴水平演变阶段

第一阶段为低水平平稳阶段（1996—2002年），乡村振兴指数小幅下降，整体呈平稳态势，由0.1581下降至0.1506，年平均下降0.62%，此阶段城市偏向政策效应进一步增强，加上城镇化政策进一步完善，对各项发展要素的吸引力增强，乡村发展所需的资金、技术、人才等要素更为短缺，城乡差距进一步拉大；第二阶段为缓慢上升阶段（2003—2007年），乡村振兴指数开始缓慢上升，由0.1367上升至0.2080，增长了52.15%，年平均上升7.04%，第一，国家发展战略从单一的城市偏向兼顾农村农业发展战略调整，支农资金在规模和增速上增幅较大；第二，农村农业在发展理念、发展方式上实现改革和创新，农业生产效率快速提升，相应社会配套政策及措施有所完善，均有利于乡村振兴发展水平提升；第三阶段为快速上升阶段（2008—2017年），乡村振兴指数上升态势迅速，由0.2349上升至0.6779，年平均上升速度为12.62%，该阶段城乡协调政策逐步延伸，新型城镇化战略推出带来的城市发展成效更为显著，国家逐步推进和加快农业现代化建设，在政策上对乡村发展有了支持，且农村财政支出规模均在小幅增加，乡村生产和建设有了一定资金支撑。整体来看，乡村经济振兴指数与乡村社会振兴指数对乡村振兴的作用程度较强，其中乡村社会振兴指数变化曲线与乡村振兴指数变化曲线趋于一致，这意味着乡村振兴的关键在于乡村社会振兴。

2. 新型城镇化指数不断波动上升

从新型城镇化的分维度来看（见图4-4），经济城镇化指数在此期间呈现较为明显的上升趋势，从1996年的0.0205增长到2017年的0.7349，年均增长17.15%，1999年之前处于平稳上升状态，2000—2010年处于快速上升阶段，年均增速达21.31%，2011年后以2.11%的增速平稳上升。

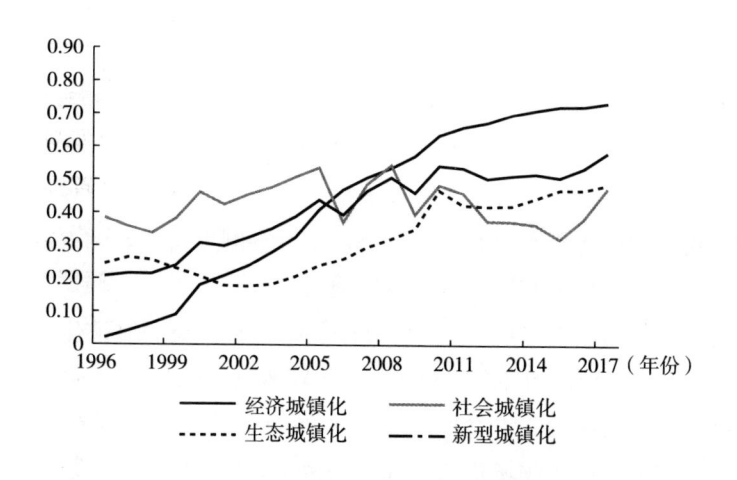

图4-4 中国新型城镇化及子系统指数变化

社会城镇化指数在1996—2017年的变动趋势与新型城镇化水平指数的变动大致相同，由1996年的0.3844上升至2017年的0.4762，年平均增长速度约为2.39%。与经济城镇化指数和社会城镇化指数的变动趋势不同，生态环境城镇化呈现先缓慢下降后快速上升的变动趋势，研究期内生态环境城镇化指数在0.2454—0.4870之间，年平均增长速度为3.83%，生态环境质量有所改善。

新型城镇化指数在1996—2017年不断波动上升，由1996年的0.2067上升至2017年的0.5833，年平均增长速度为5.47%，具体可划分为三阶段（见图4-5）。

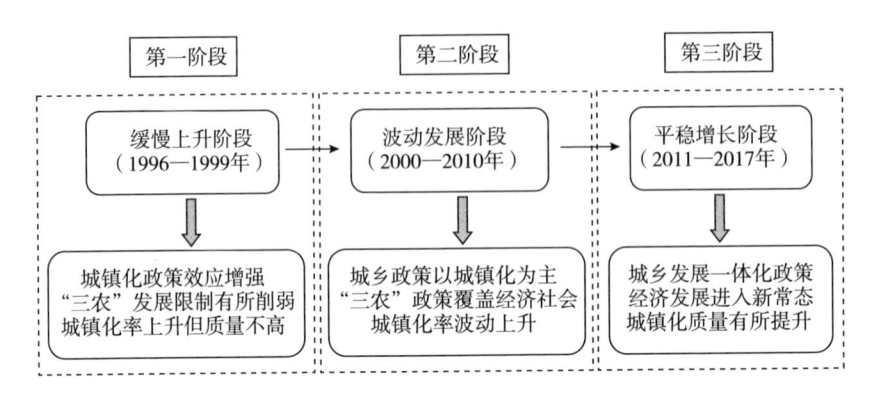

```
┌─────────────────┐    ┌─────────────────┐    ┌─────────────────┐
│   第一阶段      │    │   第二阶段      │    │   第三阶段      │
└─────────────────┘    └─────────────────┘    └─────────────────┘
         │                      │                      │
┌─────────────────┐    ┌─────────────────┐    ┌─────────────────┐
│  缓慢上升阶段   │──▶ │  波动发展阶段   │──▶ │  平稳增长阶段   │
│ （1996—1999年） │    │ （2000—2010年） │    │ （2011—2017年） │
└─────────────────┘    └─────────────────┘    └─────────────────┘
         │                      │                      │
         ▼                      ▼                      ▼
┌─────────────────┐    ┌─────────────────┐    ┌─────────────────┐
│城镇化政策效应增强│    │城乡政策以城镇化为主│  │城乡发展一体化政策│
│"三农"发展限制有所削弱│ │"三农"政策覆盖经济社会│ │经济发展进入新常态│
│城镇化率上升但质量不高│ │城镇化率波动上升   │  │城镇化质量有所提升│
└─────────────────┘    └─────────────────┘    └─────────────────┘
```

图4-5 中国新型城镇化发展水平演变阶段

第一阶段为缓慢上升阶段（1996—1999年），新型城镇化指数从1996年的0.2067增长至1999年的0.2406，年平均增速为5.32%，此阶段城镇化上升为发展战略，政策效应更为显著，城乡政策虽然开始兼顾农村农业发展战略，但城乡分立型经济社会制度持续影响，城乡差距不断扩大，城镇化率有所上升但发展质量不高。

第二阶段为波动发展阶段（2000—2010年），新型城镇化指数明显逐年上升，由2000年的0.3086上升至2010年的0.5434，增加了0.2348，年均增速约为8.29%，第一，城乡一体化政策及战略连续推出，惠农政策从经济领域扩展到社会领域，农村经济社会发展水平有所上升，对城镇化发展注入新的动力；第二，该阶段城乡政策虽然向农村有一定倾斜，但在实施过程中仍以城镇化和工业化为主，政府投资机制没有大的改观，在推进城市化强劲增长势头的同时，城乡两极化日益凸显，城市化处于波动状态，但发展质量仍值得关注。

第三阶段为平稳增长阶段（2011—2017年），新型城镇化指数从2011年的0.5362增长到2017年的0.5833，净增0.047，年均增长速度为1.53%，该阶段城乡融合政策及意见相继出台，在提升城镇化发展质量的同时，加快农业农村新动能的培育，城乡差距小幅缩小，城乡关系有所改善，城乡政策的积极推动作用正在逐步发挥，城乡财政投资机制有所调整，加大支农支出规模和比例，户籍制度改革及城乡人才、资本和技术鼓励机制，有效引导人才、资金、技术下乡，有效推进城乡经济社会一体化发展，城市"以城带乡"功能增强，城镇化质量提高明显。整体来看，社会城镇化指数与新型城镇化指数的变化曲线较为一致，这意味着城乡社会体制机制改革有效促进社会公共服务均等化，对新型城镇化水平的提升正在发挥其正向推动作用。

3. "双轮协调"水平整体上处于上升状态

1996—2017年，中国"双轮协调"水平整体上处于上升状态（见图4-6）。发展指数由1996年的0.4252增加到2017年的0.7930，净增0.3678，年均增长速度为1.32%。从分维度发展曲线看，双轮社会协调指数曲线与"双轮协调"指数极为相似，可得出双轮社会协调维度对全国层面的"双轮协调"水平贡献最大。三维度的"双轮协调"指数在1996年差距较大，随着时间的推移，各维度及双轮协调水平趋于接近，表明城乡融合水平在经济、社会、生态环境方面的差异性进一步减弱，协调程度更高。其中，双轮经济协调度的涨幅最大，为7.29%，并于2006年开始一直位于各子系统协调度的首位；双轮社会协调在此期间整体波动幅度较低，由0.5007增加至0.7524，年均增速为2.07%。双轮生态协调度的变动幅度较大，呈"V"字形变动趋势：1996—2003年年均增速为1.42%，2004—2010年呈增速大幅提升，达4.74%，2011后整体趋向平稳，年均增速为2.99%。

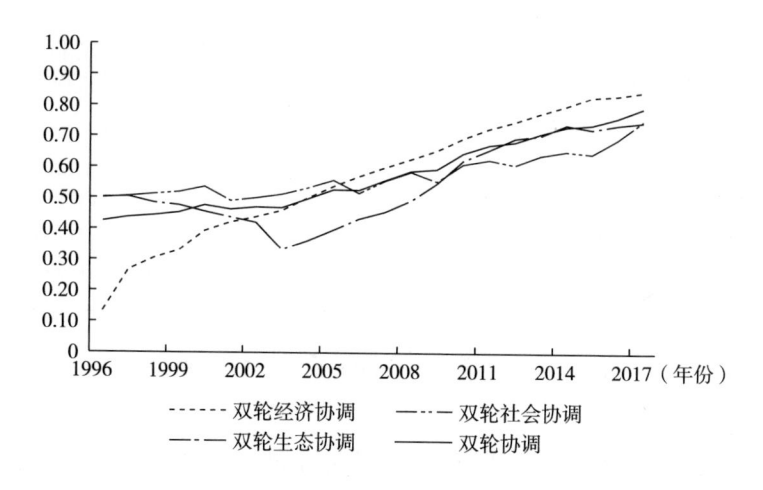

图4-6　全国层面"双轮协调"发展指数及各维度指数变化

具体来看,"双轮协调"变动趋势可分为三个阶段(见图4-7):第一阶段为缓慢上升阶段(1996—2003年),从0.4252上升至0.4683,年均增速为1.42%,此阶段城乡发展以城市为主,农村劳动力等要素大规模向城市集聚,城乡经济互动增强,但城乡分立型社会福利政策效应增强,城乡失衡尤其是城乡社会失衡较为突出,导致"双轮协调"水平不高;第二阶段为快速上升阶段(2004—2012年),"双轮协调"水平从2004年的0.4974增加至2012年的0.6828,年均增长4.66%,此阶段城乡政策逐步兼顾农村,一系列统筹城乡一体化的政策相继出台,以人为本的新型城镇化战略有效提升了城市经济实力,社会主义新农村建设夯实了农业基础地位,城乡经济互动增强,有条件地开放户籍制度等举措,促进城乡一体化向社会领域延伸,城乡融合加快;第三阶段为平稳发展阶段(2013—2017年),"双轮协调"水平从2013年的0.7100提升到2017年的0.7930,年均增幅为2.79%,城乡发展一体化政策逐步完善,资金、技术、人才等发展要素相继在城乡间局部性流通,对农业供给侧结构改革、农业现代化建设、农民收入提升都发挥了一定的助推作用,新型城镇化和乡村振兴战略实施成效显现,城乡融合稳步推进。

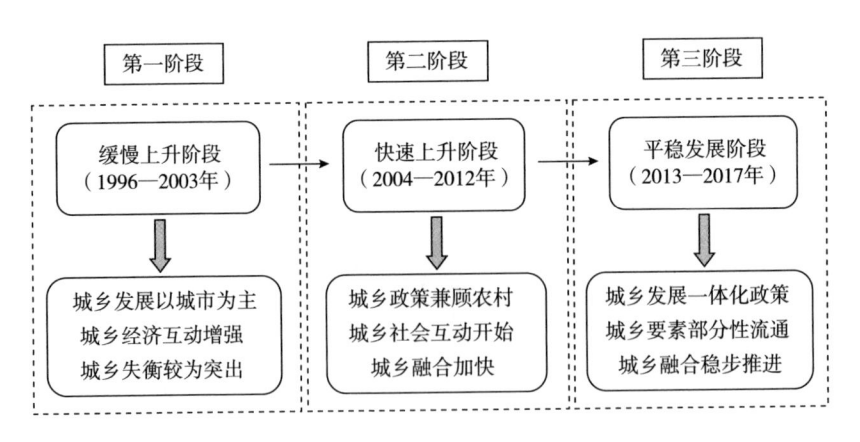

图4-7 全国层面"双轮协调"水平演变阶段

综合以上分析,全国层面的"双轮协调"水平整体呈上升态势,在每个演化阶段,双轮经济、社会、生态环境协调指数的助推作用都不稳定，表明提升中国"双轮协调"发展水平仍然是个长期而艰巨的过程，可能是因为中国地域差异显著，双轮协调发展的影响因素错综复杂，因此，有必要对中国"双轮协调"发展水平进行分区域、分省域的分析。

（二）中国东部、中部、西部区域层面

中国不同区域在地域资源禀赋、发展水平及发展模式等方面存在显著差异，需系统化分析中国东部、中部、西部区域在"双轮协调"水平及演进中的差异，以1996年、2002年、2010年和2017年为时间节点，分别对不同区域的"双轮协调"水平的演进进程展开进一步分析。

1. 各区域的乡村振兴指数呈"从西向东"的阶梯化区域差异

中国东中西各区域的乡村振兴指数呈"从西向东"的阶梯化区域差异（见图4-8）。2017年三大区域乡村振兴指数较1996年变动较大，但2002年、2010年出现了短暂的下降趋势，表明1996—2017年区域乡村振兴指数呈"U"形变动趋势。其中，东部区域乡村振兴指数由1996年的0.2155上升至2017年的0.3894，年均增速为26.75%；中部地区乡村振兴指数由1996年的0.2079上升至2017年的0.3539，年均增速为22.64%；西部区域的乡村振兴指数一直较其他区域低，1996—2017年增长了0.1046，年均增速为19.67%，低于东部、中部地区。

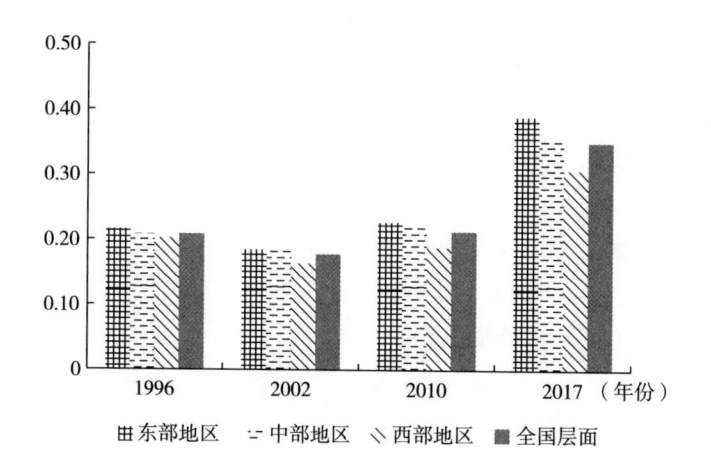

图4-8 东部、中部、西部区域乡村振兴发展指数变化

2. 各区域新型城镇化指数呈"稳中有升"趋势

1996—2017 年，各区域新型城镇化指数呈"稳中有升"趋势，东部区域的新型城镇化指数略高于中部、西部区域（见图 4-9）。各区域变动趋势基本一致，2010 年前处于较为缓慢的上升阶段，年均增速分别为 2.46%、1.01%、1.13%，2011 年开始进入快速发展阶段，年均增速分别为 35.21%、35.47%、33.92%，西部地区的增长速度略低于其他地区。

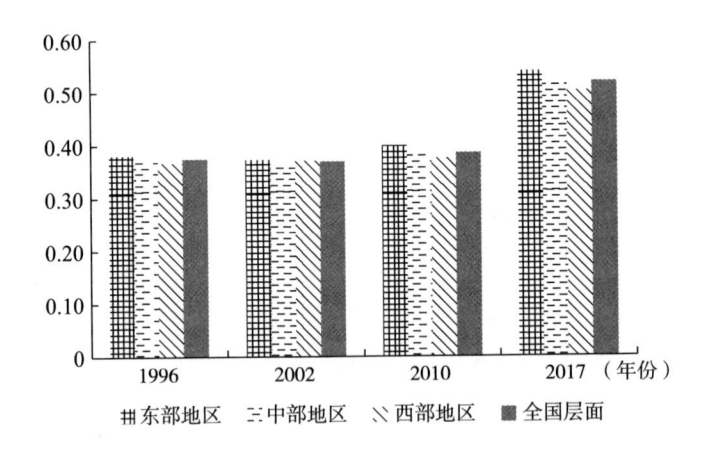

图 4-9 东部、中部、西部区域新型城镇化质量变化

3. 各区域的"双轮协调"发展指数呈"东高西低"的分布特征

各区域的"双轮协调"发展指数呈"东高西低"的分布特征（见图 4-10）。其中，中部地区"双轮协调"指数曲线与全国层面发展曲线高度一致。

东部区域协调度在 1996—2017 年增长了 0.1375，年均增速为 8.49%；中部区域协调度 2010 年前变动较为平稳，1996—2010 年增长了 0.0167，2011 年以后增长较快，年均增速为 23.37%；西部区域协调度变化率最低，为 6.79%。从同期的"双轮协调"发展指数比较来看，东部地区最大，西部地区最小，中部地区居中，仅西部地区"双轮协调"发展指数低于同期全国平均发展指数，表现为"东部地区>中部地区>全国平均>西部地区"。

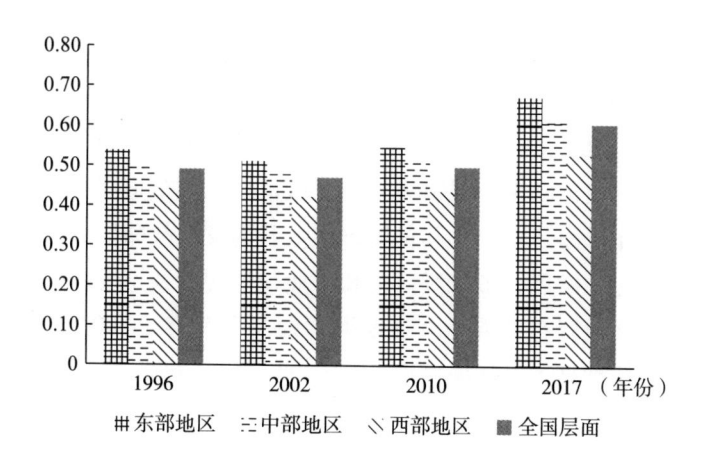

第四章 "双轮协调"驱动下中国城乡融合发展水平时空演变特征分析

图 4-10 分区域"双轮协调"发展指数变化

三大区域"双轮协调"发展指数的区域差异与各区域乡村振兴指数、新型城镇化指数一致，均呈"自西向东"阶梯增长。总体来看，东部、中部、西部区域的"双轮协调"水平在 2010 年存在一个明显的变化时间点，同时空间差异较为显著，新型城镇化政策的实施加快了各区域新型城镇化指数的提升，间接促进了双轮协调水平提升，另外 2009 年左右 4 万亿元投资计划及其投资时效性，快速拉动了经济发展指数，也有效助推了各区域"双轮协调"水平。

二 中国不同维度"双轮协调"水平时序演变特征分析

中国"双轮协调"水平虽然整体呈上升趋势，但不同子系统之间均存在较大差异，因此，需要深入探索经济、社会、生态环境各维度"双轮协调"水平的变化趋势，对各维度发展水平的时序演变特征进行细化分析。

（一）经济维度协调水平时序演变特征分析

1. 全国层面

从全国层面来看，中国双轮经济维度协调发展指数增长呈平稳上升态势（见图 4-11），以 2000 年为截止点，在此之前，经济振兴水平高于经济城镇化水平，2000 年之后经济城镇化水平高于经济振兴水平且差距持续扩大，双轮经济协调度水平高于经济振兴指数，低于经济城镇化指数，说明这一时期国家发展战略逐步从城市偏向向兼顾农村农业发

97

展战略调整，陆续出台加速农业生产、促进农村改革、加快农业农村工作改革等政策，带来了乡村短暂的快速发展，乡村经济振兴水平在2000年以前高出经济城镇化指数，随着城镇化政策不断完善和推进，中国城镇化发展道路由小城镇为主向大城市特大城市道路、再向大中小城市协调合作道路演变，尤其是城镇化上升为发展战略以后，强调城镇化与工业化协调发展，带来城镇化和工业化进程的快速发展，加上乡村长期滞后发展及资金、劳动力等发展"短板"较多，2000年以后经济城镇化指数持续高于经济振兴指数。

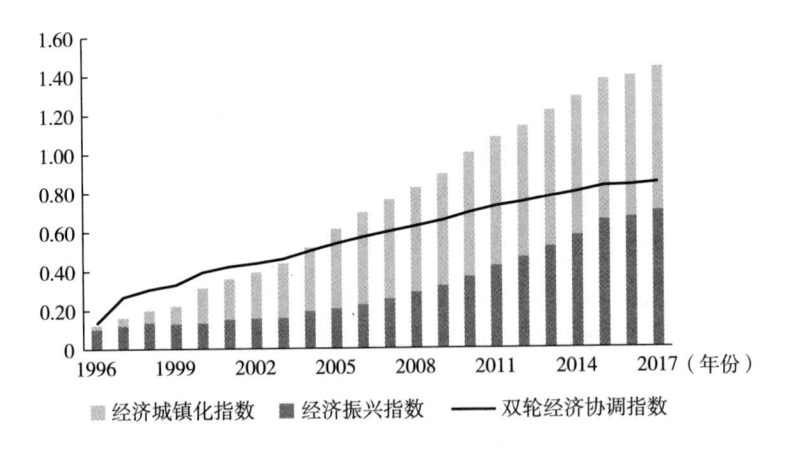

图 4-11 全国层面双轮经济维度协调发展指数变化

2. 东部、中部、西部区域层面

分区域来看，三大区域经济维度协调指数均呈先小幅下降后快速上升的发展特征，与全国层面变动趋势大致相同，呈"U"形上升趋势（见图 4-12）。

其中，东部地区指数整体水平高于中、西部地区，增长态势较为显著。1996—2002 年均呈小幅下降趋势，指数分别从 0.5433、0.5212、0.5014 下降至 0.5056、0.4842、0.4527；2002—2017 年持续上升，提升到 0.6570、0.6233、0.5789，年均增速分别为 1.87%、1.80%、1.74%。三大区域双轮经济协调指数均呈上升态势，呈现出东部>中部>西部的演变特征，且区域间的双轮经济协调差距小幅扩大的发展趋势。

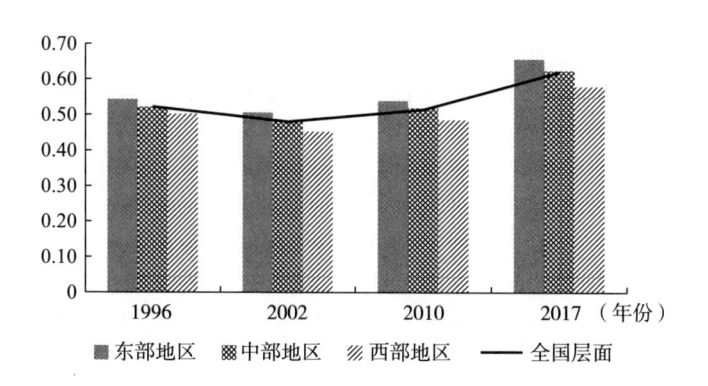

图 4-12 区域层面双轮经济协调发展指数变化

（二）社会维度协调水平时序演变特征分析

1. 全国层面

从全国层面来看，全国双轮社会协调指数呈平稳增长态势（见图4-13）。双轮社会协调指数在2000年、2006年、2009年存在一个较小的下降，但整体持续小幅上升。从1996年的0.5007上升至2017年的0.7524，净增了0.2517，上升了50.27%，具体来看，社会振兴指数发展态势较好，以年均7.47%的增速，从1996年的0.1635增长到2017年的0.6729，社会城镇化指数也波动上升，从1996年的0.3844提升到2017年的0.4762，净增了0.0918，年均增长了2.39%，说明研究期内，

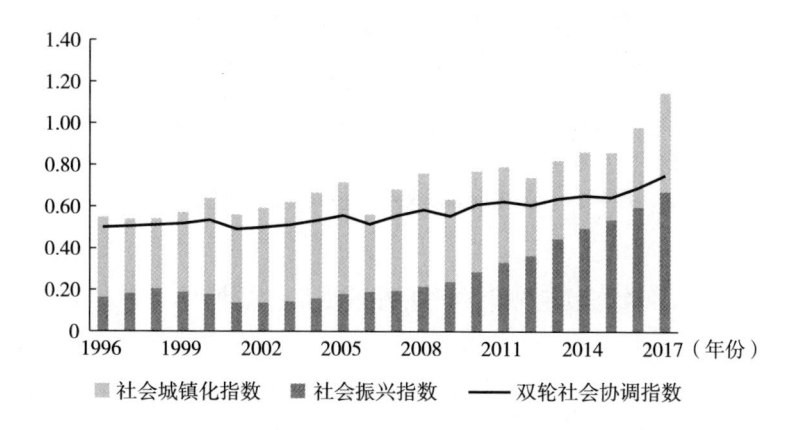

图 4-13 全国层面双轮社会协调发展指数变化

国家城乡投入机制从经济领域向社会领域扩展政策的实施效果较为显著，促进了乡村社会发展水平的提升，为城乡社会共享机制的构建与完善奠定了基础。

2. 东部、中部、西部区域层面

三大区域社会维度协调指数均呈先缓慢上升后快速发展的特征，与全国层面变动趋势一致（见图4-14）。其中，东部地区指数整体水平高于中西部地区和全国平均水平，增长态势较为显著。各区域在1996—2002年均呈小幅上升趋势，指数分别从0.5062、0.4780、0.4726提升到0.5128、0.4900、0.4901；2002—2017年快速上升，分别提升到0.6570、0.6233、0.5789，年均增速分别为2.09%、2.11%、1.64%。三大区域双轮社会协调指数均呈上升态势，但年均增速呈现出中部>东部>西部的演变特征，且中西部之间的双轮社会协调差距变化较为明显，呈现逐渐拉大的变化趋势。

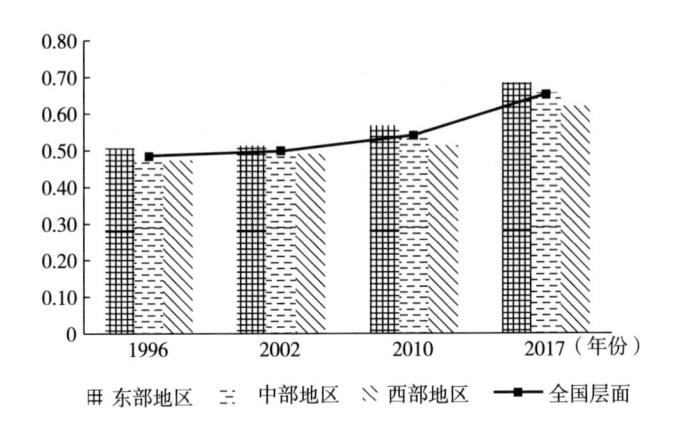

图4-14 区域层面双轮社会协调发展指数变化

（三）双轮生态维度协调水平时序演进规律分析

1. 全国层面

从全国层面来看，中国双轮生态协调发展指数增长呈"V"形态势变化（见图4-15），以2003年为低谷期，达到最小值为0.3336，后逐渐回升，尤其是2004—2010年，发展指数增长态势迅猛，年均增速为

9.47%，2010年开始趋于平稳，表明随着城乡经济差距的拉大，城市经济发展对于资源的需求和环境的污染不断扩大，城市生态环境质量不断下降，与乡村生态环境方面的不均衡性也在增加。

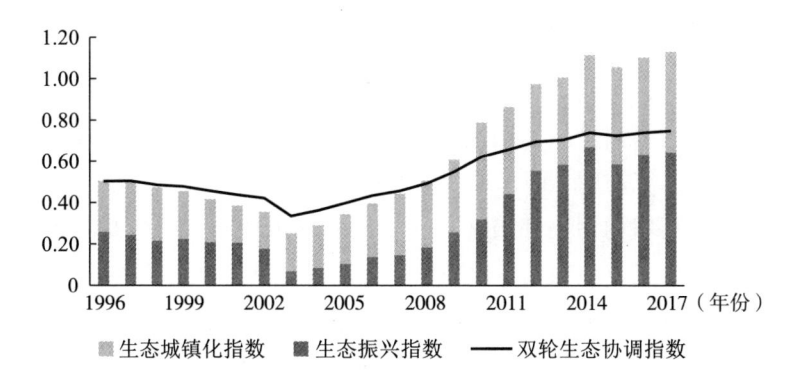

图 4-15 全国层面双轮生态协调指数变化

2. 东部、中部、西部区域层面

从各个区域来看，双轮生态协调指数变化趋势与全国层面基本一致，均呈先下降后上升的发展趋势（见图 4-16）。

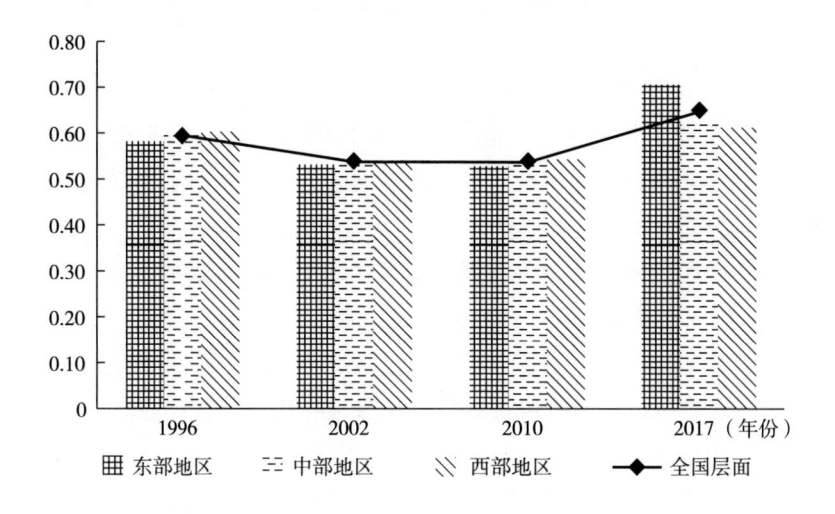

图 4-16 中国区域层面双轮生态协调指数变化

就东部地区而言，2010年之前处于最低水平，且未达到全国的平均水平，2010年后发展较为迅速，从0.5284增加到2017年的0.7059，年均增速达4.20%，处于各区域的最高水平且远高于全国层面的平均水平；就中西部地区而言，二者差距在研究期内变化不大，呈略微扩大趋势，2010年前略高于全国平均水平，之后虽然以1.91%、1.59%的速度逐渐上升，但到2017年也未能赶上全国的发展速度。整体来看，双轮生态协调指数呈从"西高东低"向"东高西低"的趋势转变。可能是因为在研究初期，西部地区的城市化发展水平低，没有大规模的工业产业，对环境的污染和破坏较少，随着西部大开发战略的出台与推进，西部地区工业化和城市化进程逐步加快，但工业化发展初期粗放式的经济增长方式，带来经济较快发展的同时，也增加了资源开发利用强度及环境污染程度，致使生态环境质量呈下降态势，而东部地区随着产业结构的升级，在追求经济利益到追求经济、资源与环境协调发展的进程中，集约式经济增长方式带来经济绿色发展，极大地改善了东部地区生态环境，但同时通过产业转移，在给中西部地区注入新的发展机遇的同时，也将环境污染转移到中西部地区。

第三节　中国省域城乡融合发展水平空间演变特征

中国"双轮协调"水平整体表现为波动中上升趋势，但三大区域、省域"双轮协调"水平发展态势不一致且内部差异在不断拉大，为深入探索其差异性，下面从整体和分维度两个方面对其空间格局演变规律进行细化分析。

一　中国省域乡村振兴与新型城镇化水平空间演变特征

（一）乡村振兴发展水平空间演变特征

根据乡村振兴发展指数计算结果，发现乡村振兴指数介于0.1304—0.4792，表明乡村振兴发展指数及各构成指数存在一定的区域差异。自1996年以来，乡村振兴发展指数及其构成指数呈波动增长趋势，其中，东部、中部、西部地区分别从0.2155、0.2079、0.2023增长至0.3894、0.3539、0.3069。尽管乡村振兴发展指数及其构成指数均在增长，但区域之间差距依然存在。一方面表明近年来中国逐步贯彻

第四章 | "双轮协调"驱动下中国城乡融合发展水平时空演变特征分析

城乡融合发展战略，不断落实和推进新农村建设，提高了乡村"经济振兴—社会进步—生态环境保护"协调耦合程度①；另一方面也反映了乡村单一经济发展模式、城乡社会分立型福利政策、环境管制等差异长期普遍存在，以及乡村发展基础薄弱、劳动力人才技术资金等发展条件短缺等因素对乡村振兴发展均衡性和协调性的制约。研究进一步采用自然断裂点方法（Natural Breaks）将1996年、2002年、2010年和2017年各地区乡村振兴发展指数划分为5个等级，以探讨乡村振兴发展及其构成指数的空间格局特征与规律。整体来看，四个时间断面的乡村振兴发展水平均呈现明显的空间分异特征。其中，北京、天津、山东、江苏、浙江、上海、福建、广东等经济发达地区或农业大省乡村振兴发展指数相对较高，而青海、宁夏、贵州、广西、甘肃等经济相对欠发达地区乡村振兴发展指数较低。2017年浙江和上海乡村振兴发展指数最高，分别为0.4792和0.4202，西藏和青海乡村振兴发展指数最低，分别为0.1932、0.2419。

进一步从东部、中部、西部三大地带和区域经济发展差异视角探究中国乡村振兴发展指数的空间差异规律：

（1）中国三大地带乡村振兴发展水平空间分异特征。计算1996—2017年各年份中国东部、中部、西部三大地带的乡村振兴发展指数。乡村振兴发展水平呈现东部地区>中部地区>西部地区的空间分异特征，2017年东部、中部和西部地区乡村振兴发展指数平均值分别为0.3894、0.3539、0.3069；在经济维度方面，从乡村经济振兴指数计算结果看，黑龙江、河北、北京、山东、江苏、浙江、上海、湖南等地区较高，而四川、陕西、山西、青海、宁夏、西藏等地区相对较低。在社会维度方面，乡村社会振兴指数计算结果显示，浙江、北京、上海等地区相对较高，而宁夏、云南、贵州等地区乡村社会振兴指数相对较低。在生态维度方面，地区差异较大，1996年西藏、青海、内蒙古、黑龙江、新疆等欠发达地区的乡村生态振兴指数相对较高，之后逐渐下降；而北京、山东、江苏、上海和浙江等地区在1996年相对较低，而后逐步上升。

---

① 程钰等：《中国绿色发展时空演变轨迹与影响机理研究》，《地理研究》2019年第11期。

分区域看，乡村振兴各维度发展指数均呈现东部地区>中部地区>西部地区的特征，2017年东部、中部和西部地区经济振兴指数平均值分别为0.1583、0.1480、0.1076，社会振兴指数平均值分别为0.1973、0.1758、0.1405，生态振兴指数平均值分别为0.0637、0.0424、0.0348。整体来看，胡焕庸线东南侧经济社会生态环境等发展要素组合状态相对优越，承载了高强度的工业化和城镇化活动，以城带乡能力较强，促动乡村经济发展水平和社会发展福利水平较高，但城乡发展需求的日益增长，也导致人类活动与资源环境之间的矛盾非常激烈；西北侧整体发展基础较为薄弱，资源环境条件优越性也不高，能够承载的经济社会持续发展动力相对有限，城市发展水平偏低从而影响乡村发展的深度、广度和速度[1]，加速乡村发展要素的短缺，经济发展水平和社会发展福利相对偏低，但其人均资源环境条件相对充裕，工业化和城镇化程度较低，对资源环境的消耗和污染较少，一定程度上提高了生态环境质量。

（2）区域经济发展差异视角下不同发展类型区空间差异特征。随着工业化和城镇化的推进，城市诸多资源要素供需矛盾加剧及资源环境反作用增强。城市产业结构升级正逐步推进，将生产要素集中到新的主导产业，某些产业陆续向周边乡村转移，一方面促进了乡村短期快速经济增长和就业机会的增加，乡村经济发展水平和社会发展福利显著提升；另一方面也导致环境污染的转移和扩散，使乡村环境污染加剧，说明经济增长和社会发展之间具有一定耦合关联性，也反映出由于城镇化、工业化快速发展，经济规模扩张与自然资源开发强度增强持续并存，随着公众对城乡融合新图景的诉求与日俱增，在乡村经济发展滞后且动力不足的当下，如何将乡村经济、社会与生态振兴协调推进的压力将持续加大。

（二）新型城镇化发展水平空间格局演变特点

根据新型城镇化发展指数计算结果发现新型城镇化指数介于0.2784—0.5853，表明新型城镇化发展指数及各构成指数也存在一定的区域差异。自1996年以来，新型城镇化发展指数及其构成指数呈先下

---

[1] 程钰等：《中国绿色发展时空演变轨迹与影响机理研究》，《地理研究》2019年第11期。

第四章 | "双轮协调"驱动下中国城乡融合发展水平时空演变特征分析

降后上升趋势，其中，东部、中部地区分别从0.3810、0.3749下降至0.3735、0.3631，而后上升至0.5400、0.5172，而后，西部地区从0.3670上升至0.5026，反映出尽管西部地区新型城镇化发展指数及其构成指数均在波动中小幅增长，但区域之间差距依然存在。一方面表明近年来中国逐步实现城镇化发展由量到质转变，不断落实和推进"以人为本"的新型城镇化，提高了城镇化在"经济发展—社会进步—生态环境改善"协调耦合程度；另一方面也反映了城市经济结构水平、区域社会福利政策、城市环境管制等差异长期普遍存在，以及地理环境、发展基础、区域政策等因素对城市发展均衡性和协调性的制约。研究进一步采用自然断裂点方法将1996年、2002年、2010年和2017年各地区新型城镇化发展指数划分为5个等级，以探讨新型城镇化发展及其构成指数的空间格局特征与规律。整体来看，四个时间断面的新型城镇化发展水平均呈现明显的空间分异特征。其中，北京、上海、浙江、江苏、广东、福建和天津等经济发达地区新型城镇化发展指数相对较高，而广西、青海、西藏、新疆、贵州等相对经济欠发达地区新型城镇化发展指数较低。2017年上海和北京新型城镇化发展指数最高，分别为0.5854和0.5813，吉林和西藏新型城镇化发展指数最低，分别为0.4252、0.4358。

进一步从东部、中部、西部三大地带和区域经济发展差异视角探究中国新型城镇化发展指数的空间差异规律：

（1）中国三大地带新型城镇化发展水平空间分异特征。计算1996—2017年各年份中国东部、中部、西部三大地带的新型城镇化发展指数。新型城镇化发展水平呈现东部地区>中部地区>西部地区的空间分异特征，2017年东部、中部和西部地区新型城镇化发展指数平均值分别为0.5399、0.5172和0.5026；在经济维度方面，从经济城镇化指数计算结果看，上海、天津、北京、广东、江苏、浙江等地区较高，而贵州、宁夏、新疆、安徽、海南等地区相对较低。在社会维度方面，社会城镇化指数计算结果显示，上海、浙江、江苏和北京等地区相对较高，而西藏、广西、海南、青海、宁夏等地区相对较低。在生态维度方面，浙江、四川、北京、天津、重庆、广东等地区的生态城镇化指数相对较高。分区域看，经济城镇化、社会城镇化和生态城镇化呈现东部地区>中部地区>西部地区的特征，2017年东部、中部和西部地区经济城镇化指数平均值分别为0.1474、0.1195和0.1155，社会城镇化指数平均值分别为0.2528、0.2442和0.2396，生态城镇化指数平均值分别为0.1450、0.1271和0.1248，2010年东部、中部和西部地区生态城镇化指数平均值分别为0.0820、0.0850和0.0831，与新型城镇化和构成指数的空间差异较大。

整体来看，胡焕庸线东南侧资源禀赋优势显著，地理环境优越，经济发展水平高，政策扶持较早持续，各项发展要素高度集中且组合较为合理，工业化和城镇化发展迅速，促动城市经济发展水平和社会发展福利水平较高，但经济社会快速增长和人口高度密集，也导致资源短缺、环境污染等"城市病"日益加剧且呈多元化；西北侧经济结构低级，劳动力资金技术等资源匮乏，导致经济发展水平低，工业化程度低，对环境污染少，短时间内生态环境质量较高，但偏低的城市发展水平无力加快社会进步进程，经济发展水平和社会发展福利相对偏低，而政策扶持能带来工业化和城镇化较快发展，但也会加大对资源的消耗和环境的污染较少，导致生态环境质量下降。

（2）区域经济发展差异视角下不同发展类型区空间差异特征。随着新型城镇化战略的推进，东部沿海地区发达城市不断优化产业结构，将产业陆续向中、西部内陆地区转移，一方面能有效实现东部地区经济社会高质量发展和生态环境质量改善，能带来中西部地区经济快速增长，经济发展水平和社会发展福利有所提升；另一方面由于中西部地区区位优势低、人才流失、技术匮乏、自主创新能力低、产业配套条件不完善等原因，其承接产业转移的能力不足，未能有效实现产业转移"双赢"目标，还增加了环境污染源，引发环境质量下降，说明经济增长与社会发展、生态文明建设之间具有一定的耦合关联性，也反映出经济发展层次与社会发展水平、环境质量直接相关，随着人民日益增长的美好生活需要与不平衡不充分发展之间矛盾的深化，亟须提升新型城镇化发展质量、创新区域协调发展模式和路径。

二 中国省域城乡融合整体水平空间演变特征

（一）"双轮协调"整体水平空间演变

1996—2017年，中国省域"双轮协调"发展指数排名中，东部地区省份基本排在前列,其中上海、浙江、江苏、天津与湖南5个省份一直稳居全国前10位,西部地区省份基本排在中10位和后11位,其中新疆、宁夏2个西部地区省份排名一直靠后(见表4-4)。

表4-4　　中国省域"双轮协调"水平排名的空间分布

区域位次	东部地区			中部地区			西部地区		
	前10	中10	后11	前10	中10	后11	前10	中10	后11
1996年	8	1	2	1	5	2	1	4	7
2002年	7	2	2	2	5	1	1	3	8
2010年	7	3	1	2	4	2	1	3	8
2017年	8	1	2	2	4	2	0	5	8

从区域层面看,经过22年发展,省份"双轮协调"指数排名中,前10位的省份基本集中在东部地区,最少为5个,其次是中部地区湖南、河南、江西、黑龙江4个省份曾进入前10位,西部地区四川、广西和云南曾进入前10,但2017年西部地区没有省份进入前10位;中间10位省份以西部地区为主,东部、中部、西部地区平均占比分别达到27.5%、27.5%和45%。

最后11位的省份中,西部地区省份占绝大多数,在中国省份城乡发展一体化指数排名后10位的省份中,西部地区省份占据绝大多数,占比保持在63.6%—90.9%,反映出"双轮协调"水平的空间分布格局与地区经济社会发展水平的空间分布基本吻合,要改善"双轮协调"水平排名的空间分布格局,中西部地区的省份,要充分利用国家发展政策及中西部区域发展战略,因地制宜地创新发展路径,摆脱发展困境,提升自身经济发展水平和发展质量。

对比1996年与2017年"双轮协调"发展水平的排位变化(见图4-17),根据排名变化的大小分为3种类型(下文中"双轮协调"各维度排序变化类型及划分标准与"双轮协调"发展水平一致),分别是波动稳定类型(排序变化0—3)、波动较大类型(排序变化4—7)、波动剧烈类型(排序变化8以上)。

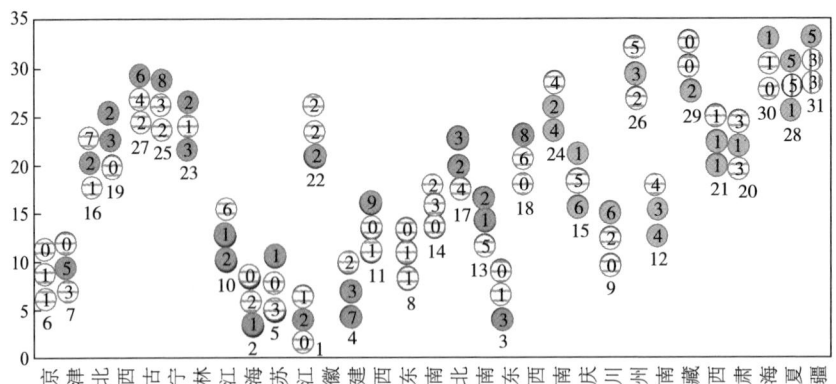

图 4-17 中国省域"双轮协调"水平排名

注：不带圈数字表示1996年各省份双轮协调水平排名，往上3个数字分别表示2002年、2010年和2017年各省份排名变化，其中，竖条纹填充圈数字表示排名上升名次，纯色填充圈数字表示排名下降名次，横条纹填充圈数字表示排名位次不变。

由表4-5可以看出，在22年研究期内，经过各省份发展和城乡关系演变，天津、辽宁、上海、江苏、浙江等11个省份"双轮协调"发展较为稳定，排序变化较小，其中包括7个东部省市，3个中部省市和1个西部省市；波动较大类型包含山西、山东等8个省份，以中部地区省份为主，占据5个，东部和中部地区各占2个和1个省份；西藏、重庆、新疆等12个波动剧烈类型省份中，西部和中部各占4个。从上述排序变化分布来看，研究期内，东部和中部地区省份的双轮协调发展指数波动较为平稳，而西部地区省份则波动较为显著，在省份"双轮协调"发展指数波动中，有的省份排名波动态势向好，有的省份则与之相反，具体变化在"双轮协调"水平空间格局演化中展开分析。在中国省域双轮协调发展指数的排名、排名变化及排名类型各个方面，1996—2017年，中国省域"双轮协调"发展水平基本呈现"东高西低"的格局，与前文中国"双轮协调"发展存在地域差异化的推断一致。

根据上文分析，中国省域"双轮协调"水平省际差异大，且发展指数波动变化不一致，为了深入剖析其演变规律，根据中国省域的"双轮协调"发展指数，对双轮整体协调水平的类型进行空间划分。选

第四章 | "双轮协调"驱动下中国城乡融合发展水平时空演变特征分析

取1996年、2002年、2010年和2017年4个年份中国省域"双轮协调"水平指数为依据，采用自然断裂点方法将中国"双轮协调"水平划分为中级协调、初级协调、勉强协调和濒临失调四大类型。

表4-5　　1996年、2017年中国省域"双轮协调"波动类型

波动类型	地区	1996年排名	2017年排名	排名变化	波动类型	地区	1996年排名	2017年排名	排名变化
波动稳定型	天津	7	8	-1	波动稳定型	广东	4	5	-1
	辽宁	24	27	-3		海南	23	25	-2
	上海	3	1	2		陕西	12	12	0
	江苏	6	3	3		宁夏	27	29	-2
	浙江	1	2	-1		贵州	25	22	3
	湖北	17	18	-1					
波动较大型	山东	11	6	5	波动较大型	福建	5	11	-6
	云南	8	14	-6		江西	13	19	-6
	四川	9	13	-4		吉林	22	26	-4
	山西	29	23	6		安徽	21	15	6
波动剧烈型	北京	19	4	15	波动剧烈型	西藏	18	31	-11
	内蒙古	26	16	10		青海	20	30	-10
	黑龙江	15	7	8		新疆	30	21	9
	湖南	2	10	-8		甘肃	16	28	-12
	广西	10	20	-10		河北	28	17	11
	重庆	14	24	-10		河南	31	9	22

1. 双轮中级协调区

该类型属于较高水平协调区，包括中级协调Ⅰ和中级协调Ⅱ两种类型，涉及省份数量最少，在上海、浙江和江苏三个省份集聚分布，且仅处于中级协调Ⅰ水平，说明中国"双轮协调"水平提升潜力较大。这三个省份的协调度数值处于高位，主要归功于它们作为长三角城市群的核心地带，经济发展水平长期领先，城镇化已迈入高级阶段，农业产值及从业人员占比相对较小[1]，新型城镇化在提升发展质量的进程中，充

---

[1] 张海朋等:《大都市区城乡融合系统耦合协调度时空演化及其影响因素——以环首都地区为例》,《经济地理》2020年第11期。

分挖掘乡村消费潜力及资源优势，逐步解除城镇化和工业化发展面临的经济、社会、资源、环境矛盾加剧的困境，城镇对乡村的溢出效应日益显现，同时，在产业结构优化升级过程中，注重生态文明建设和生态环境治理，绿色发展路径及模式有效推进，经济、社会、生态三维度城乡融合水平不断提高，区域协调发展状态良好。

2. 双轮初级协调区

主要包括初级协调Ⅰ和初级协调Ⅱ两种类型，并且仅在2017年才出现，覆盖中部地区所有省份和东部、西部地区部分省份。2017年，初级协调Ⅰ类型主要包括江西、广西、新疆、贵州、山西、重庆、海南、吉林、辽宁和甘肃10个省份，初级协调Ⅱ类型包括江苏、北京、广东、山东、黑龙江、天津、河南、湖南、福建、陕西、四川、云南、安徽、内蒙古、河北和湖北16个省份。随着新型城镇化政策的实施，大部分省份在2010年以后，致力于创新城镇化发展模式，依托包括4万亿元资金投向农村民生工程、医疗卫生等体制机制改革的城乡协调政策，各区域不断深化区域交流与合作，中西部地区在资源环境承载能力具有比较优势的区域加快培育新的增长极，推进新的城市群和中小城市、小城镇建设，借助交通干线和交通枢纽促进经济增长和发展空间逐步实现由东向西、由沿海向内地梯次推进，实现与东部地区有机衔接，区域城镇化质量不断提升，也间接促进了双轮协调水平提升。

3. 双轮勉强协调区

这一类型主要包括勉强协调Ⅰ和勉强协调Ⅱ两种，涉及省份由东部、中部和西部地区全覆盖减少到仅剩西部地区小部分省份。就勉强协调Ⅰ来看，1996年包括浙江、湖南、上海、广东、福建等8个省份，2002年无涉及省份，2010年包括上海、江苏、浙江、河南、山东等11个省份，2017年包括江苏、北京、广东、山东、黑龙江等16个省份；就勉强协调Ⅱ来看，1996年包括四川、广西、山东、陕西、江西等17个省份，2002年包括浙江、四川、江苏、上海、天津等19个省份，2010年主要包括广西、黑龙江、福建、湖北、重庆等17个省份，2017年仅剩西藏。

4. 濒临失调区

这一类型主要包括濒临失调Ⅰ和濒临失调Ⅱ两种，研究期内濒临协调Ⅰ无涉及区域。就濒临协调Ⅱ来看，1996年包括内蒙古、宁夏、河北、山西、新疆等6个省份，2002年包括山西、黑龙江、安徽、辽宁、河北等12个省份，2010年包括青海、海南、西藏3个省份，2017年无涉及省份。

双轮勉强协调区及濒临失调区两种类型属于低水平协调类型，2010年以来基本布局在西部地区，低值区在空间分布上表现出一定的区域锁定状态，2017年该类型部分省份由濒临失调类型、双轮勉强协调类型转变为双轮初级协调类型，但其双轮协调指数仍处于相对低水平层次，西部地区整体协调水平仍处于低水平状态，西部地区自然条件恶劣，工业化和城镇化发展缓慢，耕地适宜性偏低且农业生产基础设施短缺，城乡发展长期滞后，地处边疆，与东部发达地区相对较远，与中部地区相比，受东部地区扩散效应较弱，对外开放不足使得在产业承接及要素流动方面受限，自身发展缺乏活力，外部扶持力度较小，导致该地区省份各子系统发展水平偏低且不可持续，协调性较差。

从4个年份的"双轮协调"度空间变化看，中国东部、中部和西部地区"双轮协调"水平发展类型都在不断优化，从以濒临失调型类型为主向以双轮初级协调型为主转变，高水平协调区省份小幅增加，中等水平协调区省份居多，覆盖中部所有省份和东部、西部大部分省份，双轮濒临失调型省份先增多后减少，2017年仅涉及经济欠发达的极少部分省份，但是，高水平协调区聚集在长三角地区，呈中心极化特征，低水平协调区集聚在西部地区部分省市，表现出一定的地域锁定现象，整体呈"东高西低—南高北低"的空间格局。随着时间演变，该空间格局较为稳定，东西落差呈现小幅扩大趋势，南北落差呈现小幅缩小趋势，说明中国城乡融合水平差距在南北方向有所缓和，而在东西方向小幅增大，各区域应依托自身条件，挖深比较优势、弥补发展"短板"，进一步提升和优化城乡融合发展水平。

（二）分维度"双轮协调"水平空间演变特征

1. 经济维度协调水平空间演变特征

根据模型，计算中国省域的经济振兴指数、经济城镇化指数、双轮经济协调度。从省域层面来看，中国省域双轮经济协调指数整体在上升，但省域差异较为显著。其中，东部和中部地区省份双轮经济协调指数发展趋势变动幅度差异较大，西部地区省份整体发展趋势较为一致，但各省份间发展水平差异较大。

东部地区省份变动幅度差异较大，但省份指数差异逐渐缩小（见图4-18），基本划分为显著下降、波动上升和维稳不变3种趋势。其中上海、山东上升趋势明显，分别由0.6013、0.05508升至0.7598、0.6899；江苏、福建显著上升，分别由0.5727、0.5323上升至0.7086、0.6647。截至2017年，上海市双轮经济协调指数最高为0.7598，辽宁省双轮经济协调指数最低为0.5660，两者差值为0.1938；北京、广东、福建、浙江等省份处于较高水平，反映出经济发展水平高的东部地区省份城乡发展不一定均衡，且部分省份城乡经济差距更大，可能是由于城乡政策的倾斜带来发展重心的差异。

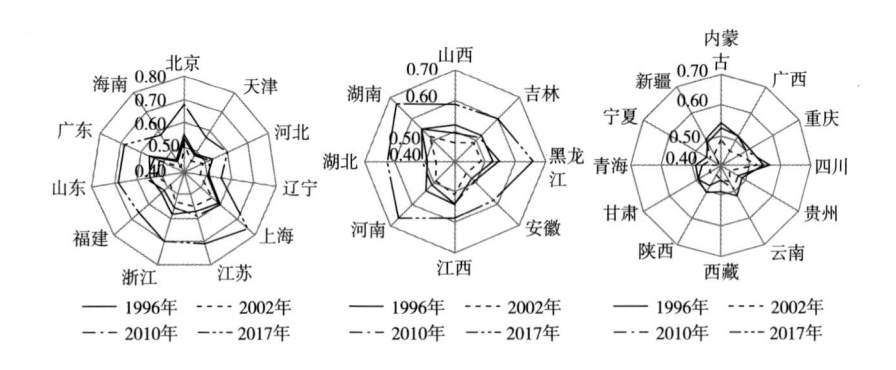

图4-18 东部、中部、西部地区省域的双轮经济协调指数变化

中部地区省份变动幅度差异大，基本呈现波动上升趋势（见图4-18）。其中黑龙江、湖北显著上升，分别由0.5324、0.4930上升至0.6662、0.6245；其他省份均呈现缓慢上升态势。2017年，湖南省双轮经济协调指数最高为0.6699，安徽省双轮经济协调指数最低为0.5845，两者差值为0.0854，反映"中部崛起"战略给大部分中部地区省份带来了契机，不断完善的城乡政策也同时提升了这些省份城乡发展水平，江西、湖北等省份，抓住"一带一路"建设机遇，地区投资和消费增长都保持强劲发展势头，而像山西以资源能源输出为主、产业结构相对单一的省份经济下滑趋势明显，各省份应因地制宜地建立和健

全区域政策落实保障机制，加快产业结构优化升级，切实抓住和充分利用国家政策和发展战略带来的契机，提升城乡经济发展实力和协调水平。

西部地区省份上升趋势基本一致，但发展指数存在较大差异。内蒙古显著上升，由 0.5227 上升至 0.6414；其他省份增长态势均较为显著。截至 2017 年，四川省双轮经济协调指数最高为 0.6540，西藏双轮经济协调指数最低为 0.5326，两者差值为 0.1214，反映出"西部大开发"战略的正向效应在发挥，带来西部地区省份整体经济发展水平的上升，但上升幅度存在较大差异，说明经济发展基础、产业结构水平、政策战略落实等方面的差距，会导致省域经济发展效率差异化。

进一步从东部、中部、西部三大地带和区域经济发展差异视角探究中国省域双轮经济协调发展水平的空间差异规律。自 1996 年以来，中国省域双轮经济协调发展水平排在前 10 位的省份中，东部地区占有绝对优势，至少占据 6 个席位，中部地区占据 3 个席位（见表 4-6）；双轮经济协调发展水平排在后 11 名的省份中，西部地区占据绝大多数。从分析数据来看，中国省域双轮经济协调水平也呈"东高西低"的分布格局，与双轮整体协调水平一致。

表 4-6　　　　中国省域双轮经济协调水平排名的空间分布

区域	东部地区			中部地区			西部地区		
位次	前 10	中 10	后 11	前 10	中 10	后 11	前 10	中 10	后 11
1996 年	6	3	2	3	3	2	1	4	7
2002 年	6	4	1	3	1	4	1	2	9
2010 年	6	3	2	3	4	1	1	3	8
2017 年	7	2	2	3	3	2	0	5	7

根据图 4-19 和表 4-7，1996—2017 年各省经历了 22 年的发展，北京、上海、江西、内蒙古、吉林等 19 个省份的排名较为稳定，约 60% 的省上下波动较为平稳，包括 8 个东部省份，5 个中部省份，6 个西部省份，有 14 个省份的"双轮协调"排名波动下降，其他均不变或波动上升；波动较大的省份分布较为分散，包括新疆、西藏等 4 个省份，河

北、辽宁等3个东部省份，湖北、山西等3个中部省份，其中，5个省份排名波动上升，5个省份排名波动下降；波动剧烈的省份主要集中在西部地区，包括贵州和云南2个省份。

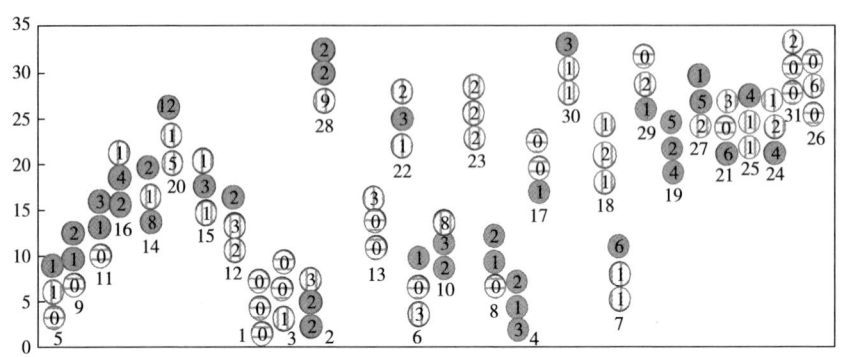

图 4-19　1996—2017年中国各省份双轮经济协调水平排名变化

注：不带圈数字表示1996年各省份双轮经济协调水平排名，往上3个数字分别表示2002年、2010年和2017年各省份排名变化，其中，竖条纹填充圈数字表示排名上升名次，纯色填充圈数字表示排名下降名次，横条纹填充圈数字表示排名位次不变。

表 4-7　1996年、2017年中国省域双轮经济协调水平波动类型

波动类型	地区	1996年排名	2017年排名	2017年与1996年对比	波动类型	地区	1996年排名	2017年排名	2017年与1996年对比
波动稳定型	北京	5	5	0	波动稳定型	河南	10	8	2
	天津	9	12	-3		湖南	8	7	1
	内蒙古	14	13	-1		广东	4	6	-2
	吉林	15	16	-1		广西	17	18	-1
	黑龙江	12	9	3		陕西	21	24	-3
	上海	1	1	0		甘肃	25	28	-2
	江苏	3	2	1		青海	24	27	0
	浙江	2	3	-1		宁夏	31	29	2
	福建	13	10	3	波动较大型	河北	11	15	-4
	江西	22	22	0		山西	16	21	-5
	山东	6	4	2		辽宁	20	26	-6

114

续表

波动类型	地区	1996年排名	2017年排名	2017年与1996年对比	波动类型	地区	1996年排名	2017年排名	2017年与1996年对比
波动较大型	安徽	28	23	5	波动较大型	西藏	27	31	-4
	湖北	23	17	6		新疆	26	20	6
	海南	30	25	5	波动剧烈型	贵州	29	19	10
	重庆	18	14	4		云南	19	30	-11
	四川	7	11	-4					

从上述排序变化分布来看，研究期内，东部、中部、西部地区大部分省份的双轮经济协调发展指数波动较为平稳，而中部、西部地区省份则波动较为显著，部分省份排名波动态势向好，部分省份排名波动下降较快，综合中国省域双轮经济协调发展水平的排名、排名变化及排名变化类型方面，1996—2017年，中国双轮经济协调发展水平基本呈"东高西低"的格局，与双轮协调发展水平地域差异态势基本一致。

以1996年、2002年、2010年和2017年4个年份中国省域双轮经济维度协调水平指数为依据，将中国双轮经济协调水平划分为中级协调、初级协调、勉强协调和濒临失调四大类型。

（1）双轮经济中级协调区。该类型属于较高水平经济协调型，包括中级协调Ⅰ和中级协调Ⅱ两种类型，其包括的省份"双轮协调"处于加速推进阶段。具体来看，1996年、2002年、2010年没有出现双轮经济中级协调区，2017年中级协调Ⅰ区包括江苏省，中级协调Ⅱ区包括上海市。江苏省和上海市本身经济较为发达，沿海区位又形成了其水陆交通发达、海外联系便捷的比较优势，全方位对外开放促进了综合性产业基地形成，同时，以"外向导入式"为主、以农村城镇化为主的"爆发式"等发展模式，促进城镇化圈层结构特征显著，有效衔接城市与乡村，并且农业发展条件优越，地形平坦，土壤肥沃，交通便利，机械化水平高，农业竞争优势较为突出，诸多优厚的发展条件促进这两个省份城乡综合实力持续增强，双轮经济协调性较好。

（2）双轮经济初级协调区。该类型属于中等水平经济协调型，包括的省份"双轮协调"处于初步推进阶段，以东部地区和中部较发达省份为主。就双轮经济初级协调Ⅰ区而言，1996年和2010年包括上海，2017年包括河北、内蒙古和湖北3个省份。就双轮经济初级协调Ⅱ区而言，2017年包括北京、黑龙江、福建等9个省份。中国双轮经济初级协调类型的空间格局演变呈现由东部往中部再到西部进行扩展的特征，内部差距在减小但整体发展水平不高，主要原因可能在于随着国家"区域协调发展"和"区域高质量发展"战略的推进，东部地区率先提高自主创新能力，实现经济结构优化升级和增长方式转变，在率先发展和改革中带动中西部地区发展，中部地区提升产业层次，在崛起中发挥承东启西、粮食等大宗农产品生产能力、原材料基地和装备制造业等发展优势，西部地区落实和深化西部大开发战略，依托中心城市和交通干线，建设电源基地和西电东送工程，加强包含退耕还林、荒漠化治理、区域水污染防治等在内的生态文明建设，完善边境口岸对外经贸合作功能，各区域通过创新区域发展模式，着力构建区域协调发展新机制，城乡经济发展实力均有所提升，但是，东、中、西部因地域优劣势和政策引导效应差异导致区域发展水平和发展阶段差异显著，因结构不合理和要素配置不均导致产业发展不平衡，因市场体系不完善和利润差异导致行业发展不平衡，区域协调性、城乡协调性不高，缩短区域差距、城乡差距难度较大，是一项长期而艰巨的任务。

（3）双轮经济勉强协调区。这一类型"双轮协调"处于准备和起步阶段。具体来看，就勉强协调Ⅰ区而言，1996年包括辽宁、福建、广西等13个省份，2002年包括北京、江苏、江西等8个省份，2010年包括河北、辽宁、内蒙古等12个省份，2017年包括云南、西藏、青海等4个省份。就勉强协调Ⅱ区而言，1996年包括北京、江苏、四川3个省份，2002年包括上海，2010年包括北京、江苏、黑龙江等6个省份，2017年包括天津、辽宁、山西等13个省份。上述分析显示中国双轮经济勉强协调区涉及省份大部分都升级到较高水平类型，仅剩下西部地区部分省份，但同时也能看到这些省份的整体发展水平在小幅上升。

（4）双轮经济濒临失调区。就双轮经济濒临失调Ⅰ区而言，2002年包括海南、贵州、西藏等8个省份，2010年包括西藏和宁夏。就双轮经济濒临失调Ⅱ区而言，1996年包括天津、安徽、湖北等11个省份，2002年包括天津、河北、山西等14个省份，2010年包括天津、山西、安徽等10个省份。上述分析显示中国双轮经济濒临失调区涉及省份数量呈现逐渐减少趋势，截至2017年，我国无经济濒临失调区。

双轮经济勉强协调区及濒临失调区两种类型属于低水平经济协调类型，2010年以来基本布局在西部地区，2017年部分省份由濒临失调类型、勉强协调类型转变为初级协调类型，类型在不断优化，但其双轮协调指数仍处于相对低水平状态，西部地区深化"西部大开发"战略，经济社会生态等方面都取得了较大成就，但民营资本活力短缺、过度依赖政府投资、内生动力不足、农村消费潜力深挖不够等发展"短板"，加上地理、历史等原因，导致西部地区摆脱贫困问题、改善落后状态面临着诸多障碍，诸多省份经济发展水平偏低且不可持续，协调性较差。

从4个年份的双轮经济协调度空间变化看，中国双轮经济协调水平发展类型呈优化趋势，从以濒临失调型类型为主向以双轮勉强协调型、初级协调型为主转变，双轮初级协调型的省份增加较快，以东部和中部地区为主，也呈现向西部地区扩展迹象，双轮濒临失调型的省份在不断减少至无，整体发展水平不断提高。但是，较高水平协调区的中心极化特征显著，聚集在长三角地区，中等水平协调区集聚于东部和中部地区，低水平协调区集聚在西部地区部分省市，表现出一定的地域锁定现象，整体呈"东高西低—北高南低"的空间格局。随着时间演变，该空间格局较为稳定，东西落差和南北落差均呈小幅扩大趋势，说明中国双轮经济协调水平的区域差距有小幅增大现象，各区域应深化区域发展战略，加快产业结构优化升级，进而提升和优化城乡经济融合发展水平。

2. 社会维度协调水平空间演变特征

中国省域层面双轮社会协调发展指数波动起伏，且省际差异极为显著。其中，东部地区省域波动幅度较大，中部地区次之，西部地区发展曲线较为稳定，三大区域均表现出区域内部省份发展差距在逐渐缩小的良好态势（见图4-20）。

东部地区省份变动幅度差异较大，但省份指数差异逐渐缩小，其中，浙江波动最为明显，由0.5756上升至0.7775；各省份波动趋势逐渐靠拢。2017年浙江省双轮社会协调发展指数最高为0.7775，海南省双轮社会协调指数最低为0.5862，两者差值为0.1913，天津、河北、辽宁等省份处于居中水平，反映出东部地区城乡政策较早延伸至社会领域，各省份双轮社会协调指数都有不同幅度的上升，但因为城乡差距长期性，导致社会协调指数上升幅度较小。

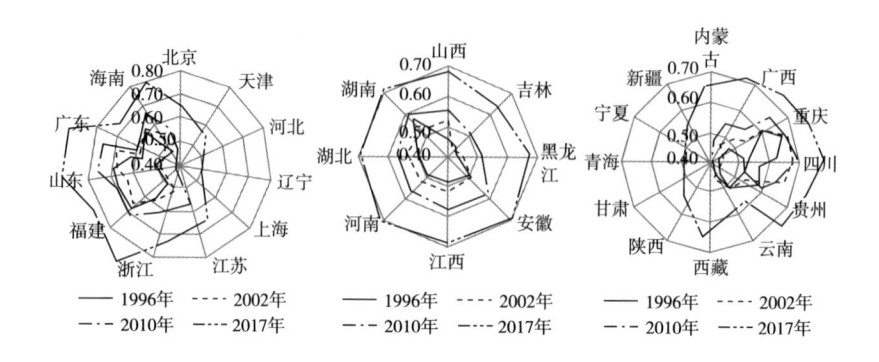

图 4-20　东部、中部、西部地区双轮社会协调发展指数变化

中部地区省份的整体差异不大，基本呈波动上升趋势。其中，黑龙江呈显著上升趋势，由 0.4309 上升至 0.6477；其他省份变化不大，缓慢趋于平均水平。截至 2017 年，河南省双轮社会协调指数最高为 0.6800，吉林省双轮社会协调指数最低为 0.6079，两者差值为 0.0721，反映出中部地区在城乡政策及"中部崛起"战略落实方面，初显成效，今后应继续发挥政策效应、夯实现有成果。

西部地区省份上升趋势显著，社会维度协调发展指数值逐渐趋于平均水平。其中，内蒙古、贵州、新疆上升趋势显著，分别由 0.3770、0.4560、0.4075 升至 0.6379、0.6183、0.6467；其他省份波动较为稳定。截至 2017 年，陕西省双轮社会协调发展指数最高为 0.6655，西藏双轮社会协调发展指数最低为 0.5286，两者差值为 0.136。反映出西部地区区域内部差异在缩小，各省份社会发展较为同步，但与东中部地区相比，发展水平仍有待于进一步提升。

进一步从东部、中部、西部三大地带和区域经济发展差异视角探究中国省份双轮社会协调发展水平的空间差异规律。自 1996 年以来，中国省份双轮社会协调发展水平排在前 10 位的省份中，东部地区占有绝对优势，至少占据 5 个，中部地区有 2—3 个省份位列前 10 位；双轮社会协调水平中间 10 位的省份以中部地区为主，有约 50%的省份分布其中，西部

第四章 | "双轮协调"驱动下中国城乡融合发展水平时空演变特征分析

地区最多有5个省份;双轮社会协调水平后11位的省份以西部地区为主,占比超过54.5%。中国双轮社会协调水平也呈"东高西低"的分布格局,与双轮整体协调水平、双轮经济协调水平一致(见表4-8)。

表4-8　　中国省域双轮社会协调水平排名的空间分布

区域位次	东部地区			中部地区			西部地区		
	前10	中10	后11	前10	中10	后11	前10	中10	后11
1996年	8	1	2	2	4	2	0	5	7
2002年	8	1	2	2	4	2	0	5	7
2010年	8	2	1	2	4	2	0	4	8
2017年	8	1	2	2	5	1	0	4	8

对比1996年与2017年双轮社会协调水平的排位变化(见图4-21、表4-9)。

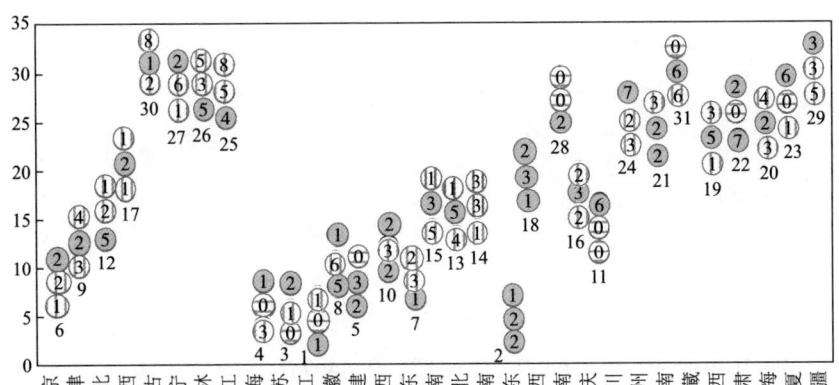

图4-21　1996年、2017年中国省域双轮社会协调水平排名

注:不带圈数字表示1996年各省份双轮社会协调水平排名,往上3个数字分别表示2002年、2010年和2017年各省份排名变化,其中,竖条纹填充圈数字表示排名上升名次,纯色填充圈数字表示排名下降名次,横条纹填充圈数字表示排名位次不变。

1996—2017年,北京、河北、山西、吉林等17个省域的排名较为稳定,约55%的省域上下波动较为平稳,包括6个东部省份,6个中部省份,5个西部省份,其中北京、上海、安徽等9个省份排名平稳上

119

升，其余省份排名有小幅度下降。天津、辽宁、新疆等11个省份的排名波动较大，约占比35%，包括5个东部省份，2个中部省份，4个西部省份，其中有宁夏、四川、广东等5个省份波动下降，其他6个省份均波动上升且升幅较大；排序变化剧烈的只有内蒙古、黑龙江、青海3个省份，包括1个中部省份，2个西部省份，其中内蒙古和黑龙江波动上升9个位次，甘肃波动下降9个位次。

表4-9　　1996年、2017年中国省域双轮社会协调水平波动类型

波动类型	地区	1996年排名	2017年排名	2017年与1996年对比	波动类型	地区	1996年排名	2017年排名	2017年与1996年对比
波动稳定型	北京	6	5	1	波动较大型	天津	9	4	5
	河北	12	14	-2		山西	25	19	6
	吉林	26	23	3		辽宁	26	22	4
	上海	4	2	2		福建	5	10	-5
	江苏	3	6	-3		山东	7	3	4
	浙江	1	1	0		湖南	14	9	5
	安徽	8	8	0		广东	2	7	-5
	江西	10	11	-1		四川	11	17	-6
	河南	15	12	3		甘肃	22	26	-4
	湖北	13	13	0		宁夏	23	28	-5
	广西	18	18	0		新疆	29	24	5
	海南	28	30	-2	波动剧烈型	内蒙古	30	21	9
	重庆	16	15	1		黑龙江	25	16	9
	贵州	24	26	-2		青海	21	29	-8
	云南	21	22	-1					
	西藏	31	31	0					
	陕西	19	20	-1					

　　从上述排序变化分布来看，研究期内，东部和中部地区省份的双轮社会协调发展指数波动较为平稳且波动趋势向好，但西部地区省份的发展指数波动下降幅度较大，研究结果显示，自西部大开发战略实施以来，西部地区的经济社会发展水平均有所提升，成果较为显著，但社会

第四章 │ "双轮协调"驱动下中国城乡融合发展水平时空演变特征分析

振兴发展水平一直处于最低水平、增速最慢,且与东部、中部地区的差距持续拉大,差距从1996年的0.0336、0.0054,扩大到2017年的0.0781、0.0444,可能与本底条件较差、经济发展基础薄弱、实力不足、资金缺口多等因素有关,导致其在基础设施、民生保障等领域的"短板"仍较为显著,西部地区要实现社会长足发展,应提高城乡政策的区域瞄准性,充分认识西部地区在基础设施、教育、医疗、社会保障等方面的补"短板"促发展的客观需求及内生动力,充分发挥投融资体制机制改革的牵引和保障作用,加快推动西部地区重大工程项目建设,提高其基础设施通达性和基本公共服务均等化水平,扩大受益群体,缩小区域社会发展差距,确保政策实施效应。

根据前文分析,中国省域双轮社会维度协调发展水平并没有呈现显著的"东高西低"空间格局,但其均衡与非均衡两种变动态势并存,结合中国省域的双轮社会维度协调发展指数,将我国省域双轮社会维度协调水平划分为双轮社会中级协调区、双轮社会初级协调区、双轮社会勉强协调区与双轮社会濒临失调区四种类型。

(1)双轮社会中级协调区。这一类型属于较高水平社会协调类型,主要集中在2017年,1996年、2002年和2010年还没有出现中级协调区域。具体来看,2017年,中级协调Ⅰ区包括北京、山东、江苏、上海和广东,中级协调Ⅱ区仅包括浙江地区。双轮社会协调较高水平类型呈现出在东部发达省份集聚的特征,这些省份处于经济较发达的东部沿海,较多的就业机会和较高的就业收入对劳动力吸引力大,这些省份注重区域高质量发展,在产业结构高级化进程中,不断优化就业的城乡结构,创新城乡社会福利共享机制,持续增强劳动保障力度,保障就业形势长期稳定,城乡居民生活水平快速提升,社会协调发展水平较高。

(2)双轮社会初级协调区。这一类型属于中等水平社会协调类型,自2010年起,浙江省成为第一个中等水平社会协调类型省份,2017年我国大部分地区都转变为初级协调区。具体来看,初级协调Ⅰ区包括我国东部的辽宁省,中部的内蒙古自治区、吉林、黑龙江和山西省以及西部的四川、贵州、云南、重庆、广西、甘肃、宁夏、新疆等地区。初级协调Ⅱ区包括我国东部的河北、河南、福建等地区,中部的安徽、江西、湖南、湖北等地区,以及西部的陕西省。

（3）双轮社会勉强协调区。这一类型的"双轮协调"处于勉强均等阶段，包括的省份从以东部地区省份为主向以中部地区省份为主转变。具体来看，勉强协调Ⅰ区1996年包括河北、北京、湖南、陕西等地区，2002年包括山东、江苏、河南、湖北等地区，2010年包括山西、陕西、重庆、贵州等地区，2017年仅包括西藏；勉强协调Ⅱ区1996年和2002年仅包括浙江省，2010年包括四川、广西、湖南等地区，2017年包括青海省。总体来看，东、中、西部地区该类型涉及省份个数均经历先增加后减少的变化趋势。

（4）双轮社会濒临失调区。这一类型处于欠均等阶段，包括的省份以西部地区为主，还包括部分东中部较落后省份。东部地区省份从1996年的3个减少到2010年的1个；中部地区涉及省份也在不断减少，从1996年的7个陆续减少到2002年的3个、2010年的2个，2017年都转变为更高级的协调区；西部地区涉及省份持续减少，占比从1996年的42.11%下降到2010年的25%。具体来看，濒临协调Ⅰ区1996年包括新疆、内蒙古、黑龙江、辽宁等地区，2002年包括海南、黑龙江、吉林等地区，2010年包括西藏；濒临协调Ⅱ区1996年包括西藏、青海、宁夏、贵州等地区，2002年包括新疆、青海、云南、内蒙古等地区，2010年包括内蒙古、吉林、海南等地区，2017年都转变为更高等级协调区。

双轮社会勉强协调区及濒临失调区都属于低水平社会协调类型，仅西藏和青海2个省份仍处于双轮社会勉强协调类型，协调发展指数在小幅上升，但与东中部地区省份发展水平差距较大，仍处于最低水平层次，近年来随着城乡协调发展政策的贯彻实施，国家通过增加对中西部地区财政支出规模和比例，在一定程度上弥补了中西部地区在医疗卫生、教育、社会保障等方面的"短板"，通过脱贫攻坚、精准扶贫等方式，帮助部分贫困地区有效脱贫，但与东部地区社会发展水平差距仍然悬殊，西部地区应加强融资体制机制改革，基于国家财政支出，激发民间投资积极性，以改善民生、提高人民生活水平为目标，构建与完善民生财政支出体系，并加强财政扶贫资金绩效评价与监督，提高民生投入实效，促进城乡社会协调水平的提升。

从4个年份的双轮社会协调度空间变化看，中国双轮社会协调水平发展类型在优化中，从濒临失调类型为主向初级协调型为主转变，东部地区在经济高质量发展的同时，注重城乡社会发展体制机制改革与创新，效果良好，表现为较高水平社会协调省份个数持续增加，协调发展指数也持续走高，而中西部地区基本都从低水平协调类型上升为中等水平协调类型，说明中西部地区的区域政策正向效应正有效发挥，工业化和城镇化加速发展，间接提升了社会协调发展指数；双轮社会协调度整体呈现"东高西低—南北均衡"的空间格局，随着时间演变，双轮社会协调水平的东西方向落差小幅拉大，南北方向落差呈缩小态势，说明中国双轮社会协调水平在东西方向的区域差距在拉大，在南北方向的区域差距在缓和，反映出双轮社会协调发展指数与经济发展水平存在一定的显著正相关关系，要提升西部地区双轮社会协调发展水平，关键要加快城镇化和工业化进程，提升其经济发展实力，为社会发展提供基础和保障。

3. 生态维度协调水平空间演变特征

从各个区域来看，双轮生态协调指数呈先下降后上升的发展趋势，呈从"西高东低"向"东高西低"转变的特征。

东部地区省份变动幅度差异较大，但省域指数差异逐渐扩大（见图4-22）。其中，北京、浙江一直处于较高水平，指数持续走高，上海提升趋势显著，由0.3979升至0.7757，河北、辽宁一直处于较低水平，且二者上升幅度较小，分别由0.5645、0.6045上升至0.5847、0.6260，其他省份双轮生态协调水平到2017年均有显著提升。截至2017年，浙江双轮生态协调度指数最高，为0.7889，河北省双轮生态协调度指数最低，为0.5847，两者差值为0.2042，反映出随着东部地区各省份产业结构的优化，经济增长方式转向以集约式发展为主，资源消耗和环境污染处于持续优化的状态，且国家绿色发展战略、城乡一体化及城乡融合政策的实施，有效地改善了城乡生态环境质量。

中部地区省域整体差异较较，各个省份变动趋势基本一致。其中，河南、山西变化浮动较大，呈现上升态势，分别由0.5382、0.5422升至0.6033、0.5950，增加了0.0651、0.0528；安徽协调指数呈下降趋势，由0.5693降至0.5520。2017年黑龙江双轮生态协调度指数最高为0.6950，安徽省双轮生态协调度指数最低为0.5520，两者差值为0.1430，反映出中部地区超重型、原料型、初级型的低层次产业结构，越来越表现出对资源的依赖和生态环境质量的约束，亟须优化产业结构以提升双轮生态协调水平。

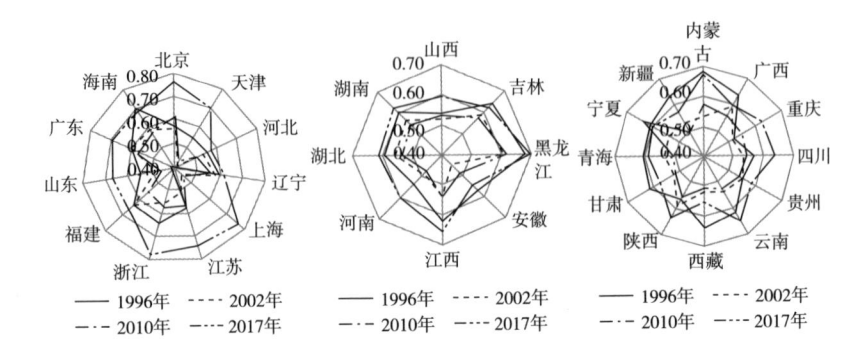

图 4-22 东部、中部、西部地区双轮生态协调指数变化

西部地区省域协调指数波动较大。其中西藏、新疆下降趋势明显，由 0.6370、0.6322 下降至 0.5580、0.5790，分别下降了 0.0785、0.0532；重庆、四川、陕西上升明显，分别由 0.5180、0.5670、0.5640 上升至 0.6295、0.6410、0.6341；其他省份呈现略微下降态势。2017 年，内蒙古双轮生态协调度指数最高为 0.6790，西藏双轮生态协调度指数最低为 0.5580，两者差值为 0.1210。反映出西部地区长期发展落后与生态脆弱互为因果，经济生产力低下且发展模式粗放，对资源环境的消耗和破坏不断加大，加上当地水土流失、森林草原退化、土地荒漠化等生态环境困境的加剧，导致西部地区双轮生态协调水平不高并呈下降态势。

进一步从东部、中部、西部三大地带和区域经济发展差异视角探究中国省域双轮生态协调发展水平的空间差异规律（见表4-10）。

表 4-10　中国省域双轮生态协调水平排名的空间分布

区域	东部地区			中部地区			西部地区		
位次	前 10	中 10	后 11	前 10	中 10	后 11	前 10	中 10	后 11
1996 年	3	4	4	3	2	3	4	4	4
2002 年	6	2	3	3	2	3	1	6	5
2010 年	7	2	2	1	3	4	2	5	5
2017 年	8	2	1	1	3	3	1	4	7

第四章 | "双轮协调"驱动下中国城乡融合发展水平时空演变特征分析

中国省域双轮生态协调发展水平排在前 10 位的省域中，东部地区越来越占据主导地位，从 1996 年的 3 个省域增长到 2017 年的 8 个省域，占比从 30.00%增长至 80.00%，而西部地区在 1996 年有 4 个省域，之后主导地位消失，排在前 10 位的省域逐年下降至 2017 年的 1 个；双轮生态协调水平中 10 位的省域在各区域分布较为均匀，仅 2002 年省域分布差别较大，以西部地区为主，东部与中部水平差距不大，但西部地区省域数量与东中部地区差距为 4；双轮生态协调水平后 11 位的省域中，以西部地区省份为主，东部地区省份数量最少，呈现"东高西低"的分布格局。

表 4-11　1996 年、2017 年中国省域双轮生态协调水平排名及波动类型

波动类型	地区	1996年排名	2017年排名	2017年与1996年对比	波动类型	地区	1996年排名	2017年排名	2017年与1996年对比
波动稳定型	山西	28	25	3	波动剧烈型	北京	21	3	18
	浙江	4	1	3		天津	25	5	20
	安徽	31	31	0		吉林	5	16	-11
	福建	8	11	-3		上海	18	2	-16
	江西	10	12	-2		江苏	20	4	16
	湖北	19	20	-1		山东	26	10	16
	湖南	16	17	-1		广东	17	6	11
	贵州	27	26	1		广西	6	22	-16
	云南	13	13	0		重庆	30	18	-12
波动较大型	河北	23	27	-4		四川	22	14	8
	内蒙古	2	9	-7		西藏	7	30	-23
	辽宁	15	19	-4		陕西	24	15	9
	黑龙江	3	8	-5		甘肃	11	28	-17
	河南	29	23	6		青海	14	24	-10
	海南	1	7	-6		宁夏	12	21	-9
						新疆	9	29	-20

根据表 4-11，研究期内，山西、浙江、安徽等 29.03%的省份上下波动较为平稳，包括 2 个东部省份，5 个中部省份，2 个西部省份，其

中3个省份的"双轮协调"水平波动上升，2个省份保持不变，4个省份波动下降；河北、内蒙古、辽宁等6个省份属于波动较大型，东部3个省份、中部地区2个省份、西部地区1个省份，其中东部3个省份排名均波动下降，中部地区2个省份1个波动上升，1个波动下降，西部1个省份均波动下降且降幅较大；排序变化剧烈的省份有16个，包括6个东部地区省份，1个中部地区省份和9个西部地区省份，7个省份波动上升，9个省份波动下降，其中，东部有5个省份波动上升且增幅至少超过10个名次，中部地区1个省份波动下降，西部地区9个省份中只有2个波动上升。整体来看，研究期内中国省份的双轮生态协调发展指数在各个区域波动变化均较为显著，东部地区省份整体波动上升，西部地区省份整体波动下降，中部地区省份相对来说较为稳定，但是整体排名不高。

前文分析发现，中国双轮生态协调水平排名变动较大，为了深入剖析其空间格局演变规律，依据双轮生态协调指数大小，将我国双轮生态协调水平划分为中级协调、初级协调、勉强协调和濒临失调四类，并分属双轮生态协调的4个不同发展阶段。

（1）双轮生态中级协调区。该类型属于较高水平生态协调区，包括中级协调Ⅰ和中级协调Ⅱ两种类型，涉及省份数量最少，就中级协调Ⅰ来看，1996年仅有上海1个省份，2002年和2010年均无涉及省份，2017年包括江苏、天津2个省份；就中级协调Ⅱ来看，仅有北京、上海在2017年达到该水平，这些省份为全国经济最发达地区，城镇化、工业化及农业现代化水平都较高，产业结构从合理化向高级化转变，其产业发展方向为资金技术密集型产业，对资源消耗、污染排放及环境破坏程度较低且逐步减少，城乡生态环境协调度较高。

（2）双轮生态初级协调区。该类型属于中等水平生态协调区，主要包括初级协调Ⅰ和初级协调Ⅱ两种，就初级协调Ⅰ来看，1996年包括上海、辽宁、吉林、浙江、福建、江西、湖南、广东、广西等15个省份，2002年仅包括黑龙江和福建2个省份，2010年包括北京、黑龙江、宁夏3个省份，2017年包括辽宁、吉林、湖北、河南、湖南、广西、重庆、四川、陕西、宁夏11个省份；就初级协调Ⅱ来看，1996年仅包括黑龙江和内蒙古2个省份，2002年和2010年无涉及省份，2017

年包括内蒙古、黑龙江、福建、江西、山东、广东、海南、云南8个省份。从空间格局看，该类型涉及省份主要分布在东北地区和中部、东南地区，这些省份在"中部崛起"战略、"东北振兴"战略及一系列崛起规划的指引和扶持下，经济综合实力有所提升，城镇化步伐加快，乡村基础设施改善较大，生态补偿体制机制逐步创新，生态环境质量总体上有了改善，但是大多省份作为重要的粮食产区，开发利用程度和人类活动强度都较高，且工业化发展仍处于中后期阶段，对资源、劳动力要素和投资驱动依赖较重，产业升级、动能转换等的难度均较大[①]，在一定程度上也会制约环境质量的提升。

（3）双轮生态勉强协调区。这一类型包括勉强协调Ⅰ和勉强协调Ⅱ。就勉强协调Ⅰ来看，1996年包括山西、河南、重庆3个省份，2002年包括江西、内蒙古、宁夏、青海、云南等13个省份，2010年包括湖南、福建、四川、贵州、湖北等12个省份，2017年无涉及省份；就勉强协调Ⅱ来看，1996年包括湖北、江苏、北京、安徽、四川等10个省份，2002年包括广东、广西、海南、陕西、吉林等10个省份，2010年包括海南、吉林、内蒙古、广东、广西等10个省份，2017年包括青海、山西、贵州、河北、甘肃等8个省份。

（4）双轮生态濒临失调区。包括濒临失调Ⅰ和濒临失调Ⅱ。就濒临失调Ⅰ来看，1996年无涉及省份，2002年包括安徽、上海、天津3个省份，2010年包括上海、天津2个省份，2017年无涉及省份；就濒临失调Ⅱ来看，1996年无涉及省份，2002年包括江苏、河南、山东3个省份，2010年包括新疆、安徽、河南、山东4个省份，2017年无涉及省份。

双轮生态勉强协调区及濒临失调区两种类型属于低水平生态协调类型，2002年以来基本布局在西部地区，在低值空间分布上表现出一定的区域锁定状态，2017年该类型部分省份由双轮生态濒临失调类型转变为双轮勉强协调类型，但仍处于低水平层次，西部地区本底条件较差，城乡发展落后，近年来西部大开发战略的实施，为西部地区发展带来了契机，也带来了资金等要素投入，促进工业化和城镇化较快发展，

[①] 付朝欢：《中部崛起：新形势新定位新作为》，《中国改革报》2016年12月28日第5版。

但由于西部地区产业结构水平较低，这些发展基本都是以资源高消耗、污染高排放为代价换来的，生态环境自我修复能力持续下降，环境质量改善投入不足，导致生态协调水平持续走低。

从4个年份的双轮生态协调度空间变化看，中国双轮生态协调水平发展类型在不断优化，从濒临失调类型为主向初级、中级协调型为主转变，东部双轮生态良好协调型的省份在不断增加，说明东部地区在经济发展过程中积极推进经济与资源环境协调发展，效果良好，表现为城乡生态环境质量有所改善，高质量水平省份个数持续增加，而西部地区高质量水平涉及省份在减少，说明随着工业化和城镇化加速发展，对资源环境的破坏程度在增加，导致双轮生态协调发展指数下降；双轮勉强协调型的省份个数变化不大，双轮濒临协调型的省份在减少但幅度偏小，整体呈现由"西高东低—北高南低"转变为"东高西低—南北均衡"的空间格局。随着时间推移，生态协调水平的东西方向出现逆转且落差呈现扩大趋势，而南北落差缩小趋势较为显著，中国双轮生态协调水平差距在南北方向有所缓和，而在东西方向变动较大且差距在拉大，各区域应在追求经济发展水平提升的同时，注重转变经济增长方式和新旧动能转变，依靠科技创新提高工业化水平和农业现代化水平，减少资源消耗和环境污染，有效改善环境质量，促进双轮生态协调发展优化升级。

三 "双轮协调"驱动下中国省域城乡融合水平空间集聚性演变及特征

中国省域双轮整体和分维度协调水平类型在不断优化，且呈现由东部发达地区向周边中部区域扩展的迹象，同时也伴随着区域差距、省际差距越来越大的现象。深入探究中国全国31个省份的"双轮协调"发展水平是否真的存在空间集聚现象，且主要集聚在哪些省域？利用Moran's I 指数对"双轮协调"水平是否存在空间集聚性进行验证，进而采用Getis-OrdGeneral G 和Getis-Ord Gi 测度热点（hotspots）和冷点（coldspots）空间分布，明确"双轮协调"水平集聚的区域分布状态。

（1）Moran's I（GMI）指数。

$$I = \frac{n}{\sum_{i}\sum_{j} w_{i,j}} \frac{\sum_{i}\sum_{j} w_{i,j}(x_i - \bar{x})(x_j - \bar{x})}{\sum_{i}(x_i - \bar{x})^2} \quad (4-10)$$

式中，x_i 和 x_j 为区域属性值，$\bar{x}$ 为均值，w_{ij} 为空间权重矩阵，S_2 为样本方差。全局 Moran's I 值介于 [-1, 1]，等于 0 表示不存在空间自相关；大于 0 表示空间正相关，形成高值与高值集聚或低值与低值集聚现象；小于 0 表示空间负相关，存在高值与低值集聚现象。采用 Z 值对 Moran's I 统计检验：

$$Z(I) = \frac{Moran's\ I\ E(I)}{\sqrt{Var(I)}} \quad (4-11)$$

$$E(I) = -\frac{1}{n-1} \quad (4-12)$$

$$s^2 d = VAR(I) = \frac{n^2 w_1 + n w_2 + 3 w_o^2}{w_o^2 (n^2 - 1)} - E^2(I) \quad (4-13)$$

$$w_o = \sum_{i=1}^{n} \sum_{j=1}^{n} w_{ij} \quad (4-14)$$

$$w_1 = \frac{1}{2} \sum_{i=1}^{n} \sum_{j=1}^{n} (w_{ij} + w_o)^2 \quad (4-15)$$

$$w_2 = \sum (w_i + w_j)^2 \quad (4-16)$$

式中，$E(I)$ 为数学期望，$Var(I)$ 为变异系数。

(2) Getis-Ord Gi。用于判别热点区（hotspots）和冷点区（coldspots）在空间上的分布状态。

$$G_i(d)^2 = \frac{\sum_{j=1}^{n} W_{ij}(d) X_j}{\sum_{j=1}^{n} X_j} \quad (4-17)$$

为比较方便，把 Gi（d）标准化，公式为：

$$Z(G_i)^2 = \frac{Gi^* - E(Gi^*)}{\sqrt{Var(Gi^*)}} \quad (4-18)$$

式中，$E(Gi)$ 和 $Var(Gi)$ 是 Gi 数学期望和方差。若 $Z(Gi)$ 为正且显著，表明位置 i 周围值均相对较高（高于均值），属高值空间集聚（热点区）；反之，属低值空间集聚（冷点区）。

31 个省份"双轮协调"度的全局 Moran's I 值均为正且都逐步上升，并且均通过显著性检验（见图 4-23），这表明全国省域之间的

"双轮协调"度存在显著空间自相关,且相关性不断加强,空间集聚性也日趋明显。各维度的 Moran's I 值均呈现上升趋势,表明各维度协调水平也呈现区域集聚趋势,其中双轮社会协调水平的区域集聚最为明显,双轮经济协调水平次之,双轮生态协调水平集聚效应最弱。

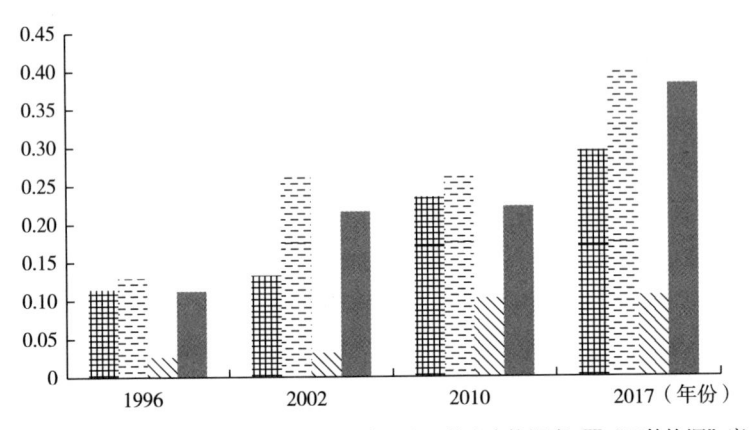

图 4-23 "双轮协调"度 Moran's I 值变化趋势

(一)"双轮协调"整体水平空间集聚性演变及特征

为了更有效地揭示中国分区域局部冷热点的演化情况和识别各省份对全局自相关的贡献程度,利用相关公式计算出 1996 年和 2017 年东中西分区域乡村振兴与新型城镇化协调度 Getis-Ord Gi 值,基于 Arc-GIS10.7 软件的 Jenks(自然断裂法),将其划分为 4 种类型,分别为热点区、次热点区、次冷点区和冷点区。整体来看,"双轮协调"整体水平空间分布呈"东高西低"的总体特征,冷热点空间格局变动不大。局部热点形成了以长江中下游地区为核心的热点区,显著程度有所增强,但范围有所缩小,主要是"两退一进",湖南和江西退出热点显著区,变为次热点区,河南由次热点区演进为热点区,这些地区的城市及相邻城市的"双轮协调"发展水平均较高,且呈正相关性,空间上形成高值集聚区,可能是因为这些城市自然条件比较优越,区位优势、经济水平和政策优势明显[①],在优先发展东部地区的政策支持下,这些城

---

① 邹荟霞等:《中国地级市绿色城镇化时空格局演变》,《城市问题》2018 年第 7 期。

市的经济发展水平较高，通过产业结构升级和产业转移等方式，部分发展要素从城市流向乡村，一定程度上提升了乡村发展实力，带来城乡社会公共福利均等化初显，生态环境质量有所提升，城乡一体化态势逐步显现；次热点地区高值区集聚在中国东部地区呈缩小态势，集中分布在黄淮海北部、华南北部地区。

就冷区而言，冷点区空间分布相对热点区更加稳定，主要以西北、西南为核心，包括新疆、甘肃、青海、西藏、四川等省份，这些城市及相邻城市的"双轮协调"水平均较低，呈正相关性，空间上形成低值集聚区；1996—2017年，冷点区空间分布不变，但显著性减弱，说明自1996年以来，西部区域乡村振兴与新型城镇化耦合度与东部地区相比仍然较低，但相对来讲，差距在缩小。西部地区城乡发展均落后，产业结构较低级且发展动力不足，在"城市偏向"的发展模式下，城市发展规模可能会扩大，但新型城镇化质量仍较低，而农村发展机会更少，乡村衰退加速，乡村振兴困境更多，"双轮协调"整体水平长期处于低值水平较为合理。次冷点地区范围在扩大，主要分布在中部向西部过渡地区和东北地区北部，包括原来的次热点地区华南地区，这些地区不存在明显空间聚类特点。

总体来看，中国省域"双轮协调"水平的热点地区一直在沿海地区展开，而冷点地区更多地集中在西部地区，空间格局整体呈现出沿海向内陆由热点、次热点—次冷点—冷点的分布状态。从冷热点分布格局可以看出，"双轮协调"水平与经济发展水平的空间分布基本一致，二者密切相关。

（二）"双轮协调"水平分维度空间集聚性演变及特征

1. 经济维度协调水平空间集聚性演变及特征

双轮经济协调水平冷热点空间分布不均匀，呈"东高西低"的总体特征，1996年，热点及次热点区集中在长江以南地区，主要为江苏省，冷点区主要集中在新疆、西藏等西部地区；2017年热点区及次热点区仍在长江以南地区集中，并呈扩张趋势，主要集聚在河北、山东、江苏、浙江、江西、湖南、湖北等省份，可能是因为南方省份经济活力大，城市间经济协调水平及热度均较快增长。综合来看，双轮经济协调水平高值区主要分布在东部较发达地区，并开始显现向中部较发达地区扩张的迹象，可能是因为这些省份新型城镇化质量较高，城乡关联较密切，资金、技术、人才等生产要素在城乡间有一定程度的自由流动，新型城镇化对农村经济发展的"涓滴效应"逐步扩大，城乡经济一体化趋势初显，而西部欠发达地区，城市发展水平本就较低，自身发展受限较多，没有足够的实力去带动乡村，城乡发展均落后，城乡关联程度差，经济维度双轮协调水平不高。

2. 社会维度协调水平空间集聚性演变及特征

双轮社会协调性冷热点空间分布仍呈东部高、西部低的集聚态势，1996年热点及次热点主要分布在东部沿海地区，高值区主要为江苏、上海、浙江等省份，冷点及次冷点主要分布在东北和西部地区，低值区集中分布在中国东北地区；2017年热点及次热点区有扩大态势，高值区主要为山东、江苏、浙江、福建等中国东部沿海省份，冷点及次冷点集中在西南部及北部地区，主要为新疆、甘肃、西藏省份，另外，冷点区逐步向次冷点转变。综合来看，双轮社会协调水平高值区与经济维度分布一致，主要分布在东部较发达地区，主要是因为这些省域经济发达，城镇化发展水平高且增速快，空间扩张需求大，城乡互动性较强，东部沿海开放程度高，且较高的城乡居民可支配收入能有效促进生活方式多元化，带来城乡社会福利共享机制逐步完善，城乡社会一体化进程加快，从而社会维度协调水平处于高值区。

3. 生态维度协调水平空间集聚性演变及特征

双轮生态协调水平冷热点呈现西部高、东部低的空间分布格局，1996年高值区为新疆地区，低值区集中分布在河北、河南、山东、江苏、安徽等中国中东部地区；2017年高值区呈现扩张趋势，主要为新疆、西藏、青海等省份，低值区呈现收缩趋势，主要为山西、河北、河南等省份。生态维度协调水平空间集聚态势与经济维度、社会维度相反，可能主要是因为区域产业结构类型差异，新疆、西藏等西部地区产业结构以旅游业为主，对资源丰度、生态环境质量促进效果显著，而中部省域处于工业化初、中期阶段，诸多资源消耗和环境污染现象较为集中，生态环境质量较低，东部省域经济发展质量较高，技术不断升级，对资源的利用率逐渐提升、污染物排放减少对环境破坏程度下降，生态维度"双轮协调"水平有所提高，但因其人口高度密集，产业结构面临升级或正在升级进程中，对资源数量和种类的需求日益扩大，资源环境综合承载负荷较重，生态维度"双轮协调"水平仍需进一步提升。

四 "双轮协调"驱动下中国区域性城乡融合发展模式的特征分析

近年来，中国在城乡发展中形成了一些典型的有示范意义的区域性城乡融合发展模式，包括"工业化、信息化、新型城镇化与农业现代化"相结合的"四化同步"模式、创新深化发展战略助推城乡融合模式、依托资源环境优势创新城乡融合模式等，这些模式在区域自然条件、城乡发展阶段、城乡发展基础等方面存在区域差异，但在改善城乡发展条件、提升区域发展水平、缩小城乡差距、促进城乡融合发展等方面起到了一定成效。结合中国"双轮协调"水平空间类型分析及现有典型区域性融合模式的发展特点，探索中国区域性城乡融合发展模式的特点（见图4-24）。

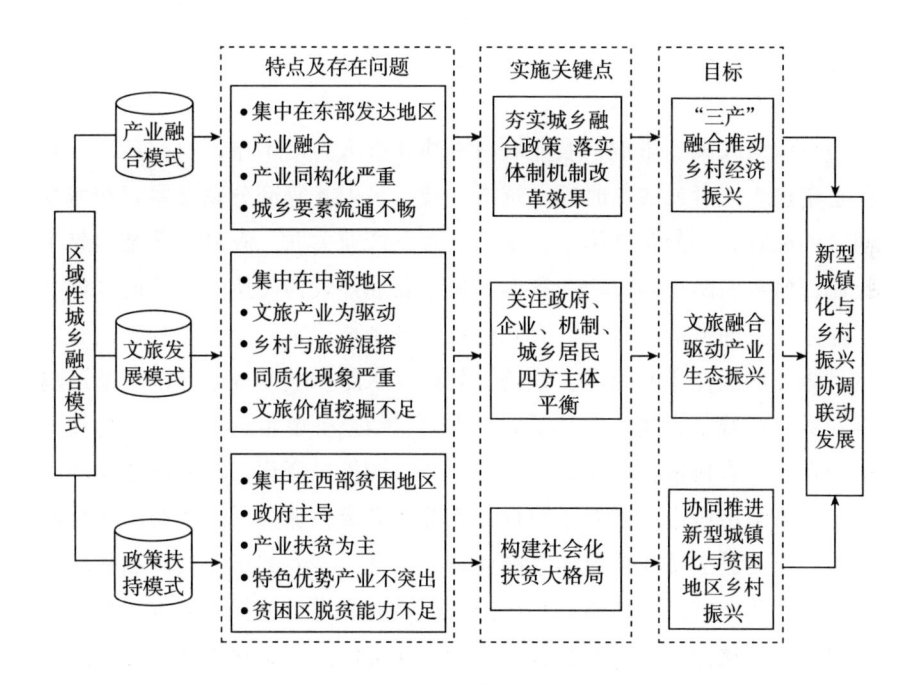

图4-24 "双轮协调"驱动下中国区域性城乡融合发展模式

（一）产业融合模式

这一模式即三产融合，是农产品的生产、加工和延伸服务的产业融合,可以分为"1+3"产业融合、"2+3"产业融合、"1+2+3"产业融合3种方式,主要以东部发达地区为主,中西部地区个别省域位列其中,基本属于双轮初级、中级协调类型。

涉及区域的发展条件有:第一,自然资源禀赋。这类地区基本都自然条件良好,地势平坦,均有独特优势,或为国家级或省级政治、经济、文化中心,或有区位优势,或有粮食生产优势,或有良好生态环境质量优势等,相应的基础设施配套更齐全,交通通达度高,历史文化积淀深厚,教育水平和人文素养相对更高,对外开放早且开放层次逐步深入农村,经济社会发展条件良好。第二,新型城镇化质量高且以城带乡功能略强。这类地区基本处于工业化中后期,城市发展实力雄厚,对劳动力等各项要素吸附功能更强,诸多"城市病"陆续出现,城镇化发展更加注重"减量提质",通过产业、发展要素等向郊区蔓延,为工商资本下乡、技术下乡和人才下乡提供支撑,在一定程度上带动了乡村非农化及农业产业多元化,为农村发展注入部分活力。第三,农业生产条件良好,农业生产技术水平、农业现代化和规模化生产水平较高;但由于城市偏向政策的影响,农业农村关注和投入力度不足,农村新产业新业态刚进入培育或成长时期;资本、技术、人才等部分发展要素在城乡间合理配置,部分实现第一、第二、第三产业关联,农村产业结构趋于优化,城乡差距小幅缩小。第四,城乡联通性较为发达。这类地区城乡联通方式更加宽泛且有效,有效促进城乡密切往来。交通等基础设施发达且服务功能在不断提升,铁路、公路、水路、航空等全方位交通运输网,贯穿在城乡之间,便利了城乡人口、信息等要素的流通;信息技术更为发达,农村依托信息技术及时把握市场信息变化,不断调整生产经营结构来满足城市发展对于粮食作物等的需求,加强了城乡经济融合的同时,也促进了城乡物流体系的完善。第五,城乡共享发展机制初步建立。随着新型城镇化战略和乡村振兴战略的推进,这类地区城乡社会公共服务均等化提高,城乡教育、医疗、社会保障、文化生活等方面的差距缩小;城乡政府投资比增幅在缩小,说明城乡投资体制逐渐完善,城乡基础设施一体化进程也在加快。

其中,上海、北京、天津、浙江、江苏、广东、山东等东部省份,依托优越的自然禀赋和区位优势,开发和实践民营经济、新型特色产业

第四章 | "双轮协调"驱动下中国城乡融合发展水平时空演变特征分析

小镇、农业现代化等新模式，挖掘经济外向性深度和潜力，提高城乡在空间、经济、社会与生态环境方面的融合度。长株潭城市群、山东省等地依托工业转型，创新新型城镇化发展路径，有效推动城乡融合进程，其中，长株潭城市群以城市群为主体构建大中小城市和小城镇协调发展的城镇格局，用实践证明城市群建设是带动城乡融合发展的一条重要途径；山东省诸多地市围绕"人、地、钱"等关键要素，因地制宜地对第二、第三产业为主的城乡融合路径进行创新和实践，淄博马桥镇积极探索工业化与城镇化良性互动、融合发展的城镇化模式，受到李克强总理的充分肯定，枣庄市统筹设定农业产业化升级、乡村经济新动能培育、城乡融合发展推进、乡村生态建设提速和创新资源集聚五大重点行动和二十项重点工程，菏泽在全国率先建立"四位一体"公共资源市场化配置体系等的探索，烟台开创功能区带动新型城镇化，威海深入推进全域城镇化战略，德州狠抓农村新型社区与产业园区同步建设、新型城镇化与农业现代化互动发展，走出平原农区就地城镇化新道路。四川、湖南等农业大省，为摆脱农业生产的单一模式，培育农业多元功能，优化产业结构、城乡结构，大力推进新型工业化、新型城镇化，加快发展高端现代产业，形成了具有各自特色的现代产业体系和城镇体系，初步构建起了以成都为核心，绵阳、南充、泸州三个大城市为支撑，中小城市为骨干，众多小城镇为基础的省域城镇体系骨架，截至2019年，四川省GDP过千亿的市（州）达到16个，城乡空间布局得到优化，生产、生活、生态空间实现合理布局。①

　　研究结果显示，这些省份依托产业融合模式，通过产业融合，带来了农业经济规模的扩大和发展活力的提升，小幅缩小了城乡差距，推动了城乡融合水平小幅提升，但城市发展实力及带动能力仍然不强，产业同构化现象较为严重，城乡要素双向流通体制不健全，产业带动发展要素在城乡间优化配置的作用尚未发挥，严重制约了城乡融合发展水平的提升，而随着经济发展常态化、土地市场价格回落，政府财政收入增速下降，以财政支出为主的投融资机制效应递减，尤其是四川和湖南等作

---

① 廖祖君等：《构建新时代四川城乡融合体制机制对策》，《当代县域经济》2019年第7期。

为农业大省,破除城乡二元结构、推进城乡融合发展的任务尤为艰巨,近年来虽然大力实施乡村振兴战略,乡村治理对城乡融合起到一定助推效用,而城镇化步调加快,乡村治理结构面临重组,中华传统乡风、道德文明受到多元利益主体不同诉求冲击,引发了一些新的社会问题。

该模式实施的关键点是扩大及夯实城乡融合政策、落实体制机制改革效果。合理融合三大产业,各产业定位清晰,在保证第一、第二产业做精的同时,加大第三产业的创意投入,融通融合,互相促进;建立城乡发展要素畅通机制,缓解乡村产业发展要素供给不足的困境,创新扶持政策和鼓励机制,简化审批手续,降低制度性交易成本,加强财税、产业、信贷等政策上的倾斜,引导城市工商资本下乡,激励"三乡"创新,工农互补,同时健全收入保障和利益共享机制,确保农村居民共享城乡融合发展的红利,夯实发展动力基础;积极培育农业龙头企业—农民专业合作社—家庭农场等新发展主体,引导发展要素在城乡间双向自由流动,促进城市人才、资本、技术、信息等要素与农村资源的有效衔接,为城乡融合发展注入强大活力。

(二)文旅发展模式

该模式以文旅产业为驱动,人、地要素重组促进产业、生态振兴,带动城乡融合,以东部较落后地区和中部较发达地区为主,基本属于双轮勉强协调类型。其主要特点有:第一,自然资源禀赋。这类地区基本都自然条件良好,地形平坦,基本上都有一项自己的独特优势,或有区位优势,或有粮食生产优势,或有生态环境质量高的优势等。第二,新型城镇化质量较高但以城带乡功能不强。这类地区基本处于工业化中前期加速推进阶段,城镇化发展速度不断加快,但发展质量不高,城市偏向发展模式的影响较大,以城市发展为中心,其集聚能力不断增强,但扩散效应较低,与周边乡村关联性和互动性不强。第三,多数省份乡村经济规模较高,但城乡经济融合度不高。这类地区较多为全国粮食生产基地,农业生产条件良好,但由于城市偏向政策的影响,农业农村关注度和投入力度不足,农村新产业新业态刚进入培育时期;资本、技术、人才等发展要素在城乡间配置不合理,城乡差距缩小较为缓慢。第四,城乡联通性有待于进一步提升。这类地区城乡交通网络体系较为发达,但对城乡联通的服务功能还没有有效发挥,城乡人口、信息等要素的互动流畅性一般；信息技术较发达，但城乡物流体系不完善限制了城乡互动。第五，城乡社会差距较大。在城市偏向发展模式的影响下，这类地区城乡社会公共服务配置不合理，在教育、医疗、社会保障、文化生活、基础设施等方面差距较大。

当前的乡村文旅发展模式，主要乡村与旅游混搭所呈现的多层次创意模式，多集中在"农旅结合、以农促旅、以旅强农"创新田园综合体和特色小镇两种模式，江苏无锡"文旅+农业+新社区"田园综合体，依托生态文明理念，以营造乡村美丽人居环境为目标，注重人与自然和谐共融，通过"三生"（生产、生活、生态）、"三产"（农业、加工业、服务业）的有机结合与关联共生[1]，实现由第三产业带动第二产业促第一产业，"三产"融合发展的良性循环，复合生态农业、休闲旅游、田园居住等功能，是对城乡一体化模式的典型探索；浙江省余杭区梦想小镇，整合新兴产业和传统城市之间的关系，在充分尊重传统文化的基础上，结合互联网的时代背景，对传统文化进行合理变革，以章太雷故居所在地仓前老街为主要载体，结合周边互联网创业蓬勃发展的趋势，传承原生态的农耕文化以及浓厚的历史文化要素，打造产业、文化和旅游功能叠加的互联网与基金特色小镇。

研究结果显示，文旅发展模式在实施过程中，这些省份的资源内涵得到丰富，农业多元价值开始显现，生态环境质量有所提升，但文旅地产分布不均衡，且对环境依赖性强，文旅项目独立经营，过度依赖滨海、湖滨、山地等自然资源，文旅小镇开发的旅游产品缺乏创意，与客源市场需求脱节，在经营和管理方面同质化现象逐渐严重，未能以自然资源为基础，深入挖掘其文旅价值及多样化功能，形成综合性产业体系，这些局限的存在导致旅游者重游率不高，客户黏性不足，文旅项目竞争力不大且不持续，城乡互动能力有限，不利于缩小城乡差距。

该模式实施的关键点是关注政府、企业、机制、城乡居民四方主体平衡。在开发基于城乡融合的文旅项目时，需以土地为核心，构建文旅协同发展共生体系。具体来看，引领文旅产业发展的创新理念，深入挖

---

[1] 刘艳等：《基于网络文本分析法的旅游目的地形象感知研究——以无锡田园东方景区为例》，《现代商业》2018年第9期。

掘资源的文旅价值，挖掘资源内涵、拓展资源外延，形成支撑有力的以旅游业为先导的融合观光、度假、养老、医疗、体育等的综合性创新型产业体系；编制指导文旅产业发展的城乡一体化战略规划，融合周边区域优势资源，构建以"重点景区+"的大格局总体规划和控制性详细规划，健全基础配套设施、生态景观灯功能规划等，指导开发主导产品明确、整体形象鲜明、市场影响力大的文旅产业；培育文旅产业发展的龙头企业，成为推动文旅产业发展的市场主体，形成强大产业带动能力，发挥有力的"吃住行游购娱"服务企业聚集发展效应；创新文旅企业发展的机制和政策体系，建立对文旅资源挖掘、整理、研究、开发的专门机构，加快文化管理体制改革，创新和完善包含文旅项目促建服务、文旅项目投资约束、文旅产业内生动力等方面的运营机制，出台针对重大文旅项目立项审批、土地出让、资源配置、财政扶持、融资担保、综合激励等一系列优惠政策，为项目落地和资金要素保障等方面提供有竞争力的政策保障。

（三）政策扶持模式

这一模式是在政府主导下，以产业扶贫为主，涉及区域集中在西部贫困地区和少数中部较落后地区，基本属于双轮濒临失调类型。其发展条件有：第一，自然资源禀赋偏差。这类地区禀赋条件多样化，多为革命老区、边疆地区、生态脆弱区，气候、地势等自然条件较为恶劣。第二，新型城镇化质量偏低，城乡二元结构突出。这类地区基本处于工业化水平落后质量不高阶段，城镇化发展水平低，第一产业比重较高，但资源利用效率偏低；城市自身发展实力较弱，基本上较少产生对农村的扩散效应，发展要素流通明显从农村向城市单向流动，城乡发展差距较大。第三，多数省域乡村经济规模不高，农业发展以传统模式为主，生产性基础设施落后，农业生产效率较低，产业结构层次不高，贫困群众只会基本的耕种、养殖技术，缺乏有针对性的职业技能培训，自我发展能力、脱贫能力严重不足。第四，城乡联通性不足。这类地区基础设施投资在增加，但因缺口多且城乡服务功能较少，加上多数农村为山区，对外交通网不健全，城乡劳动力、信息等往来互动差。第五，城乡社会生态差距较大。处在城市化加速的初步阶段，这些地区以经济发展为首要目标，还未重视社会进步层面，因此，城乡教育、医疗、社会保障、文化生活等社会公共服务供给不足和配置不合理现象更为显著；值得关注的是，这些省域大多处于山区农村，未受到工业化及城镇化带来的资源紧张、污染严重、环境破坏等影响，其生态环境质量较高，其城乡生态环境呈现"倒二元"结构。

新疆、云南、青海等边疆省份及山东沂南等革命老区，在新型城镇化推进过程中，扶贫攻坚工作取得了一定成效。新疆昌吉市等5个县（市）创建全国农村三大产业融合发展先导区，通过优化农业产业发展环境，推进城乡基础设施一体化发展，近几年建设农村公路13606千米，实现6335个行政村实现光纤网络覆盖，全区行政村通宽带率达98%，贫困村通宽带率达95%。山东省沂南县为促进红色旅游健康发展，加大对革命老区的扶贫攻坚，进一步发挥红嫂文化品牌影响力，在编制旅游区总体规划时，立足于当地相关资源并加以整合，提出了"影视为本、旅游为核、红色为魂、产业为根"的发展战略，和"文旅融合+影视文创+红色教育+乡村旅游+城镇化建设""五位一体"的融合发展模式，突破传统影视功能局限，创新红色研学，推动相关产业综合化提升，打造"红嫂新家乡——中国乡村好莱坞"，实现红色旅游带动区域综合发展，对城乡融合有助推作用。但由于这些省域自然条件偏差，城乡经济基础较薄弱、社会差异大，且城乡互动低，为增强其持续发展能力，城与乡需要共同努力，贫困地区要充分利用政策支持、社会帮扶、体制机制创新等发展契机，构建并完善独特的有竞争力的综合产业体系，增强自我脱贫能力，城市要依靠科技创新实现产业结构升级，提升新型城镇化质量，增强以城带乡功能，同时构建城乡要素资源配置机制、城乡社会公共服务和利益共享机制等，才能有效缓解突出的城乡二元结构问题，并推动城乡融合。

研究结果显示，在扶贫发展模式实施过程中，这些省市的贫困人口由2012年的9899万人减少到2017年的3046万人，贫困县由832个减少了153个，在解决区域性整体贫困上有所突破，贫困地区一批特色优势产业得到培育，有效促进了新业态、新产业发展，通过实施易地扶持搬迁、生态扶持和退耕还林等，贫困地区生态环境有所改善，但特色优势产业不突出且同构现象日益突出，乡村道路、农田水利、基础公共服务设施投入不足，医疗教育等资源配置仍然严重短缺，生态环境和人居环境质量仍较差，乡村居民参与针对性职业技能培训不积极，自我发展能力和抗贫能力严重不足，脱贫攻坚成果夯实难度较大，农村基层治理能力和管理水平仍然不高，责任体系、政策体系、投入体系、监督考核体系等一系列脱贫攻坚制度体系需深化创新，诸多局限性限制了贫困地区经济社会发展和生态环境改善，城乡融合发展水平偏低。

扶持发展模式实施的关键点是构建社会化扶持大格局，需要政府、社会、市场与贫困乡村协同发力，政府施策、企业帮扶、市场基础配置、自主发展，协同推进新型城镇化与贫困地区乡村振兴，摆脱贫困村发展窘境，在大格局中，参与主体需明确各自的权利义务，政府指引，市场基础配置，社会企业帮扶，贫困乡村自我发展。政府精准施策，覆盖扶持攻坚的"点、线、面"，扶持范围融合经济、社会、生态多层面，包含产业扶持、教育扶持、社会保障扶持、生态扶持等，同时，优化调控土地、财政、金融等经济手段以完善产业政策，科学引入土地、资本、技术等发展要素，确定贫困村产业结构调整的重点和产业变迁的方向，健全户籍、公共服务、基础设施、生态环境改善等体制机制，并建立监督考评扶持资金投入与使用、扶持效益评价等保障机制，确保政策的实施效应。市场基础配置主要以市场为导向，以城镇化带动为助力，以效益为中心，引导城市技术、资金、人才等要素输入，采用城市聚群的核心区—区域中心区—强镇—贫困村点轴发展模式，依托强镇带村模式，带动贫困村农业生产、加工、销售一体化，将贫困地区的农民与市场有机地联系起来，进而通过农业技术推广、城乡资本联动、科技人员下乡等举措，挖掘贫困村农业规模效益和绿色生产效益，提升农村生产力水平，增加贫困户的产业收益。社会帮扶主要是企业帮扶，搭建企业平台，为贫困地区引进资源、资金、技术、方案等，培育壮大特色产业，贫困地区依托农业资源优势，建立作物种植基地，企业根据产业发展条件，结合生产经营实际和需要，与农户签订长期供货协议，形成"龙头企业+基地+专业合作社+农户"的经营模式，企业不断完善结对帮扶机制，可采取入股分红、资金帮扶、订单种养、协议收购、技能培训、劳务用工等多种形式进行帮扶，推动"输血式"扶贫转向可持续的"造血式"扶持。贫困乡村需差异化发展，依托自身发展条件，突出主导产业的产业特色和比较优势，并形成规模效益，分类有序推进，

第四章 | "双轮协调"驱动下中国城乡融合发展水平时空演变特征分析

在政策支持和企业帮扶下，加快财政、金融政策落地，深挖优势资源，完善生产性基础设施、改善交通运输条件，农村居民积极参与职业技能培训，提升自我发展能力和脱贫能力，增强自身脱贫的内生发展动力。

经过分析发现，"双轮协调"驱动下中国城乡融合3种模式对城乡融合发展均表现出促进作用，但皆需深入探索和持续优化，应根据不同区域的现状及困境，采取不同的发展模式，分类推进、重点突破与逐步覆盖。产业融合模式的区域，城乡融合水平较高，但区域内部城乡融合水平差异也较大，仍需深化和挖掘各发展模式的实效和潜力，切实解决区域内城乡融合不平衡问题；文旅发展模式的区域，通过开发和挖掘当地优势资源，取得一定成效，但文旅地产同质化现象逐渐严重，客户黏性不足，城乡差距依然较大，亟须依托周边大城市或经济强镇，搭建城乡共建平台，依托构建文旅综合体或文旅特色小镇等，下好城乡发展"一盘棋"；政策扶持模式的区域，城乡融合水平偏低，与自我发展内生动力不足且城乡互动差直接相关，当前发展的重心仍是提升城乡发展活力，打破城乡壁垒，促进城乡联动发展。

第四节　本章小结

基于第三章明确城乡发展从单轮到双轮必要性的基础上，选取1996—2017年中国31个省份的基础指标数据，对全国层面、分区域层面及省域层面"双轮协调"发展水平进行测度，从中总结中国省域"双轮协调"发展水平的时空演进规律，并基于"双轮协调"水平类型的空间变化，深入探究其空间集聚性，最后对"双轮协调"驱动下中国城乡融合3种模式发展特征进行剖析，结果显示：

1. 整体及分维度双轮协调水平时序演变规律

从全国层面看，双轮协调水平整体上处于上升态势，双轮社会协调起关键作用，双轮经济和生态两维度发展水平呈向好态势。其中，双轮经济协调度涨幅最大，双轮社会协调度整体波动幅度较低，双轮生态协调度呈"V"字形变动趋势；从区域层面看，东部、中部、西部三大区域"双轮协调"发展水平在1996—2017年变动较为平稳但空间差异明显，呈现东高西低态势。其中，三大区域经济维度协调指数均呈先小幅下降后快速上升的"U"形发展特征，且呈现出东部>中部>西部的演进规律，双轮社会协调指数均呈上升态势，但年均增速呈现出中部>东部>西部的演变特征，且中西部之间的双轮社会协调差距变化较为明显，呈现逐渐拉大的变化趋势，三大区域双轮生态协调指数先下降后上升，发展指数从"西高东低"向"东高西低"的趋势转变。

2. 整体及分维度"双轮协调"水平空间格局演变规律

基于中国省域双轮整体协调水平及分维度协调水平排名的空间分布、排名变化及排名变动类型分析结果，主要包括以下三个方面：

首先，1996—2017年，中国省域双轮协调整体与经济维度、社会维度协调发展水平空间格局基本一致，均基本呈"东高西低"的格局，双轮生态协调水平经历了"西高东低"向"东高西低"的分布格局转变；其中，省域双轮经济和社会协调指数整体在上升，但省域变动差异较为显著，表现为东部地区省域变动幅度差异较大，但内部省际差异逐渐缩小，中部地区省域基本呈现波动上升趋势，但个别省份指数下降，导致内部省域之间差异拉大，而双轮生态协调水平整体呈下降趋势，且呈两极分化情况。

其次，中国双轮整体协调水平及双轮分维度协调水平类型均处于不断优化过程中，基本表现出1996年和2002年以濒临失调类型为主，逐步提升至2010年的勉强协调型和2017年的初级协调型省份个数居多，中级协调型省份数量也小幅增加，发展态势向好，双轮初级协调型省份增加较为迅速，且从东部地区向中部、西部地区扩展迹象明显，双轮勉强失调型的省份以西部地区为主，数量在不断减少，但整体发展水平仍较低。

最后，1996年和2017年的双轮协调水平空间集聚的冷热点分析结果显示，中国省域"双轮协调"水平的热点地区一直在沿海地区展开，而冷点地区更多地集中在西部地区，空间格局整体呈现出沿海向内陆由热点、次热点—次冷点—冷点的分布状态。从分维度双轮协调水平空间集聚结果看，双轮经济、社会协调水平高值区主要分布在东部较发达地区，并开始呈现向中部较发达地区扩张的迹象，而双轮生态协调水平冷热点空间分布正好相反，呈"西高东低"空间集聚特征，但两种空间格局均表现出高值区扩张趋势，低值区收缩趋势。

3. "双轮协调"驱动下中国城乡融合3种模式对城乡融合发展均表现出促进作用

但产业融合模式的区域内城乡发展不平衡问题较为严重；文旅发展模式的区域，文旅地产同质化现象逐渐严重，客户黏性不足，城乡差距依然较大。政策扶持模式的区域，城乡市场二元分割，限制城乡要素流通严重，城乡融合水平偏低。3种模式皆需深入探索和持续优化，应根据不同区域的现状及困境，采取不同的发展模式，分类推进、重点突破与逐步覆盖。

第五章

"双轮协调"驱动下中国城乡融合影响因素

通过上述分析,城乡在发展过程中有融合趋向但波动较大,空间上出现融合趋势但区域间不平衡不充分现象显著,为了充分保证"双轮协调",有必要对其影响因素进行探究。本章拟以城乡融合为发展导向,针对1996—2017年全国层面,东部、中部、西部地区及不同协调度地区,继续深入分析"双轮协调"的影响因素,并着重回答以下问题:①"双轮协调"驱动下中国城乡融合发展的条件如何?②在全国层面,东部、中部、西部地区及不同协调度地区,"双轮协调"具体受哪些因素的影响?

第一节 "双轮协调"驱动下中国城乡融合发展的条件分析

城乡关系的优化主要得益于城乡融合政策指导下的乡村振兴实效提升、新型城镇化功能增强及城乡连通性提高,具体到全国层面及东部、中部、西部地区的"双轮协调",均相应地表现为乡村振兴所依赖的技术进步、产业发展、结构优化,以及新型城镇化对城市发展、农村发展及城乡收入差距缩小的拉动,以及城乡交通通达度的提升。据此,研究基于上述内容对全国层面及东部、中部、西部地区"双轮协调"的条件进行分析,以便为影响因素的定量分析提供依据。

一 乡村振兴实效初显,农村发展活力增强

1949年以来,农业历经经营体制、市场化体制改革和新旧动能转换,一直保持国民经济基础地位,并取得了举世瞩目的成就,产量产值屡创新高、生产条件稳步提升,乡村建设层层推进,利用有限的资源不仅满足了中国居民长期对口粮的基本需求,还为持续快速发展的城镇化和工业化提供了原材料、生产要素和市场空间,以及生态生活环境提供了保障。

自乡村振兴战略这一支持保护农业农村政策推出以来,通过产业兴旺、生态宜居、乡风文明、治理有效和生活富裕一系列融合经济社会生态诸多层面优先发展农村农业的举措,对农业农村现代化水平及发展活力的提升起到有效推动作用。如张挺等通过对中国11个省份35个样本村的乡村振兴成效进行评价,结果显示2013—2016年该35个样本村的乡村振兴综合得分分别为59.07分、64.79分、71.21分、76.05分,得分逐年增高[①],说明乡村振兴已开始显现,并随着实施时长的增加及乡村振兴政策的连续性贯彻实施,其实施效果将会进一步提升;对1996—2017年中国乡村振兴投入产出效率进行计算(见表5-1),乡村振兴发展的技术效率呈先降后升趋势,从2000年的0.524下降到2008年的0.397,再上升到2017年的0.547,平均得分是0.489,有38.7%的省份处于CRS前列,纯技术效率呈上升趋势,从2000年的0.679上升到2008年的0.751和2017年的0.773,增幅趋于减缓,平均得分是0.734,有51.6%的省份处于VRS前列;规模效率则呈下降态势,从2000年的0.800下降到2008年的0.774和2017年的0.543,降幅逐步加大,平均得分是0.706,有58.1%的省份处于规模有效状态,说明大部分省份乡村振兴相对效率较高,技术投入取得一定效果。

二 城镇化进程拉动农村,促进农村同步发展

随着城镇化进程的快速推进,中国经济社会发生了巨大变化,但诸多"城市病"伴随而生,同时由于城市对劳动力、资源等发展要素吸引力增强,加剧了农村发展资源的稀缺,导致农业农村发展更加滞后,为缓解城乡二元结构日益深化问题,相继提出新型城镇化战略。自新型

---

① 张挺等:《乡村振兴评价指标体系构建与实证研究》,《管理世界》2018年第34期。

表 5-1　2000 年、2008 年、2017 年全国乡村振兴效率 CCR-BCC 模型计算结果

省份	综合效率（crste）			纯技术效率（vrste）			规模效率（scale）			规模报酬增减		
年份	2000	2008	2017	2000	2008	2017	2000	2008	2017	2000	2008	2017
北京	0.295	0.524	0.78	0.321	1	1	0.918	0.98	0.324	drs	drs	drs
天津	0.099	0.243	0.185	0.486	0.185	0.589	0.904	1	0.243	drs	—	drs
河北	0.422	0.249	0.533	0.486	0.599	1	0.868	0.889	0.249	drs	drs	drs
山西	0.194	0.036	0.087	0.316	0.089	1	0.614	0.969	0.036	drs	drs	drs
内蒙古	0.604	0.07	0.355	1	1	0.18	0.604	0.355	0.389	drs	drs	drs
辽宁	0.245	0.247	0.467	0.322	0.515	1	0.76	0.906	0.247	drs	drs	drs
吉林	0.848	0.314	0.759	1	1	1	0.848	0.759	0.707	—	—	drs
黑龙江	1	1	1	1	1	1	1	1	0.814	—	—	—
上海	1	0.334	1	1	1	1	1	1	0.114	—	drs	drs
江苏	0.986	0.944	0.854	1	1	1	0.986	0.854	0.944	drs	drs	drs
浙江	0.996	0.579	1	1	1	1	0.996	1	0.983	drs	—	—
安徽	0.326	0.271	0.508	0.342	0.578	0.321	0.954	0.879	0.842	drs	drs	drs
福建	0.28	0.821	0.337	1	1	1	0.28	0.337	0.821	drs	—	drs
江西	1	0.362	0.848	1	1	0.746	1	0.848	0.486	—	drs	drs
山东	0.421	0.285	0.36	0.514	0.828	1	0.421	0.36	0.285	drs	drs	drs
河南	0.489	0.286	0.685	0.293	0.614	0.409	0.952	0.827	0.73	drs	drs	irs
湖北	0.263	0.494	0.525	1	1	0.857	0.899	0.855	0.576	drs	drs	drs

续表

省份\年份	综合效率（crste）			纯技术效率（vrste）			规模效率（scale）			规模报酬增减		
	2000	2008	2017	2000	2008	2017	2000	2008	2017	2000	2008	2017
湖南	0.667	1	0.589	1	1	1	0.667	0.589	0.557	drs	drs	—
广东	0.708	1	0.671	1	1	1	0.708	0.671	1	drs	drs	—
广西	0.408	0.407	0.281	0.6	1	0.947	0.68	0.281	0.43	—	—	drs
海南	0.598	0.314	0.682	0.531	674	0.895	0.692	0.513	0.314	drs	drs	drs
重庆	1	0.411	0.284	0.503	0.792	0.695	1	0.284	0.591	—	drs	drs
四川	0.457	0.858	0.645	0.433	0.692	0.809	0.457	0.645	0.858	drs	drs	drs
贵州	0.312	0.402	0.2	0.661	0.249	0.933	0.473	0.802	0.483	drs	drs	drs
云南	0.297	0.455	0.411	0.371	0.55	0.697	0.8	0.747	0.653	drs	drs	drs
西藏	0.162	0.215	0.195	0.19	0.21	0.545	0.095	0.196	0.422	drs	drs	drs
陕西	0.147	0.189	0.42	0.149	0.448	0.255	0.191	0.337	0.34	drs	drs	drs
甘肃	0.1	0.119	0.159	0.102	0.172	0.154	0.479	0.324	0.37	irs	drs	drs
青海	0.275	0.129	0.333	0.357	0.365	0.178	0.471	0.311	0.427	irs	irs	drs
宁夏	0.11	0.036	0.093	0.111	0.093	0.099	0.595	0.399	0.369	irs	irs	drs
新疆	0.289	0.116	0.376	0.503	0.493	0.701	0.289	0.376	0.116	drs	drs	drs
全国平均	0.524	0.397	0.547	0.679	0.751	0.773	0.800	0.774	0.543		—	

注：—表示规模报酬不变，irs 表示规模报酬递增，drs 表示规模报酬递减。

城镇化推出以来，其在提升城市经济质量、带动农村发展、促进城乡融合各层面表现出的"以城带乡"功能不断增强。选取第二、第三产业产值增速、第一产业产值增速分别表征城市和农村发展水平，选取城乡收入比表征城乡融合发展水平。运用耦合度模型衡量新型城镇化系统与城市系统、农村系统、城乡融合系统间的关联程度，反映新型城镇化与各系统间相互关联程度的大小，进而用耦合协调度反映各系统自身发展水平的高低及新型城镇化与其他系统之间的相互作用程度。

经过测算新型城镇化水平对第二、第三产业产值增速、第一产业产值增速及城乡收入差距的耦合度和协调度，新型城镇化与城市的耦合性、协调性均呈先较小后迅速提升态势，分别从1996年的0.0114、0.0336上升到2017年的0.7762、0.2781，以年均69.86%、12.50%的增速上升，尤其是2008年以后，增速高达95.09%、23.41%，说明新型城镇化与城市的发展水平均在不断上升，并随着新型城镇化质量的提升，其对城市经济增长的关联程度及作用强度均在快速上升。

新型城镇化与农村的耦合性、协调性处于不断波动中，以2009年和2010年为分界线，整体呈先升后降态势，耦合度从1996年的0.0180上升到2009年的0.9997，协调度从1996年的0.0400上升到2010年的0.3190，之后新型城镇化与农村的耦合度、协调度，均呈快速下降态势，年平均下降23.77%和68.01%；新型城镇化与城乡收入比的耦合

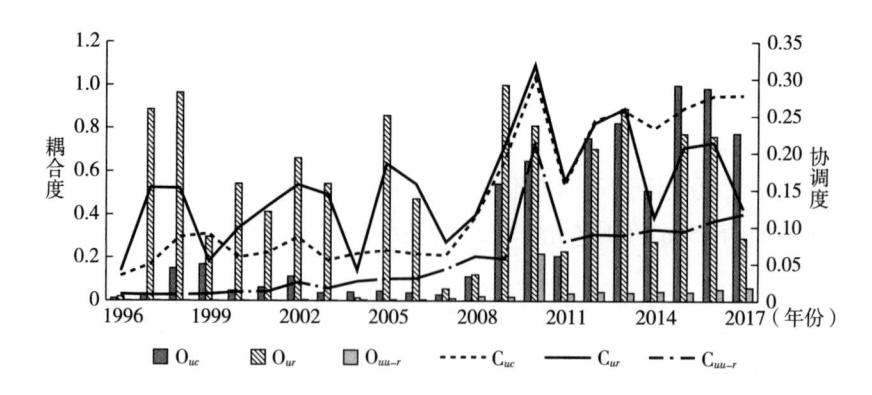

图5-1　新型城镇化与城市、农村、城乡融合耦合度及协调度变化

注：O_{uc}、O_{ur}、O_{uu-r}表示新型城镇化与城市、农村、城乡融合耦合性，C_{uc}、C_{ur}、C_{uu-r}表示新型城镇化与城市、农村、城乡融合协调性。

性、协调性均在上升,其中协调性表现得更为明显,分别从 1996 年的 0.0004 和 0.0087 上升到 2017 年的 0.0621 和 0.1178,年平均上升幅度分别为 89.67%、24.23%,说明新型城镇化的推进,对城乡收入差距扩大有明显的关联作用和强化作用。

值得关注的是,2011 年之前,新型城镇化与农村的关联度和协调度均远高于城市的关联度和协调度,之后新型城镇化对城市经济增长的关联程度、作用强度迅猛上升,表明新型城镇化对城市经济增长的促进作用在增强,但是对农村经济增长的以城带乡功能在减弱,而对城乡收入比的关联程度和作用强度均在持续上升,也验证了这一点,说明要促进农村经济增长,除依靠城市带动之外,更需要提升自身内在发展动力,增强农业农村发展活力,才能实现新型城镇化与农业农村的有机耦合和协调发展。

三 城乡持续发展能力及城乡连通性,拉动中国"双轮协调"

(一)城乡经济规模是影响"双轮协调"的重要基础因素

Tinbergen[①]、Anderson[②] 在评价两个地区的区域发展质量时采用经济规模指标,并利用引力模型测度两个地区之间引力的大小,测度效果显示两个地区之间的双边发展质量与城乡经济规模成正比,具有一定借鉴意义和价值。鉴于此,研究将城乡经济规模指标作为"双轮协调"的拉力因素,并预期其对"双轮协调"起正向作用。那么,我国城乡经济规模是怎样的?是否已经有拉动"双轮协调"发展的迹象?首先对其全国层面及东部、中部、西部地区现状进行分析,以便为其对"双轮协调"的影响程度定量分析提供依据。

①从全国层面看,农村经济规模随时间的推移直线上升,且在 2003 年之后上升速度明显加快,由 1996 年的约 14015.40 亿元增长至 2017 年的约 65467.60 亿元,年均增长率高达 8.05%;②在东部地区,农村经济规模呈上升态势,由 1996 年的约 5840.17 亿元增长至 2017 年的约 23133.51 亿元,年均增长率为 7.31%;③在中部地区,农村经济

---

① Tinbergen J., *Shaping the World Economy: Suggestion for an International Economic Policy*, New York: The Twentieth Century Fund, 1962, p. 52.

② Anderson J. E., Wincoop V. E., "Gravity with Gravitas: A Solution to the Border Puzzle", *American Economic Review*, Vol. 93, No. 1, 2003.

规模也呈上升趋势，与东部地区大致相同，且规模相近，由1996年的约4349.64亿元增长至2017年的约19863.95亿元，年均增长率为8.20%；④在西部地区，农村经济规模也呈上升趋势，与中部地区大致相同，且规模相近，由1996年的约3406.52亿元增长至2017年的约19201.94亿元，年均增长率为9.68%，不难发现，中部地区、西部地区农村经济规模虽然与全国层面及东部地区存在差距，但其增长速度却相对较快。这可能与中西部地区第一产业产值基础较小有关。无论是从全国层面，还是从东部、中部、西部地区层面看，农村经济规模的增长均十分显著，这与1978年以来我国陆续推出的增加农业投入、促进农民增收、社会主义新农村建设及乡村振兴等战略不无关系。

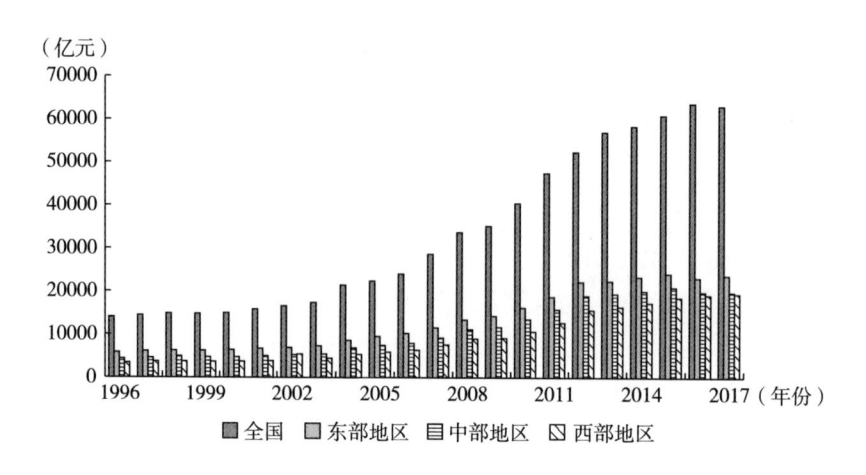

图5-2 农村经济规模变化趋势

①从全国层面看，城市经济规模随时间的推移直线上升，且在2000年之后上升速度明显加快，由1996年的约57162.01亿元增长至2017年的约759360.80亿元，年均增长率高达13.25%；②在东部地区，城市经济规模增长态势与全国层面高度一致，且规模差距不大，表明东部地区城市经济规模在全国居主导地位，由1996年的约32464.21亿元增长至2017年的约447841.20亿元，年均增长率为14.14%；③在中部地区，城市经济规模呈缓慢上升趋势，由1996年的约13837.39亿元增长至2017年的约187469.90亿元，年均增长率为14.47%；④在西部地区，城市经济规模也呈缓慢上升趋势，与东部地区大致相同，且规

模相近，由 1996 年的约 9033.45 亿元增长至 2017 年的约 149359.60 亿元，年均增长率为 15.62%（见图 5-3），中部地区、西部地区城市经济规模虽然与全国层面及东部地区存在差距，但其增长速度却相对较快。这可能与中西部地区第二、第三产业产值基础较小有关。无论是从全国层面，还是从东部、中部、西部地区层面看，城市经济规模的增长均十分显著，与农村经济规模增长相比，无论是从规模还是增速均遥遥领先，这与中国城镇化、工业化快速提升，城市偏向政策及经济社会体制机制均有关联。

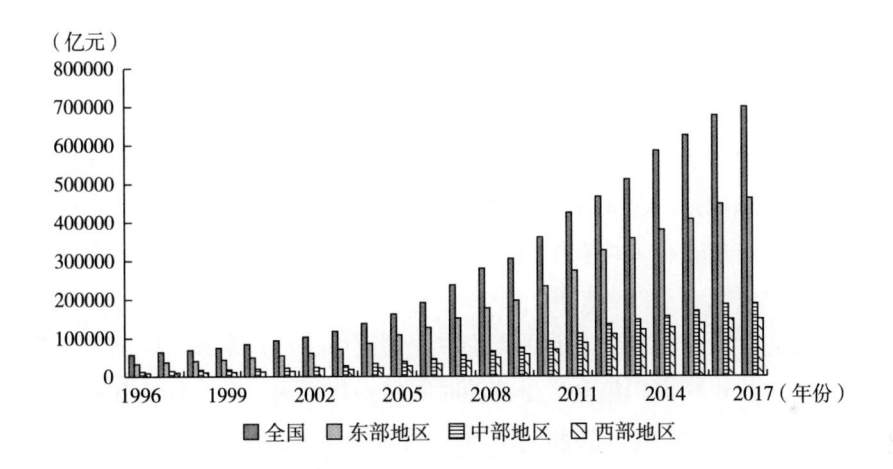

图 5-3 城市经济规模变化趋势

通过对我国全国层面以及东部、中部、西部地区城乡经济规模进行分析发现，自 1996 年以来，中国城乡经济规模一直在持续扩大中，在这一大背景下，城乡经济规模对城乡融合的作用会一直存在。但问题是，这一作用过程主要是依靠城市经济规模还是农村经济规模？或者二者皆有？尚需后文进行检验。

（二）农业农村发展活力是影响"双轮协调"的重要内生因素

Ruttanand Hayami 提出"农业诱致性变迁理论"，认为农业技术变革对农业增长有促进作用。[①] Halliday 认为，随着农业由劳动力密集型

---

① 刘红梅等：《中国城乡一体化影响因素分析——基于省级面板数据的引力模型》，《中国农村经济》2012 年第 8 期。

向资本密集型转变,农药、化肥等逐步广泛应用于农业生产,促进粮食产量增加[1],进一步加大农村人力资本投资,提高农业技术水平,能有效推进城乡融合进程。研究选取单位耕地面积粮食产量作为衡量农业生产技术水平高低的指标,且预计农业生产技术水平对"双轮协调"存在正向影响。Katzand Stark 指出,农村现代化不发达,导致经济发展受限,农村劳动力、土地资源等生产要素短缺,引发城乡差距逐渐增大[2]。Eastwoodetal 认为,农业现代化生产及规模化经营能有效提高农业生产率,促进农业发展[3]。在现代化农业发展过程中,扩大规模化经营的同时也提升了农业机械化程度,释放了大量农村剩余劳动力转战非农产业,增加农民收入缩小城乡收入差距,也能有效扩大农村经济规模。那么,我国农业农村发展活力是怎样的?首先对其全国层面及东部、中部、西部地区现状进行分析,以便为其对"双轮协调"的影响程度定量分析提供依据。基于此,研究选取单位耕地面积粮食产量表征农业技术水平,选取农村人均农用机械总动力表征农业现代化水平,选取人均耕地面积表征农业经营规模,下面分别对其发展现状进行梳理。

首先,从变化趋势上看,无论在全国层面,还是东部、中部、西部地区,单位耕地面积粮食产量都随时间的推移缓慢上升,且上升速率十分接近。全国层面、东部、中部、西部地区的年均增长率分别为 2.31%、3.26%、4.93%、5.26%;从绝对量上看,全国层面比较突出,东部、中部、西部地区相对接近,表明全国各区域在单位耕地面积粮食产量方面的差距不大,显示不出哪一区域存在绝对优势。可见,无论在全国层面,还是东部、中部、西部地区的粮食生产都较为稳定,这可能得益于1989年科技兴农以来,农业科技历经改革、发展、重点推进及创新体系和保障体系的构建及完善(见图5-4)。

其次,从变化趋势上看,无论在全国层面,还是东部、中部、西部地区,农村人均农用机械总动力都随时间的推移逐步上升,但上升速率

---

[1] Halliday F. E., *Iran: Dictatorship and Development*, New York: Penguin Books, 1979, p. 56.
[2] Katz E., Stark O., "Labor Migration and Risk Aversion in Less Developed Countries", *Journal of Labor Economics*, 1986, p134-149.
[3] Eastwood R. et al., A., *Farm size*, *Handbook of Agricultural Economics*, North Holland Press, 2010, p34.

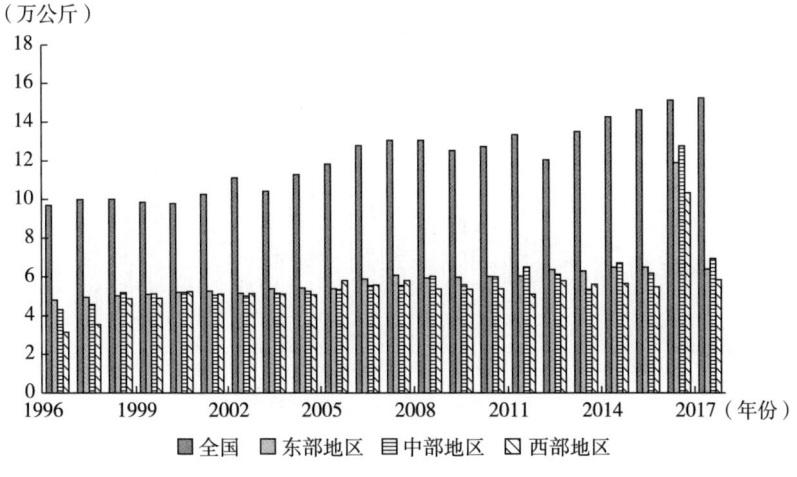

图 5-4　单位耕地面积粮食产量变化趋势

从趋于接近到差距不断扩大。其中，全国层面、中部、西部地区的年均增长率分别为 3.25%、4.84%、4.85%，东部地区与它们相比差距较大，年均增长率偏低，只有 0.82%，尤其是 2004 年以后，东部地区的年均增长率仅为 0.29%，全国层面上升到 3.17%，中部、西部地区更是高达 5.01%、5.42%，分别为东部地区年均增长率的 17.08 倍、18.45 倍（见图 5-5）；从绝对量上看，西部地区比较突出，中部地区和全国层面相对接近，东部地区偏低，表明全国各区域在人均农用机械总动力方面的差距较大，中西部存在比较优势。农村人均农用机械总动力在全国范围内逐步上升，可能主要得益于国家四个现代化的提出，并将农业机械化排在农业现代化的首要位置，由此带来农用机械规模扩大、增速提升；而东部地区农村人均农用机械总动力不管在绝对量还是增速上，均低于全国平均水平，且差距不断拉大，这可能主要是因为与中西部地区比较，东部地区工业化和城镇化水平明显高出较多，城市偏向发展更为明显，且人口偏多，因人口基数大取人均值导致人均农用机械总动力偏小。对此，有必要进一步加强东部地区的农业投入力度和强度，尽力弥补因农业现代化水平不高带来的东部地区农村与城市之间的结构错位，以便强化农业农村发展活力对"双轮协调"的助推作用。

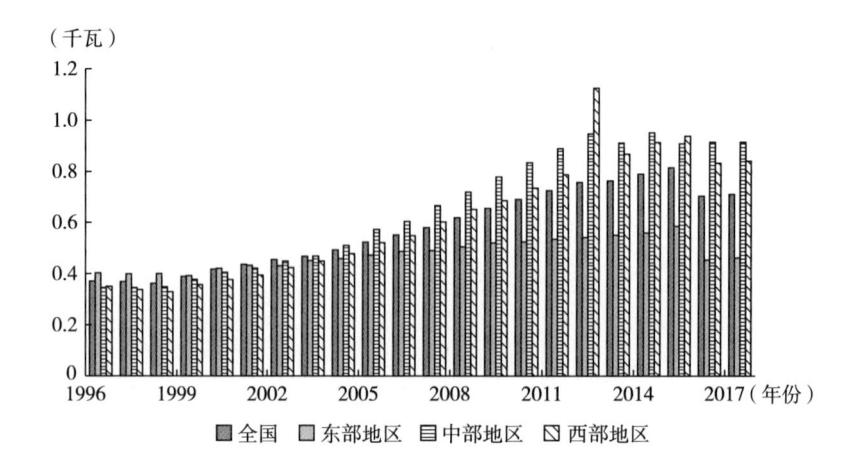

图 5-5　农村人均农用机械总动力变化趋势

最后，从变化趋势上看，无论在全国层面，还是东部、中部、西部地区，人均耕地面积都随时间的推移整体上呈缓慢下降状态，但整体下降趋势减缓。其中，东部、中部、西部地区的年均下降率分别为0.61%、0.54%、0.52%，全国层面与各区域相比差距较大，年均下降率偏高，为0.94%，自2007年以后，除东部地区外，全国层面和中部、西部地区人均耕地面积下降幅度减缓，年均下降率为0.50%、0.40%、0.20%，而东部地区年均下降率上升至0.97%（见图5-6）；从绝对量上看，西部地区较高，中部地区与其接近，东部地区偏低，表明全国各区域在人均耕地面积方面的差距较大，中西部地区存在比较优势。直观判断，全国范围内人均耕地面积呈下降态势，且东部地区在绝对量上低于全国平均水平，但降速明显偏高，这可能主要是因为工业化和城镇化快速发展，带来对土地需求的持续增加，而东部地区工业化和城镇化在发展水平和发展速度上存在显著优势，对土地的需求更大，城市扩张更为明显，在城乡用地增加挂钩政策之前，可能存在较多占用耕地现象。对此，有必要进一步加强耕地占补平衡、严守耕地保护红线，竭力依靠土地整治手段增加人均耕地面积，同时利用人才和技术投入、生产流通体系完善等路径，尽力弥补因人均耕地不足带来的农业可持续发展力不强，与第二、第三产业失衡现状，以便强化农业农村发展活力对"双轮协调"的助推作用。

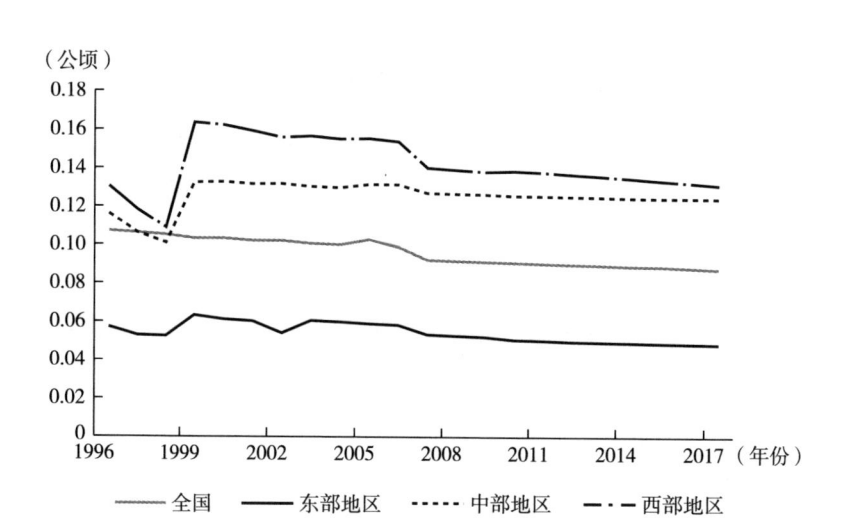

图 5-6　人均耕地面积变化趋势

通过对我国全国层面以及东部、中部、西部地区农业农村发展活力各内生要素进行分析，发现自 1996 年以来，中国农业农村发展活力在小幅度提升，在这一大背景下，农业农村发展活力对城乡融合的作用会一直存在。但问题是，这一作用过程主要是依靠哪个内生要素？或者这些内生要素是否均在发挥作用？尚需后文进行检验。

（三）城乡连通性是"双轮协调"的衔接保障因素

Weber 指出，城乡之间要素流动因距离远近带来了成本差异，城乡间距离越短成本越小，越容易实现城乡一体化①。刘生龙等指出，近年来，中国逐步增大交通基础设施的投入规模、比例和覆盖范围，促进了交通基础设施逐步完善，改善了城乡互动发展环境，提升了城乡连通性，将有助于城乡一体化发展②。那么，我国城乡连通性具体是怎样的？首先对其全国层面及东部、中部、西部地区现状进行分析，以便为其对"双轮协调"的影响程度定量分析提供依据。基于此，研究选取交通通达度表征城乡连通性，反映城乡之间移动的难易程度。

第一，从变化趋势上看，无论是在全国层面，还是东部、中部、西

---

① Weber A., The Theory of Location of Industries, Chicago: University of Chicago Press, 1929, p. 22.

② 刘生龙等：《交通基础设施与中国区域经济一体化》，《经济研究》2011 年第 3 期。

部地区，交通通达度都随时间的推移整体上较为平稳，出现1999年和2008年两次大的波动。其中，1999年中国铁路建设史上当时里程最长、埋深最大的铁路隧道——西康铁路秦岭隧道胜利贯通，南疆铁路全线开通运营、京九铁路南段复线开通、横贯冀鲁平原的邯济铁路全线提前铺通等，在很大程度上扩充了中国铁路里程，大大提高了城乡交通基础设施发展水平，使这一年交通通达度迅猛上升；2008年，我国铁路建设掀起了新一轮高潮，增加西部开发性新线、提高现有铁路营运能力、完善东中西路网布局，在一定程度上扩充了西部地区铁路里程，进而使全国层面交通通达度有小幅波动（见图5-7）。

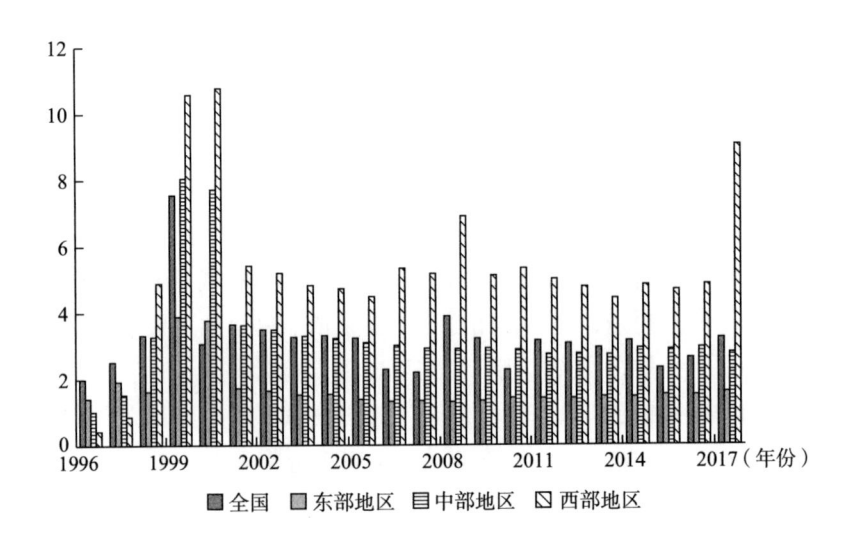

图5-7 交通通达度变化趋势

第二，从绝对量上看，西部地区较高，中部地区与其接近，东部地区偏低，自1996年以来，全国层面、东部、中部、西部交通通达度平均值为3.1671、1.6431、3.2537、5.3278，从年平均增速上看，亦呈现中西部高东部低的现象。东部地区交通通达度绝对量和增速均偏低，可能原因有二：一是国家中部崛起和西部大开发战略，加大了对中西部地区的投资开发力度和范围，对交通等基础设施水平的提升起到了较好的保障和支持效果；二是东部地区城乡土地面积占全国城乡土地总面积的40%以上，而中部占比在33%左右，西部地区占比最小。

通过对我国全国层面以及东部、中部、西部地区城乡交通通达度进行分析，发现自1996年以来，中国城乡连通性较为稳定，随着国家政策和战略的调整，城乡连通性对"双轮协调"的作用会怎样变化？各区域对"双轮协调"的作用又有何差异？研究将城乡通达性作为城乡互动、"双轮协调"的衔接保障引力因素，并且预期这一变量对"双轮协调"有正向影响。

四 长期城市偏向政策惯性扩大城乡差距，阻碍中国"双轮协调"

城乡发展体制机制是"双轮协调"的关键通道。在中国城乡关系演进过程中，城乡收入分配体制、政府城乡建设投入机制等在一定程度上决定了城乡要素自由流动的通畅性，进而决定了城乡经济增长的可持续性。中国长期城市偏向的城乡收入分配体制和城乡建设投入机制均对"双轮协调"起到了阻碍作用。

（一）现有城乡居民收入分配体制对"双轮协调"的阻碍

制度经济学家D.诺斯指出制度经过人为设定，作为社会发展的准则来制约人们之间的相互关系[1]；Kuznets认为，城乡收入差距在工业化不同阶段表现出其不同发展态势[2]，在工业化初期、中期和后期阶段，城乡收入差距由扩大到保持相对稳定进而逐渐缩小，最终实现城乡一体化。陆铭、陈钊[3]认为，在"城市倾向"的政策的指导下，各级政府以城市发展作为主要导向，大部分体制机制均以城市为主，从而忽视城乡居民收入分配不均衡现象，阻碍了城乡融合。那么，我国城乡居民收入分配体制具体是怎样的？影响又如何？首先对其全国层面及东部、中部、西部地区现状进行分析，以便为其对"双轮协调"的影响程度定量分析提供依据。基于此，研究选取城乡收入比变化表征城乡居民收入分配体制。

第一，从变化趋势上看，无论在全国层面，还是东部、中部、西部地区，城乡收入比都随时间的推移呈先扩大后缩小态势，但整体下降幅

---

[1] ［美］道格拉斯·诺斯：《制度、制度变迁与经济绩效》，刘守英译，上海三联书店1994年版。

[2] Kuznets S., "Economic Growth and Income Inequality", *The American Economic Review*, 1955, p.1–28.

[3] 陆铭、陈钊：《城市化、城市倾向的经济政策与城乡收入差距》，《经济研究》2004年第6期。

度较缓。其中，以2007年为界，全国层面和东部、中部、西部地区的城乡收入比基本呈扩大趋势，年均增幅分别为3.08%、3.26%、4.01%、4.57%，之后城乡收入比趋于缩小，年均缩幅分别为2.18%、3.18%、2.52%、2.98%，全国范围内城乡收入比缩小的幅度远低于扩大的速度，尤其是中西部地区扩大幅度较大，但缩幅偏小。在1997年、1998年城乡收入比出现大幅缩小，可能是因为1997年国务院正式批准了《小城镇户籍管理制度改革试点方案》，继而在1998年国务院批转了公安部《关于解决当前户口管理工作中几个突出问题的意见》，户籍制度改革向小城市开放，不断放宽农民进城条件的同时，对农民发展机会的增加和收入的提升均起到了好的效果，带来城乡收入比的较大幅度的缩小（见图5-8）。

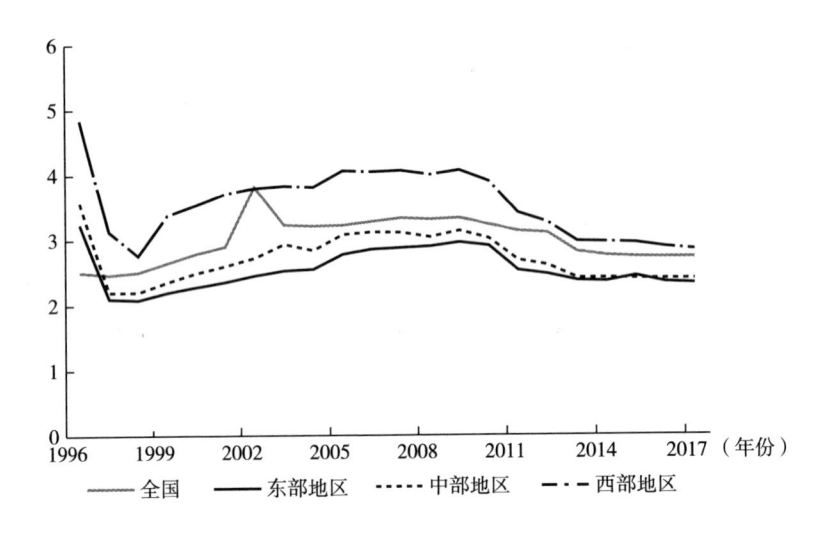

图5-8 城乡收入比变化趋势

第二，从绝对量上看，西部地区最大，全国层面自2011年开始与其接近，东部地区最小，中部地区与其接近，表明全国各区域城乡收入差距虽然有所缩小，但城乡二元结构仍处于持续深化强化状态。全国城乡收入比先扩大后缩小，户籍制度改革与完善在其中起到一定作用，而随着城镇化进程加快，大量农村劳动力转移到城市中，在城市偏向政策约束下的户籍制度，对这么大规模转移劳动力的就业、社会福利等保障能力有限,即不能大幅缩小城乡差距,对此,有必要进一步深化户籍制度及相应城乡融合发展体制机制改革,竭力加快城乡社会一体化进程,促进城乡居民公共社会福利均等化,有效缩小城乡收入差距,以便弱化其对"双轮协调"的阻碍作用。

通过对我国全国层面以及东部、中部、西部地区的城乡收入比变化进行分析发现,自1996年以来,中国城乡收入比经历了先升后降的变化,差距有所缩小,但城乡差距仍然偏大,在这一大背景下,城乡收入比对城乡融合的作用会一直存在。但问题是,随着政策的调整和城乡融合发展体制机制的完善,这一作用会怎样演变?其对城乡融合的阻碍作用会变大还是变小?尚需后文进行检验。

(二)现有政府城乡建设投入机制对"双轮协调"的阻碍

Levine 和 Renelt 通过统计检验分析,得出加大固定资产投资能有效促进区域经济显著增长[1]。中国城乡偏向的政府建设投入机制,从投入规模、比例及增速来看,均以城市为主,近年来,为改善城乡二元结构,国家不断增加农村固定资产投资规模和比例,通过"村村通"工程、"饮用水安全"工程等一系列举措,对农村发展起到一定促进作用。但是,传统的城乡建设投入体制影响依然坚挺,城乡固定资产投资从相对量和增速两方面仍表现为城市遥遥领先于农村,城乡差距未得到根本改善。骆永民也明确指出,城乡基础设施差距与城乡差距成正比[2]。综合来看,加大固定资产投资对于城市和农村发展均具有促进作用,而城乡投资差异化则拉大城乡差距,不利于"双轮协调"。那么,随着国家政策和发展方向的不断调整,城乡建设投入体制具体是怎样变化的?这些变化对"双轮协调"的影响又如何?首先对其全国层面及东部、中部、西部地区现状进行分析,以便为其对"双轮协调"的影响程度定量分析提供依据。基于此,研究选取城乡人均全社会固定资产投资比变化表征城乡建设投入机制变化对"双轮协调"的影响。

---

[1] Levine R., Renelt D., A Sensitivity Analysis of Cross-country Growth Regressions, The American Economic Review, Vol. 82, No. 4, 1992.

[2] 骆永民:《中国城乡基础设施差距的经济效应分析——基于空间面板计量模型》,《中国农村经济》2010年第3期。

第一，从变化趋势上看，无论在全国层面，还是东部、中部、西部地区，城乡人均全社会固定资产投资比都随时间的推移快速上升，且上升速率十分接近。其中，全国层面由1996年的0.2208上升至2017年的4.6129，年均上升率为15.93%；东部地区由1996年的1.6784上升至2017年的4.777，年均上升率为24.14%；中部地区由1996年的1.1839上升至2017年的4.2178，年均上升率为36.14%；西部地区由1996年的0.7217上升至2017年的4.8964，年均上升率为22.58%（见图5-9）。虽然近年来一直在增加农村固定资产投资的规模，但全国范围内各个区域的城乡人均全社会固定资产投资差距都在持续迅速扩大，这可能还是由于中国城市偏向的城乡建设投入机制在起作用，国家关于城乡统筹、城乡一体化等发展战略的实施，发展重点仍然以城市为主，单纯地还是依靠提升工业化和城镇化发展水平来带动农村发展。

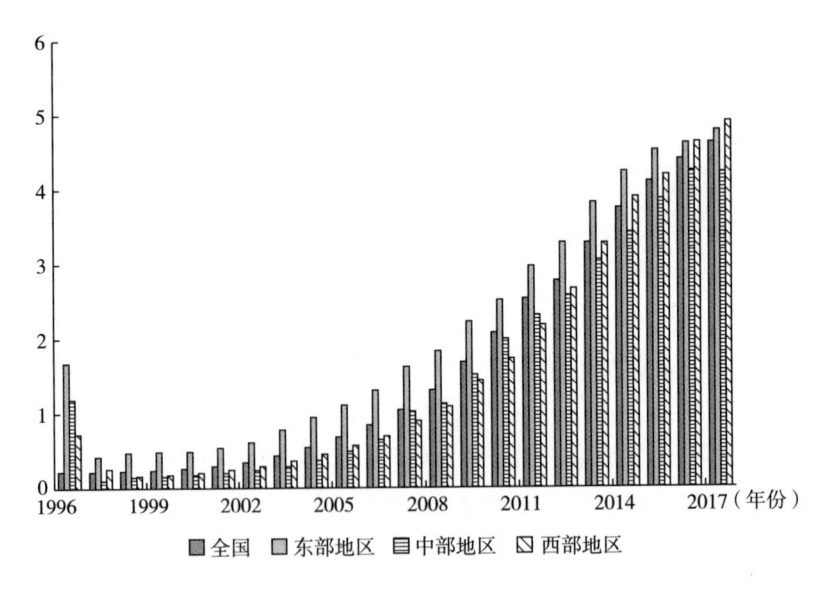

图5-9 城乡人均全社会固定资产投资比

第二，从绝对量上看，东部地区略高，中西部地区与全国层面接近，自2016年开始，西部地区城乡人均全社会固定资产投资比已超过东部地区，可能是因为2016年为深入实施西部大开发战略，国家开工以交通和能源为主的30项重点工程，以城镇投资居多，农村涉及较少，加剧了西部地区城乡投资差距。

从上述结果可以看出，在全国层面及东部、中部、西部地区发展过程中，城乡居民收入比、城乡人均全社会固定资产投资比均表现出不同程度的扩大，这种城乡差距不断扩大的状态应该是我国长期城市偏向政策及城乡发展体制机制的惯性影响所致。因此研究拟选取这两大变量作为城乡发展、"双轮协调"的阻力因素，预期其对"双轮协调"具有负向作用。但这仅是初步判断，其在"双轮协调"过程中的贡献大小及演化特征尚需进行深入测度和分析。

第二节 "双轮协调"驱动下中国城乡融合水平影响因素

一 变量选取

乡村振兴与新型城镇化"双轮协调"发展，既需要新型城镇化带动，又需要乡村通过振兴提升自身主动发展能力和发展活力，还需要二者之间的连通性。由此，依据前文我国乡村振兴与新型城镇化"双轮协调"发展的条件分析，构建相应指标体系（见表5-2）。受政策、自然、经济、社会、生态环境等多重因素影响，乡村持续滞后，"三农"问题长期困扰着中国经济社会的发展，与城市相比，乡村一直处于弱势地位，因此，在选取农村发展活力指标时会更加细化，以期更精准地找到城乡融合发展水平不高的影响因素，具体包含了农业发展基础、土地、技术、劳动力等引力要素及相应阻力因素，主要用来反映乡村振兴现有条件及面临阻碍，设置如下：①产业规模（INS），即"第一产业GDP"表示农村经济发展的基础，用于衡量乡村承接产业转移及加快产业多元化进程的能力，"第二、第三产业GDP"表示城市经济发展的实力，选取其不断增长态势用于衡量城市对农村发展的带动能力，选用这两项指标，主要体现城乡产业融合的整体现实条件及发展水平；②技术创新要素（TEI），即"单位耕地面积粮食产量"表示农业生产能力，"人均农用机械总动力"表示农业现代化水平，二者用来表征乡村承接产业转移的技术条件；③土地要素（CLP），即"人均耕地面积"表示农业生产模式及规模化程度，可用来表征农业生产效率及实现城乡产业多元化的能力；④收入要素（URI），即"城乡收入比"表示缩小城乡差距面临的困境，选用该指标可反映因发展基础、资源、技术条件及生产经营方式不断完善，"三农"发展进程中与城市差距的演变情况，这一指标由城市居民可支配收入与农村居民可支配收入相除得到。

表5-2　中国乡村振兴与新型城镇化"双轮协调"的影响因素

解释变量	具体指标	单位
产业规模（INS）	第一产业GDP（INS_1）	亿元
	第二、第三产业GDP（INS_2）	亿元
技术创新要素（TEI）	单位耕地面积粮食产量（TEI_1）	千克/公顷
	人均农用机械总动力（TEI_2）	千瓦/人
土地要素（CLP）	人均耕地面积（CLP）	公顷
收入要素（URI）	城乡收入比（URI）	—
城乡联动性（URL）	交通通达性（URL）	千米/平方千米
政策要素（GOV）	城乡人均全社会固定资产投资比（GOV）	—

除城、乡各自发展指标，城乡联动性（URL）也纳入影响因素指标体系，选取交通通达性指标，用来表征城乡联动发展的驱动能力，政策要素（GOV）在城乡关系的演变中长期发挥着主导作用，采用城乡发展体制机制表征城乡政策的演变，选取"城乡人均全社会固定资产投资比"这一指标，主要是考虑到城市经济快速增长进程中，城市偏向的城乡发展体制机制起到了较大的支持和保障作用，而随着国家政策和城乡发展体制机制的完善，其对城市、农村、城乡融合的影响也至关重要，因此选取"城乡人均全社会固定资产投资比"衡量城乡发展体制机制对"双轮协调"的影响，表征城乡政策的实施效应。这一指标由城市人均全社会固定资产投资比与农村人均全社会固定资产投资相除得到。

二　模型构建

理论分析及描述统计的结果表明，乡村振兴与新型城镇化"双轮协调"是各指标合力作用的结果，构建多元回归模型如下：

$$Y_{it} = \beta_0 + \beta_1 INS_{1it} + \beta_2 INS_{2it} + \beta_3 TEI_{1it} + \beta_4 TEI_{2it} + \beta_5 CLP_{it} + \beta_6 URI_{it} + \beta_7 URL_{it} + \beta_8 GOV_{it} + \varepsilon_{it} \quad (5-1)$$

式中，Y 为"双轮"协调水平；INS、TEI、CLP、URI、URL、GOV 为各影响因素；i、t 为省份及年份；β_1—β_8 为各指标的回归系数；ε 为随机误差干扰项。

三 数据来源

考虑到数据的可得性和研究的可行性，研究拟采用的数据为我国 1996—2017 年 31 个省份（港、澳、台除外）的省际面板数据。所使用的原始数据主要来自国家统计局、《中国统计年鉴》、《中国城市统计年鉴》、《中国农村统计年鉴》以及各省份统计年鉴、年度统计公报。

四 面板数据检验

为了验证面板数据的平稳性及消除伪回归，对各变量进行面板单位根检验及协整检验，结果见表 5-3、表 5-4。

表 5-3　　　　　　　　变量的单位根检验结果

变量	Statistic	Prob	Obs
Y	-19.3577***	0.0000	596
INS_1	-3.1743***	0.0008	634
INS_2	-19.3577***	0.0000	596
TEI_1	-1.6690**	0.0476	621
TEI_2	-29.6562***	0.0000	629
$\Delta(CLP)$	-4.8122***	0.0000	643
URI	-3.1743***	0.0008	634
URL	-25.3955***	0.0000	620
$\Delta(GOV)$	-20.9377***	0.0000	600

注：①*、**、***分别表示在 10%、5%、1% 的水平下显著；下同。②Δ 表示一阶差分。

表 5-4 变量之间协整关系检验结果

检验方法		A_1	A_2	A_3	$\Delta(A_4)$	A_5	B_1	C_1	$\Delta(D_1)$
Pedroni	Panelv	6.6481***	4.5790***	4.5758***	7.3293***	5.6842***	6.5094***	5.0168***	6.8627***
	Panelrho	-7.8973***	-8.3612***	-5.8117***	-7.3254***	-6.6764***	-7.8210***	-7.8247***	-7.7516***
	PanelPP	-7.3189***	-7.6342***	-4.8028***	-6.7916***	-5.5406***	-6.9853***	-6.9277***	-7.4749***
	PanelADF	-2.7262***	-2.7176**	-1.7097*	-2.6272**	-2.2221**	-2.6254**	-1.2919***	-3.6840***
	rouprho	-4.5221***	-4.4156***	-2.5038**	-3.7377***	-3.0011***	-4.0323***	-4.0410***	-4.2208***
	GroupPP	-6.713***	-5.6413***	-2.5372**	-5.3141***	-3.4719***	-5.8134***	-5.0474***	-6.1243***
	GroupADF	-1.1619	-0.6618	-1.7611*	-1.8148**	-2.5278**	-0.9564	-1.1259**	-1.8553**

第五章 "双轮协调"驱动下中国城乡融合影响因素

（一）面板单位根检验

借鉴相关文献，研究采用 LLC 方法分别对式（5-1）中的各变量进行面板单位根检验。各变量的单位根检验结果显示（见表5-3），原始变量在1%的水平下并不都是平稳变量。对不平稳的变量进行一阶差分，然后再进行检验，检验结果均在1%的水平下显著，即原始不平稳变量一阶差分平稳。[①]

（二）面板数据协整检验

从表 5-3 中单位根检验结果来看，A_4 和 D_1 两个变量为一阶单整，需对变量之间是否存在协整关系进行检验。采用 Pedroni 7 个统计量对各变量进行面板协整检验，根据表5-4，所有变量大部分能通过1%水平下的显著性检验，因此可得出各变量之间存在长期稳定的关系，即协整关系。

第三节 不同区域"双轮协调"的影响因素分析

一 全国样本结果分析

对全国层面乡村振兴与新型城镇化"双轮协调"的影响因素进行分析，分析过程分为两步：首先，对"双轮协调"与各指标之间的相关性进行回归分析，以此来确定究竟是哪些因素在影响乡村振兴与新型城镇化之间的协调，以及这些因素的作用方向。其次，进一步测度这些影响因素对"双轮协调"的贡献程度，从而确定"双轮协调"过程中哪些因素在起主要作用，哪些因素是"双轮协调"的主要障碍。

利用软件 Stata16.0 中的固定效应模型、随机效应模型、面板 Tobit 对"双轮协调"与各影响因素的相关性进行回归分析，考虑到全国各地区之间在经济发展水平、资源禀赋及发展策略等方面差异明显，同时根据 Hausman 检验结果，P 值为 0.000<0.001，显著拒绝原假设，因此选取时空双固定效应模型进行分析。由于双轮协调水平的数值介于0—1，因此在固定效应模型的基础上运用面板 Tobit 模型进行回归分析，并

[①] 刘红梅等：《中国城乡一体化影响因素分析——基于省级面板数据的引力模型》，《中国农村经济》2012 年第 8 期。

综合考虑到整体的拟合效果、拉格朗日乘数检验等方面，利用该回归结果剖析"双轮协调"各影响因素的方向和强度（见表5-5）。

表5-5　　　　　　　　　全国层面回归结果

变量	个体固定	时间固定	双向固定	随机效应	面板Tobit
INS_1	0.0034**	0.0031***	0.0044***	0.0009	0.0058**
	(1.88)	(3.30)	(4.85)	(0.68)	(2.03)
INS_2	-0.0030***	0.0035***	0.0028***	-0.0001	-0.0044**
	(-2.73)	(4.48)	(3.79)	(-0.10)	(-2.49)
TEI_1	0.0024***	0.0000	0.0003	0.0022***	0.0024***
	(4.11)	(0.12)	(1.59)	(3.58)	(3.70)
TEI_2	-0.0036**	-0.0031*	-0.0042***	-0.0067***	-0.0019
	(-2.26)	(-1.96)	(-2.73)	(-4.31)	(-1.17)
$\Delta(CLP)$	-0.0546**	-0.0448***	-0.0476***	-0.0424	-0.0474**
	(-2.12)	(-6.41)	(-7.11)	(-1.53)	(-1.71)
URI	-0.0073***	-0.0156***	-0.0091***	-0.0090***	-0.0042***
	(-9.57)	(-22.34)	(-10.18)	(-11.69)	(-4.85)
URL	0.0002	-0.0006***	-0.0006***	-6.25E-07	0.0003**
	(1.20)	(-4.31)	(-4.30)	(-0.00)	(1.96)
$\Delta(GOV)$	0.0002	0.0004	0.0000	0.0002	0.0003
	(1.11)	(1.23)	(0.08)	(0.87)	(1.02)
Cons	(22.72)	(77.85)		(25.46)	(22.44)
省份固定	Y	N	Y	—	—
年份固定	N	Y	Y	—	—

根据面板Tobit模型回归结果，在全国层面，第一产业GDP、单位耕地面积粮食产量和交通通达性与双轮协调水平呈现显著正相关关系，人均耕地面积、城乡收入比和第二、第三产业GDP与双轮协调水平呈现显著负相关，人均农用机械总动力和城乡人均全社会固定资产投资比的影响效果不明显。

（一）作用方向显著为正

①第一产业GDP和单位耕地面积粮食产量对"双轮协调"的正向

推动作用最突出，其每增加1个单位，"双轮协调"水平分别提升0.0058个和0.0024个单位。乡村经济增长，发展机会增加，向城市转移的人口可能出现回流，带着资本、技术等回到农村发展；而单位耕地面积产量增加，表明农业技术水平提升、农业规模效益显现，农业发展活力提高，农民收入增加，势必促进农村追赶城市发展步伐和效率，促进"双轮协调"水平提升。②交通通达性的正向推动作用较为轻微，其每增长1个单位，仅能引起"双轮协调"水平0.0003个单位的正向变动。其原因可能有：中国长期的城市偏向政策，使城乡要素基本以农村向城市单向流动为主，国家在城乡基础设施等方面支持保护农村政策的出台，能有效促进城乡双向交流，但政策落实效果存在一定延后性，于是交通通达性对"双轮协调"的正向推动作用还未真正显现。

（二）作用方向显著为负

①第二、第三产业GDP，其每增加1个单位，"双轮协调"水平会下降0.0044个单位，城市经济规模扩大对农村各项资源及生产要素的吸引力增加，"虹吸效应"也会相应增加，农村劳动力、资本、资源要素稀缺困境加重，从而阻碍"双轮协调"。②城乡收入比，每增加1个单位，"双轮协调"水平会下降0.0042个单位，表明虽然国家一直在调整政策来解决"三农"问题，缩小城乡差距，但是城乡发展体制机制对"双轮协调"发展的阻碍作用一直存在。③人均耕地面积，前文分析显示，人均耕地面积的增加对"双轮协调"起正向拉动作用，而中国人均耕地面积一直呈下降趋势，每减少1个单位，"双轮协调"水平会下降0.0474个单位，其对"双轮协调"水平的影响将持续存在，近年来随着《中华人民共和国土地管理法》提出了耕地保护目标，并明确严守耕地红线，加上相关土地整治工作有效增加了耕地面积，使耕地面积下降幅度持续减缓，今后应进一步严格耕地保护政策，力争促进人均耕地规模扩大，以发挥其对"双轮协调"的正向推进作用。

（三）无显著影响

城乡人均全社会固定资产投资比和人均农用机械总动力的作用系数仅为0.0003、-0.0019且不显著。从理论上讲，城乡人均全社会固定资

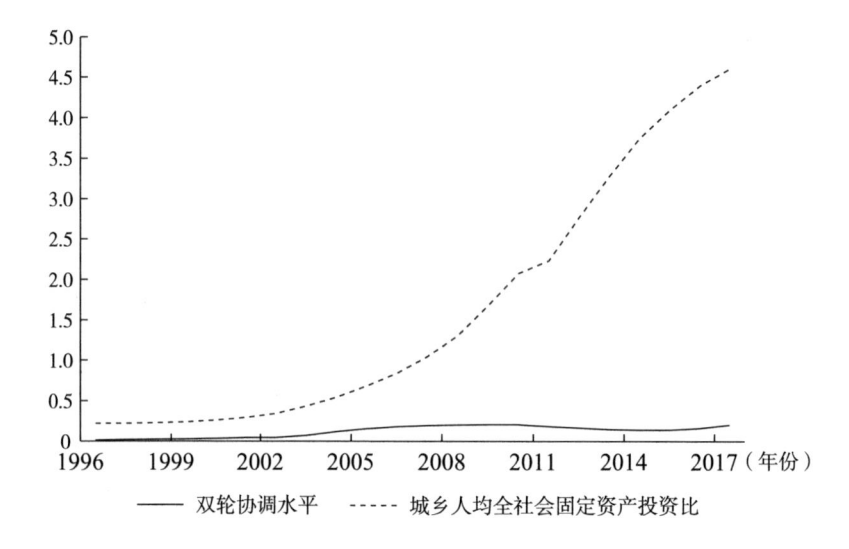

图 5-10　全国"双轮协调"水平与城乡人均全社会固定资产投资比变化趋势

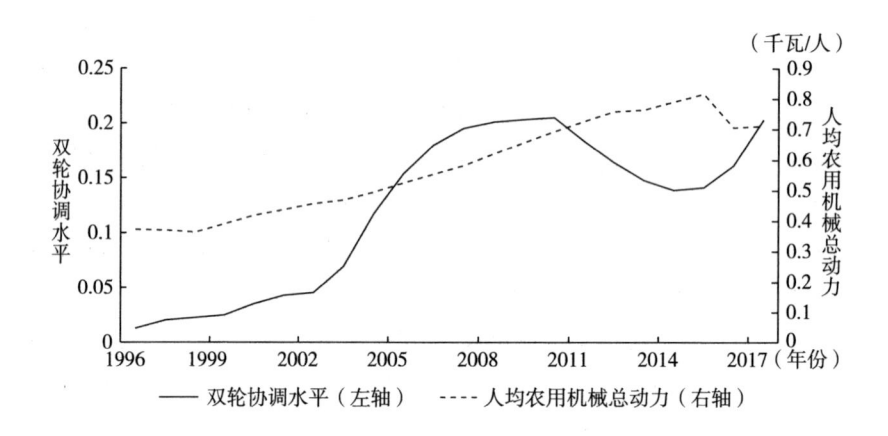

图 5-11　全国"双轮协调"水平与人均农用机械总动力变化趋势

产投资比这一指标应该不利于"双轮协调",回归结果为正值可能有两方面原因:第一,近年来农村固定资产投资无论从绝对量还是增速看,都在快速上升,研究期内净增长 4208.1 亿元,年平均增长率高达 6.53%,尽管城乡人均全社会固定资产投资比在上升,但增加的巨额投资多少都会推动农业农村发展,对"双轮协调"起到推进作用;第二,从图 5-10 数据分布上看,城乡人均全社会固定资产投资比与"双轮协调"水平对应性较差,可能是造成回归结果与理论上相悖的原因之二,从而影响其显著性水平;而人均农用机械总动力对"双轮协调"影响不显著,可能主要是因为多个产量大省均分布在中部地区,东西部较少,根据东中西部人均农用机械总动力对"双轮协调"的回归系数看,只有中部地区显著,而中部地区在全国所占份额太小,只有8个省份,所以对全国范围内的影响较小,同时从图5-11数据分布上看,人均农用机械总动力与双轮系统水平趋势线从中段开始,波动趋势相反,其作用系数不显著存在一定的合理性。

二 东部地区结果分析

根据面板Tobit效应模型的回归结果(见表5-6),单位耕地面积粮食产量和交通通达性与双轮协调水平呈现显著正相关关系,人均农用机械总动力和第二、第三产业GDP与双轮协调水平呈现显著负相关,第一产业GDP、人均耕地面积、城乡收入比和城乡人均全社会固定资产投资比影响效果不明显。

表5-6　　　　　　　　东部地区回归结果

变量	个体固定	时间固定	双向固定	随机效应	面板Tobit
INS_1	0.0038	0.0091***	0.0094***	-0.0010	0.0038
	(0.60)	(5.30)	(5.09)	(-1.08)	(0.84)
INS_2	-0.0051***	0.0007	0.0002	0.0052***	-0.0065***
	(-3.32)	(0.73)	(0.17)	(6.77)	(-2.96)
TEI_1	0.0029***	-0.0008***	-0.0006***	-0.0023**	0.0037***
	(3.16)	(-4.48)	(-2.92)	(-2.44)	(3.51)
TEI_2	-0.0151***	-0.0044	-0.0046	-0.0099***	-0.0214***
	(-2.88)	(-1.54)	(-1.53)	(-3.66)	(-3.26)
$\Delta(CLP)$	-0.1026***	-0.2849***	-0.2676***	-0.0251	-0.1026
	(-0.95)	(-11.32)	(-10.49)	(-0.28)	(-1.51)
URI	-0.0214**	-0.0146***	-0.0102***	-0.0074***	-0.0027
	(-2.46)	(-9.67)	(-5.00)	(-3.69)	(-1.50)
URL	0.0008***	0.0003	-0.0003	0.0007	0.0008**
	(1.22)	(1.03)	(-0.80)	(1.20)	(1.63)

续表

变量	个体固定	时间固定	双向固定	随机效应	面板 Tobit
$\Delta(GOV)$	0.0002 (0.93)	−0.0003 (−1.09)	−0.0002 (−0.56)	0.0001 (0.36)	0.0002 (0.62)
Cons	0.1963*** (17.45)	02265*** (49.42)		0.1837*** (18.18)	0.2002*** (18.79)
省份固定	Y	N	Y	—	—
年份固定	N	Y	Y	—	—
R^2	0.3153	0.7161	0.7566	0.7508	
F	32.78	73.79	20.69	—	—

（一）作用方向显著为正

①单位耕地面积粮食产量对"双轮协调"的正向推动作用比较突出，其每变动 1 个单位，协调水平分别提高 0.0037 个单位。②相比来看，交通通达性对"双轮协调"的正向推动作用较为轻微，其增长 1 个单位只会引起协调水平 0.0008 个单位的正向变动，这说明虽然东部地区铁路里程在不断增加，但因其城乡面积大，城乡交通连通转化为"双轮协调"的真正引力要素还是有较长的路要走。

（二）作用方向显著为负

①人均农用机械总动力对"双轮协调"的作用系数为负值。从理论上讲，人均农用机械总动力这个指标应该有利于"双轮协调"，回归结果为负值可能是因为东部地区产业结构发达，第二、第三产业规模和占比均高，农业本身就不发达，大量人口和投资机会被大城市虹吸，导致这个指标影响力不足，从图 5-12 来看，两条曲线发展趋势呈两个方向，也能说明这个指标的作用呈反方向。②第二、第三产业 GDP 对"双轮协调"的作用系数为负值。东部地区产业结构以第二、第三产业为主，城市发展水平本来就比农村高，而城市经济规模持续增加，势必导致各项生产要素迅速向城市聚集，更不利于"双轮协调"，其每增加 1 个单位，"双轮协调"水平下降 0.0065 个单位。

（三）无显著影响

①第一产业 GDP 对"双轮协调"的作用系数为 0.0038 且不显著，东部地区产业结构以第二、第三产业为主，农业本身不发达且贡献能力

相对较弱，第一产业产值基数小，以年均7.31%的增速上涨，与第二、第三产业产值年均13.25%的增幅相比，从绝对量和增幅上看差距均较大，因此这一指标对"双轮协调"有正向作用但不显著。②城乡人均全社会固定资产投资比对"双轮协调"的作用系数不显著。其每变动1个单位，协调水平上升0.0002个单位，说明政府加大对农村固定资产的投资，支持保护农村建设，在促进农村农业发展方面起到了少量效果，但是由于政府城乡建设投入机制的城市偏向性，加上东部地区城市第二、第三产业更为发达，该指标正向促进作用有限。③城乡收入比对"双轮协调"的作用系数为-0.0027且不显著，可能是因为东部地区经济发展水平高于全国平均水平和中西部地区，居民收入水平也高，如果城乡收入比扩大，其差距的幅度也会比中西部显著。④人均耕地面积对"双轮协调"的作用系数为-0.1026，其每变动1个单位，协调水平下降0.1026个单位，东部地区农业发展相对于第二、第三产业本来就落后，如果人均耕地面积减少，所种植的粮食产量受到直接影响，而第一产业产值及农民收入势必也会有所下降，必然会加大城乡差距，今后应严守耕地保护政策的同时，增加农业生产技术投资，提高单位面积粮食产量以弥补人均耕地不足对于"双轮协调"的作用。

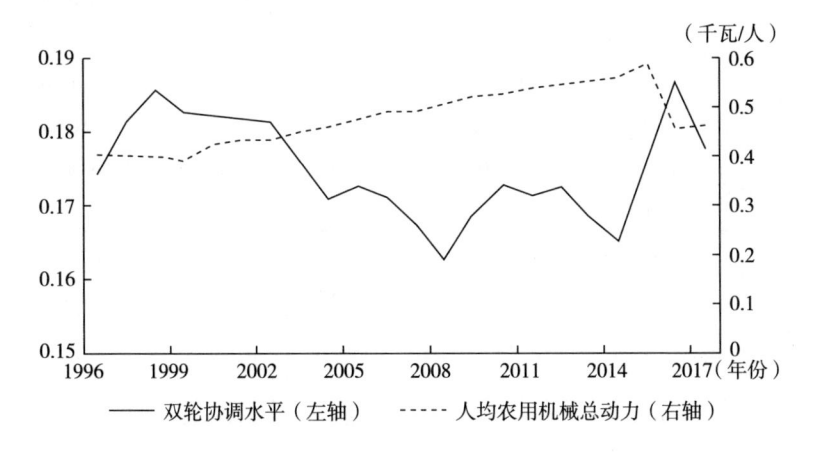

图5-12 东部地区"双轮协调"水平与人均农用机械总动力变化

三 中部地区结果分析

根据面板 Tobit 模型的回归结果（见表 5-7），对于中部地区而言，第一产业 GDP、单位耕地面积粮食产量、人均农用机械总动力、人均耕地面积和城乡人均全社会固定资产投资比与双轮协调水平呈显著正相关关系，城乡收入比和第二、第三产业 GDP 与双轮协调水平呈显著负相关，交通通达性影响效果不明显。

表 5-7　　　　　　　　　　中部地区回归结果

变量	个体固定	时间固定	双向固定	随机效应	面板 Tobit
INS_1	0.0031 ***	0.0139 ***	0.0164 ***	0.0158 ***	0.0031 **
	(1.24)	(5.50)	(4.08)	(7.08)	(2.03)
INS_2	-0.0053 **	-0.0097 **	-0.0069	-0.0103 ***	-0.0022 **
	(-2.01)	(-2.44)	(-1.25)	(-4.84)	(1.91)
TEI_1	0.0017 ***	0.0001	-0.0004	0.0025	0.0010 **
	(3.48)	(0.22)	(-0.53)	(1.63)	(1.82)
TEI_2	0.0199 ***	0.0034	0.0004	-0.0017	0.0199 ***
	(1.35)	(0.82)	(0.08)	(-0.48)	(19.63)
$\Delta(CLP)$	0.2679 ***	0.0103	0.0074	-0.1781 *	-0.0272 **
	(2.63)	(0.75)	(0.47)	(-1.69)	(-2.24)
URI	-0.0124 ***	-0.0038	-0.0036	-0.0086 ***	-0.0060 ***
	(-5.73)	(-1.16)	(-1.08)	(-3.92)	(8.07)
URL	0.0005	-0.0013 ***	-0.0013 ***	0.0006	-0.0001
	(0.87)	(-3.00)	(-2.82)	(0.70)	(0.64)
$\Delta(GOV)$	0.0008 **	0.0007	0.0005	0.0006	0.0003 **
	(1.64)	(0.84)	(0.54)	(1.03)	(2.41)
Cons	0.1563 ***	0.1653 ***	-0.0013 ***	0.0153 ***	0.1464 ***
	(8.05)	17.81	(-2.82)	(9.27)	(8.59)
省份固定	Y	N	Y	—	—
年份固定	N	Y	Y	—	—
R^2	0.2868	0.4167	0.6054	0.5888	
F	10.92	15.00	7.04	—	—

（一）作用方向显著为正

①人均农用机械总动力对"双轮协调"的正向推动作用最突出，其每变动1个单位，协调水平提高0.0199个单位。从全国和不同区域人均农用机械劳动力的作用系数看，只有中部地区呈正向作用且较为显著，可能是因为在中部地区，包括东北、河南、湖南等产粮大省，尤其是东北和河南，平原面积广，机械化程度高，所以这个指标显著。②第一产业产值、单位耕地面积粮食产量的正向推动作用紧随其后，其每变动1个单位，协调水平分别会提高0.0031个、0.0010个单位，作为我国重要的粮食生产基地，通过提升单位面积粮食产量，农业产出产值定能快速增加，农业发展质量也会有效提升，但在农业发展过程中又受到基础设施滞后等问题制约，导致该指标作用显著为正但作用不突出。③城乡人均全社会固定资产投资比对协调显示正向推动作用，其每变动1个单位，协调水平会提高0.0003个单位，在中部崛起战略指导下，国家不断加大农村投资力度，而中部地区本来就是重要粮食生产基地，好几个粮食大省都分布在这里，在促进农村农业发展方面必定会有成效，但中部地区产业结构以重工业为主，描述性统计分析显示中部地区该项指标比以年均29.31%的增速扩大，远超出东部和西部地区，因此，政府虽加大了农村投资，但其城市偏向的城乡发展体制机制的约束导致该指标正向作用较为有限。

（二）作用方向显著为负

①人均耕地面积、城乡收入比对协调的反向作用较大，其每变动1个单位，协调水平分别会下降0.0272个、0.0060个单位。中部地区耕地面积占全国耕地的23.8%左右，而4个农业大省均属于该类型地区，基于农业比重过大、农业人口众多的区域现实分析，人均耕地面积过少，限制了粮食生产规模的扩大，西部地区耕地面积虽占全国耕地的37%左右，但其耕地适宜性偏低，人均有效耕地偏少，均表现出其对中西部地区协调水平的阻碍作用；城乡收入比反向作用较大，可能与中部地区经济发展水平相对落后，产业结构较为单一，且发展重心以依赖于资源的原料工业、燃料动力工业为主有关。②第二、第三产业GDP对协调同样有着反向作用，其每变动1个单位，协调水平会下降0.0022个单位。中部地区产业结构以第二产业为主，占比超过50%，虽然工

业发展以超重型、原料型、初级型为主，但对农村劳动力的吸引强度仍较大，在一定程度上也加剧了农村劳动力不足的发展困境，从而阻碍"双轮协调"。

（三）无显著影响

交通通达度的作用系数不显著。中部六省处在南北、东西运输大通道、欧亚大陆桥、长江黄金航道的"大十字架"上，近年来国家对于中部地区交通运输体系建设力度很大，但在公路、铁路和水路各类运输方式和各种运力方面缺乏整体规划设计，未能形成资源配置合理的城乡连通和对外连接体系，其对中部地区城乡连接作用尚未显现，今后应加强总体规划设计，充分利用各种交通方式逐步实现城市与农村在交通连通方面的无缝链接。

四 西部地区结果分析

根据面板 Tobit 模型的回归结果（见表 5-8），对于西部地区而言，第一产业 GDP、单位耕地面积粮食产量、人均耕地面积和城乡人均全社会固定资产投资比与双轮协调水平呈显著正相关关系，城乡收入比，第二、第三产业 GDP 与双轮协调水平呈现显著负相关，人均农用机械总动力和交通通达性影响效果不明显。

表 5-8　　　　　　　　　　　西部地区回归结果

变量	个体固定	时间固定	双向固定	随机效应	面板 Tobit
INS_1	0.0074*	-0.0008	-0.0037	0.0066*	0.0079***
	(1.73)	(-0.23)	(-1.00)	(1.94)	(8.57)
INS_2	-0.0025**	0.0028	0.0071	-0.0020	-0.0067***
	(-0.92)	0.58	(1.20)	(-0.81)	(8.31)
TEI_1	0.0018**	0.0017***	0.0015***	0.0018*	0.0012***
	(2.08)	(4.46)	(3.74)	(2.11)	(3.77)
TEI_2	-0.0008	-0.0036	-0.0035	-0.0035*	-0.0008
	(-1.46)	(-1.44)	(-1.32)	(-1.67)	(1.26)
$\Delta(CLP)$	0.0386***	-0.0756***	0.0064	-0.0191	0.0386***
	(0.68)	(-4.34)	(0.18)	(-0.64)	(5.48)

续表

变量	个体固定	时间固定	双向固定	随机效应	面板 Tobit
URI	-0.0022***	-0.0069***	-0.0078***	-0.0050***	-0.0065***
	(-4.96)	(-5.61)	(-5.92)	(-5.30)	(7.53)
URL	0.0001	-0.0005***	-0.0003	0.0002	-0.0001
	(1.26)	(-2.83)	(-1.46)	(1.20)	(-1.41)
Δ(GOV)	0.0008**	-0.0002	-0.0006	-0.0007	0.0018***
	(0.97)	(-0.26)	(-0.57)	(-1.02)	(7.98)
Cons	0.1198***	0.1752***		0.0100***	0.1211***
	(10.59)	(26.66)		(12.20)	(12.92)
省份固定	Y	N	Y	—	—
年份固定	N	Y	Y	—	—
R^2	0.5518	0.4503	0.6061	0.5665	
F	16.15	19.45	8.49	—	—

（一）作用方向显著为正

①人均耕地面积对协调的正向推动作用最突出，其每变动 1 个单位，协调水平会提高 0.0386 个单位，西部地区相对在人均耕地面积减少数量和减少速度上要低于东部和中部地区，近年来在西部大开发战略的推动下，积极调整农业生产结构，能够依托科技进步大力发展精准农业，面向市场生产特色农业产品，增产增收效果明显，因此该指标正向作用显著。②第一产业 GDP 和单位耕地面积粮食产量的正向推动作用较小，其每变动 1 个单位，协调水平会提高 0.0079 个和 0.0012 个单位，直观判断加大技术投入和提升农业生产技术水平，对于增加西部地区农业产值、提高农业现代化水平，促进"双轮协调"作用较为明显。③城乡人均全社会固定资产投资比对"双轮协调"起正向作用，作用系数为 0.0018，政策的调整带来政府支农支出规模和比例的提升，有效改善了农业生产条件，促进农业技术水平提升和农业经济规模的扩大，促进作用有限，可能是由于西部地区大部分省市处于工业化前中期阶段，城市偏向更为严重，西部地区农村农业发展本来就面临气候条件恶劣、土壤条件差、水资源短缺、技术落后、基础设施落后等农耕条件困境，资金缺口太多，农村固定资产投资虽然呈增长趋势，并不能引起

农业农村发展水平的显著变化,因此该指标对"双轮协调"有正向作用但是作用系数偏小。

(二) 作用方向显著为负

①第二、第三产业产值对协调的反向作用较大,其每变动 1 个单位,协调水平程度会下降 0.0067 个单位。这一作用力度大约是东部地区的 1.76 倍,是中部地区的约 3.05 倍,直观推断可能是由于西部地区以重工业发展为主,工业占比在 50% 以上,并且由于部属、省属企业及军工企业偏多,政府城市偏向的宏观调控体制机制作用更显著,更倾向于将资金和技术投入航天、航空、核工业及微电子等高新技术产业,城乡出现脱节,因此该指标负向作用显著。②城乡收入比对"双轮协调"与东部和中部地区一样起着反向作用,其每变动 1 个单位,协调水平会下降 0.0065 个单位,这一作用力度均高于东部、中部地区,可能与西部地区经济发展落后,城乡收入本来都偏低有关。

(三) 无显著影响

①人均农用机械总动力与东部地区一样,对协调起反向作用,作用系数为 -0.0008,可能与西部地区水源、气候、土壤及地形等自然条件对农业发展限制多,且经济发展落后农业技术太落后有关,所以该指标不显著。②交通通达度对"双轮协调"的作用系数为负值,仅为 -0.0001,可能原因在于西部地区基础设施现状与需求之间仍存在较大差距,西部大开发战略实施以来,国家有针对性地对西部地区加大了交通设施建设投资,交通通达度有所提升,但因多年来基础设施欠账多且投资渠道单一,与西部发展需求差距仍较大,导致该指标对"双轮协调"正向推动作用还未显现。

第四节 不同"双轮协调"水平下的影响因素分析

根据"双轮协调"度的计算结果,将 31 个省份分为高、中、低水平三个维度,探究各影响因素在不同双轮协调度地区对其产生影响的强度和方向,为推进不同城乡融合程度地区的协调发展提供支撑。

一 高双轮协调度地区结果分析

利用软件 Stata16.0 的固定效应模型、随机效应模型和面板 Tobit 对不同地区"双轮协调"水平与各影响因素的相关性进行回归分析，根据 Hausman 检验结果，P 值为 0.000<0.001，显著拒绝原假设，同时结合 F 值与 R^2 的检验结果，选取时间个体双固定效应模型进行分析。由于双轮协调水平的数值介于 0—1，因此在固定效应模型的基础上运用面板 Tobit 模型进行回归分析，并综合考虑到整体的拟合效果、拉格朗日乘数检验等方面，最终选取面板 Tobit 模型的回归结果，探究各因素在不同"双轮协调"水平的影响方向和影响强度。

根据面板 Tobit 模型的回归结果（见表5-9），对高双轮协调度地区而言，人均农用机械总动力，第二、第三产业 GDP 与双轮协调水平呈现显著正相关关系，第一产业 GDP、人均耕地面积、城乡收入比、交通通达性呈现显著负相关，单位耕地面积粮食产量、城乡人均全社会固定资产投资比影响效果不显著。

表5-9　　　　　　　　　高双轮协调度地区回归结果

变量	个体固定	时间固定	双向固定	随机效应	面板 Tobit
INS_1	-0.0008	-0.0028**	0.0009	-0.0018	-0.0022*
	(-0.30)	(-2.04)	(0.32)	(-1.28)	(-1.68)
INS_2	-0.0032**	0.0026***	0.0027**	0.0014	0.0019**
	(-2.32)	(2.61)	(2.28)	(1.45)	(2.08)
TEI_1	0.0009***	0.0001	0.0003	0.0002	0.0001
	(3.15)	(0.69)	(1.05)	(0.89)	(0.73)
TEI_2	0.0032	0.0095***	0.0057	0.0071**	0.0082***
	(0.71)	(3.22)	(1.37)	(2.33)	(2.88)
$\Delta(CLP)$	-0.0747	-0.0680***	-0.0677***	-0.0761***	-0.0722***
	(-1.45)	(-7.84)	(-7.36)	(-8.55)	(-8.59)
URI	-0.0070***	-0.0063***	-0.0042	-0.0068***	-0.0065***
	(-3.97)	(-2.79)	(-1.58)	(-3.90)	(-3.46)
URL	0.0005	-0.0009***	-0.0011***	-0.0005	-0.0007**
	(1.18)	(-2.63)	(-2.75)	(-1.47)	(-2.16)
$\Delta(GOV)$	-0.0001	0.0003	-0.0001	0.0008**	0.0006
	(-0.26)	(0.68)	(-0.33)	(2.11)	(1.56)

续表

变量	个体固定	时间固定	双向固定	随机效应	面板Tobit
Cons	0.1987***	0.1957***	0.1869***	0.1995***	0.1978***
	(34.52)	(36.19)	(17.85)	(44.28)	(40.77)
省份固定	Y	N	Y	—	—
年份固定	N	Y	Y	—	—
R^2	0.2091	0.6302	0.7529	0.6195	—
F	8.64	40.47	15.86		

（一）作用方向显著为正

①人均农用机械总动力对"双轮协调"的正向推动作用最突出，其每变动1个单位，协调水平相应提高0.0082个单位。从不同双轮协调度地区的人均农用机械劳动力作用系数看，只有高双轮协调度地区呈正向作用且较为显著，可能是因为这些地区，包括上海、广东、北京、浙江、福建等经济发达省份及山东、河北、江苏、湖南等农业大省，经济发展水平较高，技术、人才等投入较为充足，产业结构逐步升级也促进农业机械化和现代化水平较快发展，农业大省处于平原地区，耕地面积较为广阔，农业科技落实成效逐步提高，农业机械化标准和总动力均有所提升，所以这个指标显著。②第二、第三产业GDP的正向推动作用紧随其后，其每变动1个单位，协调水平会提高0.0019个单位，这些东部较发达地区产业结构层次较高，通过产业升级及产业转移，带来城市和乡村经济发展实力逐步提升，"以城带乡"功能正在显现且有所增强，也有利于社会进步及生态环境的改善，而作为我国重要的粮食生产基地，在城镇化推动下，技术和劳动力等要素投入增加，单位面积粮食产量逐步提高，农业产值快速增加，农业发展质量有效提升，该指标正向作用较为显著。

（二）作用方向显著为负

①人均耕地面积、城乡收入比对"双轮协调"的反向作用最大，每变动一下单位，协调水平分别下降0.0722个、0.0065个单位，回归结果为负值且负向作用最大，可能是因为这些高协调度地区产业结构较为发达，但快速的城镇化进程，带来城市人口的快速增加和城市建设用

地的迅速扩张，导致耕地面积规模较少，人均耕地面积不足，而第二、第三产业规模和占比增速较快，劳动力、资金等发展要素迅速向城市集聚，农业发展基础较好，但劳动力短缺、财政支出不足等局限性，导致乡村发展不充分，城乡差距大，由此，这两个指标对"双轮协调"的负向作用较为显著，同理，这可能也是第一产业 GDP 负向作用较为突出的原因。②交通通达性对"双轮协调"的负向作用较为显著，其变动 1 个单位会引起协调水平下降 0.0007 个单位，说明近年来，为满足区域协调发展重大需求，东中西部交通规划的出台及交通基础设施财政支出的逐步加大，东中西部交通扩容能力有所增强，互联互通性也有所提升，但由于东中西部经济发展实力差距大、城乡差距大，交通发展更多的是促进发展要素向城市集聚，为工业化和城镇化带来了便利，城乡交通连通性转化为"双轮协调"的正向促进要素还是有较长的路要走。

（三）无显著影响

①单位耕地面积粮食产量对"双轮协调"的作用系数为 0.0001，其每变动 1 个单位，协调水平上升 0.0001 个单位，高协调度地区的农业发展相对于第二、第三产业发展来说，发展基础及发展动力都相对落后，人均耕地面积对于协调的负向作用尤为突出，近年来财政支农支出有所增加，农业发展的技术和资金投入有所提高，促进了单位耕地面积粮食产量的增加，但粮食产量整体规模及作物种类欠丰富，粮食生产能力与城乡产业结构的升级需求之间差距较大，导致这一指标对协调有一定正向促进作用，但效果不显著，今后应严守耕地保护政策，加强土地综合整治，增加有效耕地面积，同时增加农业生产技术投资，提高单位面积粮食产量以弥补人均耕地不足对于"双轮协调"的负向作用。②城乡人均全社会固定资产投资比对"双轮协调"的作用系数不显著，其每变动 1 个单位，协调水平上升 0.0006 个单位，近年来政府支农支出有所增加，支持保护农村建设的政策日益完善，在促进农村农业发展方面起到了少量效果，农业生产性基础设施及农民生活基础设施有所改善，但城市偏向的城乡建设投入机制的惯性持续存在，说明城乡政策虽在不断调整，其对"双轮协调"的正向促进作用正在发挥，但促进作用有待于进一步提升。

二 中双轮协调度地区结果分析

根据面板 Tobit 模型的回归结果（见表 5-10），对于中双轮协调度地区而言，单位耕地面积粮食产量与双轮协调水平呈现显著正相关关系，人均耕地面积、城乡收入比及交通通达性呈现显著负相关，第一产业 GDP，人均农用机械总动力，第二、第三产业 GDP 及城乡人均全社会固定资产投资比影响效果不显著。

表 5-10　　　　　中双轮协调度地区回归结果

	个体固定	时间固定	双向固定	随机效应	面板 Tobit
INS_1	-0.0038 (-1.60)	0.0000 (0.01)	0.0016 (0.86)	-0.0019 (-1.09)	0.0012 (0.72)
INS_2	-0.0015 (-0.96)	0.0008 (0.65)	0.0016 (1.12)	0.0016 (1.21)	0.0014 (1.08)
TEI_1	0.0009*** (3.81)	0.0007* (1.82)	0.0003 (0.61)	0.0009*** (3.12)	0.0008** (2.56)
TEI_2	-0.0009 (-0.48)	0.0033 (1.41)	0.0035 (1.36)	0.0005 (0.24)	0.0017 (0.75)
$\Delta(CLP)$	0.0138 (0.40)	-0.1080*** (-3.84)	-0.1385*** (-4.56)	-0.1210*** (-4.30)	-0.1141*** (-4.22)
URI	-0.0086*** (-7.47)	-0.0112*** (-7.68)	-0.0049** (-2.39)	-0.0112*** (-8.79)	-0.0114*** (-8.72)
URL	0.0002 (0.91)	-0.0009*** (-4.64)	-0.0011*** (-4.77)	-0.0008*** (-4.21)	-0.0009*** (-4.68)
$\Delta(GOV)$	0.0008** (2.32)	0.0007 (1.14)	0.0006 (0.77)	-0.0001 (-0.31)	0.0001 (0.15)
Cons	0.1836*** (35.88)	0.1999*** (38.06)	0.1999*** (38.06)	0.2035*** (46.27)	0.2029*** (43.65)
省份固定	Y	N	Y	—	—
年份固定	N	Y	Y	—	—
R^2	0.3095	0.6852	0.7101	0.6770	
F	20.47	57.67	14.52		

(一) 作用方向显著为正

单位耕地面积粮食产量对"双轮协调"的正向推动作用最为显著，每增加 1 个单位，协调水平相应提高 0.0008 个单位，中协调度地区包括吉林、河南、黑龙江、辽宁、湖北、江西、重庆、四川等省份，以中部地区省份居多，且多为农业大省，近年来财政支农支出有所增加，农业发展的技术和资金投入有所提高，促进了单位耕地面积粮食产量的增加，为经济社会发展奠定了基础作用。

但这些省份产业结构层次偏低，农业比重过大，第二产业发展不充分，第三产业发展滞后，一度出现 GDP 减速和"塌陷"的突出矛盾，而农用机械总动力投入不足，导致农业经济规模与产业结构升级对粮食需求扩张之间存在较大差距，导致这一指标对协调有显著正向促进作用，但作用有限，今后应加快土地整理增加有效耕地面积，同时增加农用机械动力投资，提高单位面积粮食产量对"双轮协调"的促进作用。

(二) 作用方向显著为负

①人均耕地面积对"双轮协调"的反向作用最大，每变动 1 个单位，协调水平相应减少 0.1141 个单位，中双轮协调度地区以中部地区为主，几大农业大省均属于该类型，虽然单位面积粮食产量的提升促进了该类型地区的农业产值增长，但快速追求经济实力提升的地区发展诉求，发展重心更多地倾向于工业发展，加快了工业化和城镇化进程，同时也加快了土地扩张的规模和速度，耕地不断减少，加上农业比重过大、农业人口众多的区域现实，导致人均耕地面积成为该类型地区协调水平的主要阻碍。②城乡收入比、交通通达性对"双轮协调"的反向作用也较为显著，每变动 1 个单位，协调水平分别相应减少 0.0114 个、0.0009 个单位，中西部省份大多仍处于工业化中前期阶段，为追求经济实力的快速提升，积极打造能源原材料基地、现代装备制造及高技术产业基地，资源、劳动力、资金等要素的城市偏向更为显著，带来城市短期的快速发展，与乡村差距拉大，阻碍了协调水平的提升；而这些省份与东部发达地区相比，发展差距大，且对内对外开放水平较低，承东启西的综合交通运输枢纽，更加便利了资源、劳动力、资金等要素往东部地区的输送，亟须构建要素流通体制，充分依托并融入"一带一路"、京津冀协同发展、长江经济带等发展战略，加强对内对外全方位

开放，有效发挥中部对东西部的良性衔接，实现协调发展。

（三）无显著影响

第一产业GDP，人均农用机械总动力，第二、第三产业GDP及城乡人均全社会固定资产投资比对"双轮协调"的作用不显著，但作用方向均为正向。说明这些要素已经表现出对协调水平的推动效应，这些中西部省份比西部部分省份发展水平略高，在东部地区的辐射带动和国家政策的支持下，加快农业现代化进程，逐步推动农业生产方式由量到质的转变，有效提高了农业综合生产能力和贡献能力，夯实了全国重要粮食生产基地地位，实施创新驱动发展战略，加快产业结构升级，发展新型工业化和新型城镇化，培育形成一批先进制造龙头企业和产业集群，创新新型城镇化机制，增强了城市发展实力和带动能力，但过大的农业比重和农业人口规模，城乡基本公共服务均等化进程难以推进，使得农业农村发展面临的难题更为复杂，工业发展不充分对资源、劳动力要素和投资驱动依赖较重，"三农"问题突出、"三产"发展滞后等问题导致产业升级、动能转换等难度更大，城镇化率依然偏低、质量不高，诸多问题和困境限制了这些指标对协调水平提升的拉动。

三　低双轮协调度地区结果分析

根据面板Tobit模型的回归结果（见表5-11），对于低双轮协调度地区而言，人均耕地面积、第一产业GDP、人均农用机械总动力与"双轮协调"水平呈显著正相关关系，城乡收入比，第二、第三产业GDP，单位耕地面积粮食产量呈显著负相关，城乡人均全社会固定资产投资比、交通通达性影响效果不显著。

表5-11　　　　　　低双轮协调度地区回归结果

	个体固定	时间固定	双向固定	随机效应	面板Tobit
INS_1	-0.0016	0.0181***	0.0211***	0.0208***	0.0203***
	(-0.34)	(4.47)	(5.58)	(5.38)	(5.50)
INS_2	-0.0078*	-0.0038	-0.0176***	-0.0064	-0.0058**
	(-1.79)	(-0.85)	(-3.72)	(-1.47)	(-1.40)
TEI_1	0.0009***	-0.0005	0.0001	-0.0005*	-0.0007**
	(3.31)	(-1.17)	(0.24)	(-1.75)	(-2.04)

续表

	个体固定	时间固定	双向固定	随机效应	面板 Tobit
TEI_2	−0.0128	0.0090 ***	0.0103 ***	0.0135 ***	0.0120 ***
	(−4.64)	(−2.69)	(3.41)	(4.96)	(4.35)
$\Delta(CLP)$	−0.0604	0.0337 *	0.0656 ***	0.0345 *	0.0349 **
	(−1.63)	(1.94)	(4.17)	(1.87)	(2.05)
URI	−0.0024 ***	−0.0124 ***	−0.0055 ***	−0.0105 ***	−0.0116 ***
	(−2.67)	(−11.18)	(−4.34)	(−10.44)	(−11.05)
URL	0.0003	−0.0003	−0.0004 *	−0.0002	−0.0003
	(1.47)	(−1.34)	(−1.76)	(−0.71)	(−1.11)
$\Delta(GOV)$	0.0017 ***	−0.0000	0.0007	−0.0010	0.0004
	(3.64)	(−0.03)	(0.95)	(−1.58)	(1.16)
Cons	0.1713 ***	0.1854 ***	0.1546 ***	0.1830 ***	0.1862 ***
	(30.99)	(31.17)	(19.44)	(40.06)	(37.97)
省份固定	Y	N	Y	—	—
年份固定	N	Y	Y	—	—
R^2	0.2253	0.6409	0.5739	0.3772	—
F	35.07	42.39	6.55		

（一）作用方向显著为正

人均耕地面积、第一产业 GDP 对"双轮协调"的正向推动作用突出，每增加 1 个单位，协调水平相应提高 0.0349 个、0.0203 个单位，人均农用机械总动力要素的正向推动作用次之，作用系数为 0.0120。从不同双轮协调度地区的人均耕地面积作用系数看，只有低双轮协调度地区呈正向作用且较为显著，可能是因为这些地区，包括山西、安徽等中部较落后省份和宁夏、广西、甘肃、新疆等西部落后省份，这些省份城乡经济发展水平落后，工业化和城镇化发展速度不高，人均耕地面积在减少数量和减少速度上要低于东部和中部较发达省份，近年来在中部崛起和西部大开发战略的推动下，积极改善农业生产条件，通过增加农业机械投入提高了机械化生产能力，通过完善农村基础设施，调整农业生产结构，拓宽了农民增收渠道，扩大了农业经济规模，对"双轮协调"水平的提升起到了一定的正向促进作用，但促进作用有限，今后需依托科技进步大力发展精准农业，面向市场生产特色农业产品，促进农业农村提质增效，增强该指标正向作用。

（二）作用方向显著为负

①城乡收入比，第二、第三产业 GDP 对"双轮协调"的反向作用最大，每变动一个单位，协调水平分别下降 0.0116 个和 0.0058 个单位，这些省份多处于工业化中前期，城市偏向政策的影响更大，注重或优先发展重工业，短期内能有效提升城市发展实力，而自然气候条件恶劣，土地生产条件较差，农业生产适宜性偏低，农业发展滞后，导致城乡差距拉大，成为协调水平提升的主要障碍。②单位耕地面积粮食产量对"双轮协调"的反向作用也较为显著，作用系数为 -0.0007，说明近年来这些省份的财政支农支出虽在不断增加，农业生产规模有所提升，但城乡建设体制依然偏向城市，城乡要素流通体制不健全，技术、资金、劳动力等更多地向重工业或高新技术产业集中，农业经济规模扩大更多地依赖较小减幅的人均耕地面积，机械化程度偏低成为农业生产水平提升的重要限制因素之一。

（三）无显著影响

城乡人均全社会固定资产投资比对"双轮协调"的影响回归系数为 0.0004，在中部崛起和西部大开发战略的引导下，这些省份经济社会有了一定发展，但这些省份基本处于工业化中前期，发展水平较为落后，城镇化进程较为缓慢，城市发展实力不强，而农村固定资产投资缺口太大，农业比较劳动生产率偏低，为寻求经济快速增长，固定资产投资更愿意流向城市，城乡要素单一方向流通更为显著，从而更加固实了城乡差距，增强了城乡一体化难度，其对协调水平提升的显著促进作用还需要较长一段时间；交通通达性对"双轮协调"的影响不显著，但为负值，每变动一个单位，导致协调水平下降 0.0003 个单位，全面互通的交通基础设施的规划与投资，面临东中西部发展阶段、发展水平等的差异性，也呈现出政策与投资在区域上的时效差异性，更倾向于促进各项要素向东部地区和城市地区的集聚，阻碍"双轮协调"水平的提升。

第五节 稳健性检验

为保证回归结果的稳健性，研究选取二阶段系统 GMM 模型对全样本进行稳健估计，根据表 5-12 的检验结果，各因素的显著性和影响方向与原回归结果基本一致，说明原回归结果较为稳健。

表 5-12 稳健性检验结果

	个体固定	时间固定	双向固定	随机效应	系统 GMM
INS_1	0.0007 (0.46)	0.0030*** (2.95)	0.0043*** (4.41)	0.0019 (1.29)	0.0026 (1.28)
INS_2	-0.0033*** (-3.20)	0.0037*** (4.30)	0.0032*** (3.74)	-0.0027*** (-2.62)	-0.0035*** (-2.89)
TEI_1	0.0002 (1.54)	-0.0001 (-0.47)	0.0002 (1.10)	0.0002 (1.29)	0.0008*** (6.14)
TEI_2	-0.0014 (-0.88)	-0.0025 (-1.51)	-0.0038** (-2.32)	-0.0030* (-1.85)	-0.0028* (-1.82)
$\Delta(CLP)$	0.0039 (0.16)	-0.0428*** (-6.02)	-0.0466*** (-6.79)	-0.0496*** (-3.06)	-0.0431*** (-2.61)
URI	-0.0054*** (-7.59)	-0.0150*** (-21.31)	-0.0088*** (-9.59)	-0.0067*** (-9.45)	-0.0069*** (-10.10)
URL	0.0004* (1.77)	0.0005 (1.27)	-0.0000 (-0.03)	0.0001 (0.57)	0.0001 (0.53)
$\Delta(GOV)$	-0.0001 (-0.79)	-0.0009*** (-5.36)	-0.0008*** (-5.14)	-0.0002 (-1.50)	0.0002*** (3.78)
$Cons$	0.1788*** (56.87)	0.2102*** (76.95)	0.1960*** (45.38)	0.1889*** (61.64)	0.1404*** (21.92)
省份固定	Y	N	Y	—	—
年份固定	N	Y	Y	—	—
R^2	0.1209	0.6675	0.6373	0.1053	
F	27.08	156.11	35.89	—	—

第六节 "双轮协调"驱动下中国城乡融合
发展时空演变综合驱动机制

中国"双轮协调"发展时空演变受到内部条件和外部环境等多重因素影响,根据计算结果,全国层面、分区域、分等级地区的双轮协调水平,均受到耕地资源、农业技术、农业现代化水平、农村经济规模、城市经济规模、城乡收入差距及政策体制等多因素驱动,并在影响方向及影响程度上表现出较显著的差异性,研究形成"双轮协调"驱动下中国城乡融合发展时空动态演变综合驱动机制整体框架(见图5-13)。

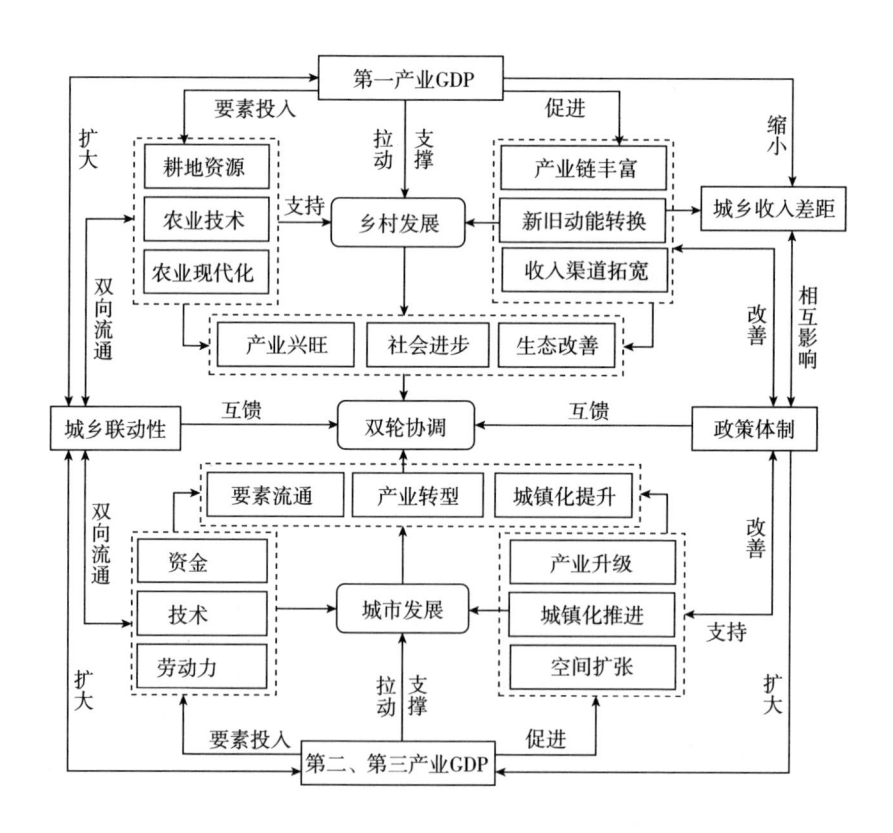

图5-13 "双轮协调"发展驱动机制

(1)产业规模、城乡收入要素的回归系数表现出"西高东低"的阶梯状特点。产业规模作为反映乡村承接产业转移、实现产业多元化进程，及城市带动乡村能力的整体性指标，是国家和政府在制定产业政策时需要考虑的一个重要方面，其回归系数表明研究期内作用方向及作用程度区域差异性较大，制定产业政策及规划时需分阶段、分区域动态调整。

其中，第一产业 GDP 与全国层面、东中西部地区及中低双轮协调度地区的双轮协调水平基本呈显著正相关，第二、第三产业 GDP 则基本呈显著负相关，而导致该现象产生的主要原因在于城乡差距不断拉大，城乡"二元结构"日益凸显，具体来看，近年来，随着西部大开发、中部崛起、区域高质量发展、构建双循环新发展格局等发展战略的提出与实施，人才、技术、资金等要素为中、西部地区注入了发展活力，经济发展水平有所提高，乡村规划建设水平有较大幅度提升，人才技术市场的培育和乡村规划发展能力的提升，为中西部城乡融合发展发挥了重要引擎作用，城乡发展规划有了一定互动和衔接，在一定程度上为打破城乡产业壁垒提供了一个关键突破口，但是，第一产业产值与第二、第三产业产值不管从绝对量的差距还是年均增速上看，差距均在持续拉大，产值绝对量的差距从 1996 年的 39176.6493 亿元扩大到 2019 年的 508419.4420 亿元，在年均增幅方面，第一产业产值仅为 6.18%，第二、第三产业产值高达 12.02%；从城乡收入差距来看，自 1996 年的 2.51，上升至近年来的最大差距即 2007 年的 3.33，之后缓慢下降至 2019 年的 2.64，但城乡收入的负向影响高值区集中在西部地区及低双轮协调度地区，明显高于其他地区。乡村在发展条件、发展水平、发展增势等诸多方面与城市相比都相对滞后，尤其是乡村布局分散、区域地理环境差异性较大，城与乡的发展阶段、发展类型多样化，乡村规划管理、城乡融合难度更大。与此同时，技术、劳动力、资金、土地等生产要素向城市高度聚集也加速了城乡差距拉大进程。

产业活动作为人地关系地域系统演变的最主要影响主体，链接社会、生态环境并严重影响各方发展及整体协调水平，三大产业发展规模、发展强度及组合结构水平很大程度上决定经济、社会、生态三大效益协调程度，一方面，通过横向、纵向扩展以扩大三大产业规模，延伸研发技术成果转化体系，加大产业融合程度，提升区域双轮协调水平；

另一方面，第一产业与第二、第三产业规模比例失调，产业结构与消费结构不相适应，会严重影响资源配置的效率，不利于区域可持续发展。因此，当前在区域高质量协调发展和双循环发展格局的大背景下，促进产业结构的合理化、高级化成为破解"三农"问题、缓解中国经济社会最主要矛盾的重要切入点。

（2）技术、土地要素的回归系数绝对值表现出"东高西低"阶梯状特点，其中人均耕地面积与双轮协调呈负相关（仅西部地区、低双轮协调度地区除外）。技术和土地作为表征农业生产效率，反映乡村承接产业转移及城乡产业多元化实现能力的要素投入指标，其回归系数表明要提升技术、土地等发展要素对双轮协调的驱动作用，关键在于提升区域经济发展水平。

回归系数结果显示，西部地区相对于东部和中部地区，在农业生产技术和生产条件方面均较落后，对劳动力、农业生产基础设施等依存度更高，在农业现代化、绿色发展背景下，通过新型农业种植技术的引入与推广，依托耕作机械、排灌机械、农用运输机械等农业生产机械，提高农业生产效率和农业产值，单位面积粮食产量不断提升并逐渐表现出对"双轮协调"的正向推动作用，而东部地区和高"双轮协调"度地区经济发达，中部地区和中"双轮协调"度地区以农业大省居多，东部城市产业结构不断升级与优化，通过产业转移将人才、技术、资金等注入乡村经济，为乡村农业生产带来技术和资金，增强农业生产基础设施配套，促进农业机械化生产和规模化经营，中部崛起战略为中部地区省份农业发展引入了资金和技术，注重依托劳动力丰富且农业生产条件较好的发展优势，东中部省份均能有效提高单位面积粮食产量，同时也提升人均农用机械总动力对双轮协调的促进作用。人均耕地面积对西部地区、低双轮协调度地区之外的其他各层面、各等级的双轮协调水平基本呈负相关，导致该现象的原因可能在于西部地区和低双轮协调度地区，地多人少，相对在人均耕地面积减少数量和减少速度上要低于其他地区，另外，近年来在西部大开发战略的推动下，加大土地综合整治改善耕地生产适宜性，提高耕地质量等级和生产效率，积极调整农业生产结构，依托科技进步大力发展精准农业，面向市场生产特色农业产品，增产增收效果明显，因此该指标正向作用显著，其他地区工业化和城镇化水平相对较高,对土地需求不断提升促进土地规模扩张迅速,人均有效耕地面积不足导致驱动作用为负。

因此,一方面,新型农业种植技术、农业生产机械动力等绿色科技能够直接促进农业生产效率和农业生产活力的提升,优化延伸农业产业链条,有效提升产业结构合理化和高度化水平;另一方面,通过国土利用空间规划优化土地利用结构,改善耕地作业条件,提高耕地利用效率,夯实农业基础地位,增强农业产业贡献率,当前在创新驱动发展战略、区域高质量发展的大背景下,创新驱动农业现代化、推进国土空间规划助推乡村振兴成为缓解"三农"发展不充分、城乡发展不协调的重要切入点。

(3)城乡联动性的回归系数绝对值表现出"东高西低"阶梯状特点,除东部地区部分发达省份外,其他地区都与双轮协调呈负相关,作为塑造区域发展格局的重要力量,城乡联动性用来表征交通等基础设施联动城乡协调发展的驱动能力,其回归系数表明区域经济越发达,其城乡连通性可能越好,对城乡融合发展越起到促进作用。

回归系数结果显示,交通等基础设施的完善对东部地区发达城市双轮协调水平的提升具有积极作用,而中西部地区、各双轮协调度地区的城乡通达性较差,交通等基础设施对双轮协调水平产生了负效应,导致该现象的原因可能在于两个方面:一方面中国交通规划建设多注重城市交通及大区域交通,对于中西部区域和乡村交通运输网络的关注及投入力度不足,导致中西部地区和乡村地区交通体系不发达,相对于中西部地区和乡村地区,现有的交通基础设施更倾向于发挥其对东部区域和城市地区的正向促进作用,从而进一步拉大区域差距和城乡差距,阻碍双轮协调发展;另一方面区域间或城乡间交通发展规划趋同现象较为严重,各区域、城乡之间在发展水平和交通运输需求等方面差距较大,东部地区交通体系较为发达,只需着力优化结构,西部地区交通体系不畅、交通"短板"突出,中部地区通道和枢纽功能不强,各区域的交通运输体系特点不一,但交通规划在时速、车道等标准方面较为类似,造成交通体系运营成本及利用效率差异较大,而乡村地区内部联系不便捷,与外部市场双向联系不紧密,导致交通体系对城市辐射带动乡村的支撑作用明显不足,其对双轮协调的作用为负。

因此，城乡联动性一方面依托交通等基础设施，促进城乡在劳动力转移、一体化土地市场、统一联动规划、同权同责、要素融合五大着力点融通融合，促进城乡联动协调发展，改善区域发展不平衡不充分现象；另一方面随着城乡交通体系的不断完善，城市辐射乡村、资源聚集的便利性均有所增强，但由于区域之间、城乡之间发展水平较大的差异性，使交通基础设施对本地的直接效应和对其他地区的溢出效应相差较大，城乡需统筹交通一体化规划和建设，各区域应根据各自不同发展阶段、经济发展水平及发展规模、人口密度、客货运输的需求量等，因地制宜地构建交通发展规划，通过完善交通体系建设和运营机制，发挥好跨区域交通体系等大型基础设施对城乡、区域空间格局的引领支撑作用，引导交通基础设施促进城乡之间、区域之间效率和公平的平衡，促进城乡融合水平。

(4) 政策要素的回归系数均为正值，表明城乡政策的调整对城乡融合水平的提升效应已经开始显现。选取城乡人均全社会固定资产投资比作为评价指标，用来表征城乡体制机制的演变，进而衡量城乡政策的实施效应，其回归系数表明城乡政策在均衡区域协调发展方面已初显成效，应构建更为系统、科学的政策体系并不断完善，以提升城乡政策对城乡融合的显著促进作用。

回归系数结果显示，城乡政策的实施对分区域双轮协调水平提升都具有积极作用，其作用系数表现为西部地区>中部地区>东部地区，高协调度地区>低协调度地区>中协调度地区，整体来看，城乡政策对中西部或欠发达地区的双轮协调水平的正向效应更加显著，原因可能在于在区域协调发展、区域高质量协调发展等发展战略指引下，中西部地区抓住机遇，充分发挥优势和积极性，依托东部地区辐射带动，加快市场机制、合作机制、互助机制等的构建与完善，城乡政策贯彻执行效果较好，而东部地区城乡政策对城乡融合水平的作用系数较小，可能与中国长期发展的增长极基本都分布在东部发达省份，城市与乡村发展差距更大，从而影响城乡政策的实施效应，不同双轮协调地区的城乡政策促进作用不显著，但都为正值，可能与政策的实施存在时间差有关。

城乡政策一方面通过体制机制改革，构建和完善区域之间或城乡之间的要素流通机制、市场一体化机制、合作互助机制等，激发各个地区的比较优势和发展积极性，有助于扭转区域之间发展差距拉大的趋势，形成东中西部互促、城乡融合协调发展的新格局；另一方面，随着国家整体发展格局的演变，发展重心不断调整，城乡政策的扶持效应存在空间格局及作用强度的分异特征，政府构建和完善系统性、区域性城乡政策，体现城乡并重、城乡联动协调发展的新时代发展理念，以优先发展农业农村为重点，并注重政策的实施绩效考核与监督，各区域应抓住发展机遇，依托自身资源环境承载能力、发展基础和潜力，发挥比较优势、加强薄弱环节，因地制宜地创新城乡融合发展路径及发展模式，深化区域主体功能区建设与发展，促进区域高质量协调发展。

第七节　本章小结

本章以面向城乡融合的"双轮协调"一般机理为指导，从乡村振兴实效初现和新型城镇化功能提升两方面系统分析了我国"双轮协调"的条件，并构建了"双轮协调"的影响因素指标体系，最后利用1996—2017年全国层面，东部、中部、西部分地区，不同协调度地区的数据分析了"双轮协调"的影响因素，结果显示：

（1）在全国层面，第一产业GDP的持续增长为"双轮协调"做出了主要贡献；城市第二、第三产业GDP的高速增长是"双轮协调"的主要障碍，全国层面乡村振兴与新型城镇化之间的协调趋势，应该是农村与城市二者合力作用的结果，而缩小城乡差距是提升"双轮协调"发展水平的关键。

（2）在分区域层面，东部地区，第一产业GDP为"双轮协调"做出了主要贡献，人均耕地面积是主要障碍，由于"双轮协调"的主要贡献因素和阻碍因素均来自农村发展，因此推断，东部地区乡村振兴与新型城镇化的协调主要得益于乡村振兴的实效，而城市与农村发展差距尤其大，要提升"双轮协调"水平离不开城市的支持和带动，需要加强城乡产业融合、城市资本和技术下乡来提高农业现代化水平，以缩小城乡差距同时弱化人均耕地面积不足带来的阻力。在中部地区，人均农用机械总动力为"双轮协调"做出了主要贡献，城市第二、第三产业GDP是"双轮协调"的主要障碍，中部地区工业化和城镇化进程都较为缓慢，加快产业结构转型和升级是其当前的重点之一，既能提升城市经济增长水平，提高城镇化发展质量，又能缓解农村劳动力浪费现象，从而提高农业生产效率和第一产业GDP，因此，需要加快乡村振兴与新型城镇化同步协调发展。在西部地区，第一产业GDP、人均耕地面积为"双轮协调"做出了主要贡献，城市第二、第三产业GDP是"双轮协调"的绝对主要障碍，西部地区乡村振兴与新型城镇化之间的协调主要得益于农村自身发展。鉴于其协调水平一直偏低，应在发展理念、实施路径、体制机制等诸多层面，实现乡村振兴与新型城镇化的战略协同，才能提高西部地区工业化、农业现代化水平和城镇化质量，促进中国区域协调发展。

（3）不同协调度地区，高双轮协调度地区，人均农用机械总动力和城市经济规模对"双轮协调"的正向推动作用突出，人均耕地面积、城乡收入比的反向作用最大，这类地区省份的协调水平较高，得益于乡村自我发展活力的提升，及城市"以城带乡"能力的提高，要提升该类型省份的协调水平，需要提升城镇化发展质量，加大土地整治规模和整治效益，增加有效耕地面积和耕地利用效率。中双轮协调度地区，单位耕地面积粮食产量对"双轮协调"的促进作用最为突出，人均耕地面积的反向作用最大，主要贡献因素和阻碍因素均来自农业发展，因此推断，这一类型省份协调水平的提升主要得益于乡村振兴实效，同时，城乡经济发展也表现出对协调水平的提升作用，说明中部崛起战略实施效应正在显现，需继续依托国家政策和发展战略，夯实农业基础、加快产业创新。低双轮协调度地区，人均耕地面积、农业经济规模对"双轮协调"的促进作用突出，城乡收入比、城市经济规模的阻碍作用显著，但作用系数都较小，要提升该类型省份的协调水平，单纯依靠西部地区自身难以实现，需丰富政策手段、提升政策效应，在加大转移支付力度的同时，通过改革和完善经济体制，扩大对内对外开放程度，引导经济比较发达地区及国外资源，依靠市场驱动流向西部，以摆脱自然、历史、社会等原因带来的这些省份经济发展相对落后的状态。

整体来看，全国层面、分区域层面、分等级层面，城乡融合发展的主要影响因素、主要障碍因素呈现地域差异性与共性并存的特征，其中，第一产业GDP对中、西部地区及中、低双轮协调度地区的双轮协调水平基本呈显著正相关，第二、第三产业 GDP、城乡收入比则基本呈显著负相关，交通通达性的相关性基本不显著。说明城乡发展差距不断拉大是"双轮协调"水平提升的最大障碍。

另外，值得关注的是，城乡政策的调整对城乡融合水平的提升效应已经开始显现，其促进作用整体表现出西部地区>中部地区>东部地区，高协调度地区>低协调度地区>中协调度地区，其中，从东中西分区域看，城乡政策对城乡融合水平的作用系数虽然较小，但已具有显著正向推动作用，尤其是西部和中部地区，从不同协调度地区看，对各协调度地区协调水平提升的推动作用不显著，并存在区域差异，对以东部地区省份为主的高协调度地区作用系数较大，可能与中国长期发展的增长极基本都分布在东部发达省份，而促进作用不显著与区域政策的实施具有时间效应有关，要提升"双轮协调"水平，优化城乡政策的实施效果，构建面向城乡融合的政策体系极为必要。

第六章

中国面向城乡融合发展导向的实现路径和政策体系

中国城乡融合发展波动较大，空间上已出现融合趋势但区域间不平衡不充分现象显著，从全国层面及东部、中部、西部分区域层面，识别了"双轮协调"的差异化影响因素，为促进城乡融合有序有效推进，有必要对城乡融合进程中存在的问题进行识别，在此基础上提出行之有效的融合路径，进而构建政策体系保证路径实施效应。

本章主要解决以下 3 个问题：①"双轮协调"驱动下中国城乡融合发展面临哪些主要问题？②针对这些问题，可采取哪些行之有效的融合路径？③在此基础上，构建怎样的政策体系确保面临问题的解决及融合路径的实施效应？

第一节 "双轮协调"驱动下中国城乡融合发展面临的问题

随着中国城乡政策日益完善，城乡关系整体呈现出由城乡对立到逐步融合的变化趋势，城乡融合水平有所提升，空间类型也趋于优化，但城乡融合发展波动较大，区域间不平衡不充分现象显著，影响因素错综复杂等问题也不容忽视（见图6-1）。

一 中国城乡融合水平质量不高且区域差异显著

中国新型城镇化质量不高、乡村振兴面临困境繁杂，且二者互动性差，导致"双轮协调"水平质量不高，处于良好协调水平的省域较少，仍有部分省域处于濒临失调水平。

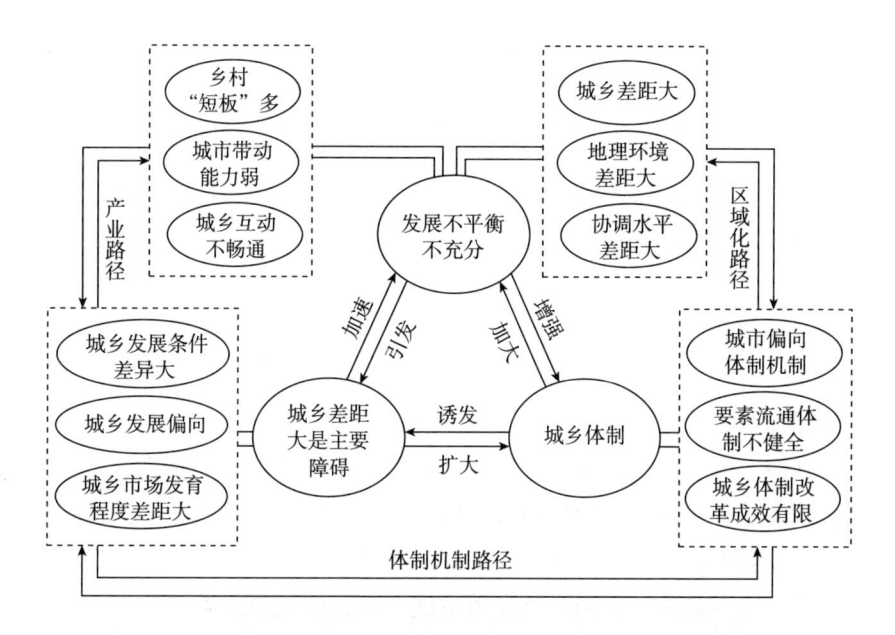

图 6-1 "双轮协调"驱动下中国城乡融合发展面临问题

近年来，随着国家政策的调整与完善，新型城镇化发展水平有了提升，新农村建设也取得了显著成就，但仍然存在诸多薄弱环节和"短板"。其中，新型城镇化面临发展质量不高、以城带乡功能不强的困难，如土地等资源供给难以满足城镇化进程的推进，亟须通过产业结构升级，发展资金、技术密集型产业，但产业结构升级会相应缩小就业供给，难以有效消化进城务工的2.6亿农民工，由此，新型城镇化面临两难困境；而乡村振兴面临动力缺失、保障不足、绿色发展难度大等繁杂困境，如由于城乡金融、人才等互动协调机制尚未构建或不够完善，经济振兴所依托的资金、技术、人才等较为欠缺，导致农业发展乏力、后劲不足，由于城乡社会公共服务机制不健全、农村公共服务资金投入不足，城乡居民在教育资源共享、医疗卫生条件、社会保障等方面差距仍然较大，导致实现城乡基本公共服务均等化及乡村基础设施改善成为社会振兴面临的两大困境，由于农业现代化水平低、增长方式粗放、生态文明建设意识薄弱，废水和垃圾无害化处理率较低，化肥、农药等使用

195

强度较高等问题，导致农业农村绿色发展和乡村人居环境质量提升成为生态环境振兴面临的艰巨任务。另外，村庄布局、乡村文化保护和传承，以及村庄治理也构成乡村振兴面临的困境。

城乡融合发展表现出显著的区域差异性，中国地域呈多元化，各地域在自然条件、历史基础、发展水平、发展阶段、发展道路、发展政策等方面差异显著，可基于区域融合水平差异形成良好、较好、较差等诸多不同融合水平的类型，也可基于不同地理环境造就自然资源禀赋依赖型农旅融合发展类型、绿色农业等不同类型，各地域充分研究地域开发优势条件和地域差异特征，因地制宜地发挥地区优势，才能有效提升区域城乡融合发展水平，但当前有指导和示范意义的发展模式不多，仍处于研究和探索阶段，因此促进区域城乡融合协调发展具有一定的长期性和艰巨性。可见，国家及各区域应积极调整和完善城乡发展政策，构建面向城乡融合的政策体制机制及区域差异化发展路径，提升新型城镇化质量、乡村振兴效率及城乡融合水平。

二　城乡差距过大仍是新形势下城乡融合的主要障碍

中国在从传统农业经济向现代工业经济过渡的进程中，农村相对落后的生产和生活方式与城市不断进步的现代生产、生活方式长期并存，随着城市化和工业化进程的推进，城乡在经济、社会、生态等方面的差距持续拉大，未来较长一段时期内仍然是城乡融合发展的主要障碍。

究其原因，可从城乡发展条件、国家发展政策及城乡发展体制三方面分析。

第一，从城乡发展条件看，农村发展水平低且受限因素较多，如受制于技术短缺、现代化水平不高、规模化生产程度低、人均耕地持续下降等要素，导致农村发展乏力、逐渐衰落，且不同区域农村自我发展能力受限要素及受限程度存在差异化，造成全国层面、分区域层面、省域层面、市域层面多种类型的城乡差距错综交织，严重阻碍"双轮协调"水平提升。

第二，从国家发展政策看，自1949年以来，城乡政策长期倾向于城市，发展重心、政府投资、发展机会等都优先向城市靠拢，使原本发展落后的乡村，在资金、技术、投资等方面更加缺失，加速了乡村衰落的速度。

第三，从城乡发展体制看，城乡差距拉大主要在于城乡两个市场的发育程度不同，城市基本已经完全市场化，各种生产要素可以自由流通，而农村多种要素处于半市场化或完全没有市场化状态，生产要素外流严重，如劳动力，尤其是青壮年劳动力流向城市，为城市发展做出贡献，导致乡村劳动力"空心化"的同时，却因户籍制度享受不到城市居民享有的公共服务和社会保障；资金要素，因乡村发展和投资机会少，农村金融机构将农村居民多年储蓄基本投放到沿海城市、国有企业、国家重点项目，很大程度上支持了城市发展，也加剧了乡村发展中资金短缺困境；土地要素，城市建设用地一直处于扩张状态，政府征用农村土地变为国有土地，通过招拍挂促进土地价值倍增，所得收入70%左右增加政府财政收入，用于城市建设。可见，农村劳动力、资金流向城市、农村土地流转对城市建设做出了显著贡献，却成为乡村振兴、城乡融合的主要障碍，解决这些障碍的关键是完善政策、构建生产要素双向自由流通的城乡融合市场体系。

三 城乡发展体制制约城乡基本公共服务均等化进程

城乡关系作为中国人地关系中的重要部分，一直受到政府的关注，国家一直致力于改善中国特色的城乡二元结构，为此，陆续出台了诸多保护农业农村、城乡协调发展、城乡融合政策，带来了城乡关系理论的丰富和深化，也在一定程度上改善了城乡关系，但是城市偏向的城乡建设投入机制、户籍制度、城乡分立型社会公共事业发展机制，无形中导致各项发展要素单向地由农村流向城市，长期限制城乡协调发展，导致城乡差距持续拉大。

近年来，我国城乡发展体制有所完善，基本公共服务均等化取得了显著成效，医疗保障、义务教育以及基本养老保险等方面的公共服务制度已基本覆盖城乡居民。但是，城乡基本公共服务标准差距依然较大，其中，教育、卫生发展不均衡是主要短板，一方面可能是因为教育卫生事业发展起点低，且城乡资源配置差距大，导致发展进程缓慢；另一方面可能是政策落实不到位导致城乡体制改革成效有限，地方政府在落实政策时，往往以经济效益作为首选，倾向于重视和发展城市，导致政策实施效果与国家改善城乡体制的预期脱节，可能是因为城市偏向政策和模式促进了当地经济发展水平快速提升，因此继续沿袭这一发展模式；

农村发展长期落后,地方政府予以支持但是收效甚微;政策解读和落实出现层级脱节,监管体系不完善。

四 城乡要素双向流通体制尚未建立限制城乡互动

城乡要素的自由流动是城乡融合发展的本质要求和重要体现,但是,在城市化进程中,发展要素在城乡间的流动更多地表现为由农村向城市的单一方向流动,导致城乡二元结构不断强化。

基于此,致力于加强城乡互动的城乡政策及发展体制在不断完善,但收效甚微,乡村逐步衰落,对发展要素的吸引力更低,与城市的互动水平更低。可能原因有三:一是农民的进城门槛设置仍然偏高,如住房、子女教育等过高的进城制度,限制了大多农民家庭的整体迁入;二是城乡市场长期割裂,资本、技术、人才等缺乏双向流动保障,城乡差距不断拉大,农村发展后劲及持续动力不足,导致各项发展要素流动乏力,农村资金、技术、人才市场供求失衡,对农业农村发展造成负面影响;三是土地财政及城乡二元土地市场刺激了土地城镇化发展,快于人口城镇化,造成了土地要素开发利用效率低,且农民无法享受城镇化发展成果,进一步拉大城乡差距。要实现城乡融合发展,亟须构建和完善城乡人才、土地、资金、技术等多方面的城乡流通体制,积极引导和推动优质要素流向农村,提升农村与城市发展的互动能力。

第二节 "双轮协调"驱动下中国城乡融合的实现路径

城乡融合的根本是新型城镇化与乡村振兴双轮的协调发展,城乡融合发展中的城市子系统、乡村子系统及二者连通性分别对应着"双轮协调"驱动结构中的新型城镇化、乡村振兴及二者耦合性。因此,城乡融合的本质就是耦合协调"双轮协调"驱动结构以达到整体最优效果,而通过"双轮协调"最终实现城乡融合,是一个长期阶段性演进和空间差异化的过程,具有时间上和空间上的阶段性特点,在不同发展阶段要实现的发展目标有所差异,但城乡融合、美丽中国的终极目标是明确且一致的,其具体体现是城乡互动、区域协调,即城市与乡村、区域之间协调发展,但这一目标的实现宏观层面离不开国家政策和发展战略的引领、调控和保障。中国"双轮协调"实现路径整体框架如图6-2所示。

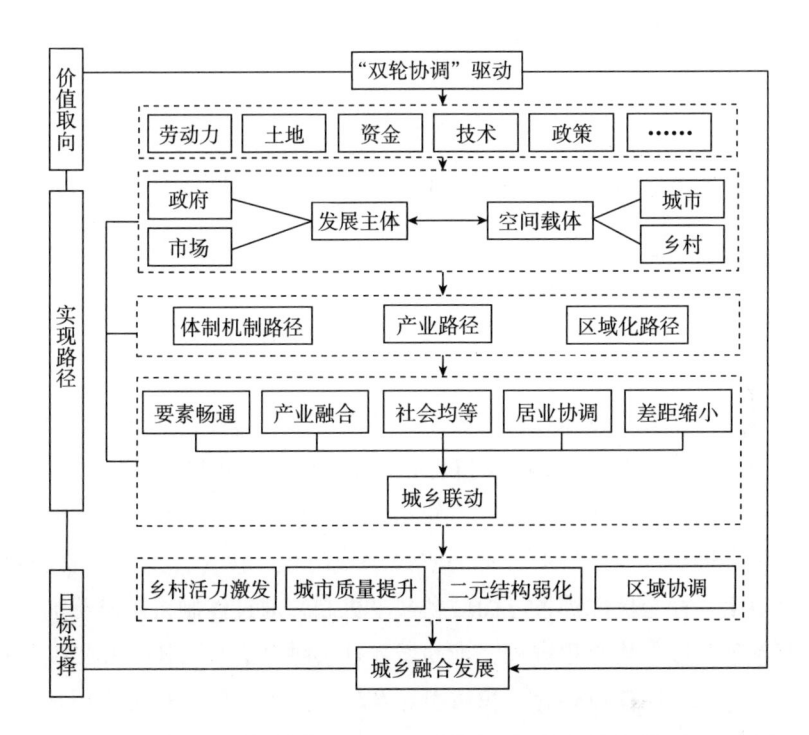

图6-2 "双轮协调"驱动下中国城乡融合实现路径框架

一 体制机制路径

在城乡联动发展的新型城乡融合理念指导下，以城乡体制机制创新与完善为着力点，以城乡政策改革为支撑力，并通过构建政策落实机制，保障政策路径的实施效应逐步显化（见图6-3）。主要围绕面向城乡融合的城乡建设投入机制、户籍制度、社会保障和社会公共事业发展机制（教育、医疗、养老等）展开。

（一）体制机制

基于新型城乡融合理念完善城乡发展政策和体制机制，将乡村振兴与新型城镇化两大战略协同起来。改变以前以城市为中心的城乡融合理念，不能单纯地依靠提升城市发展力来带动农村，应坚持农村发展与城市同步协调发展，以提升农业农村自我发展能力与促进城市高质量发展并重为方向。

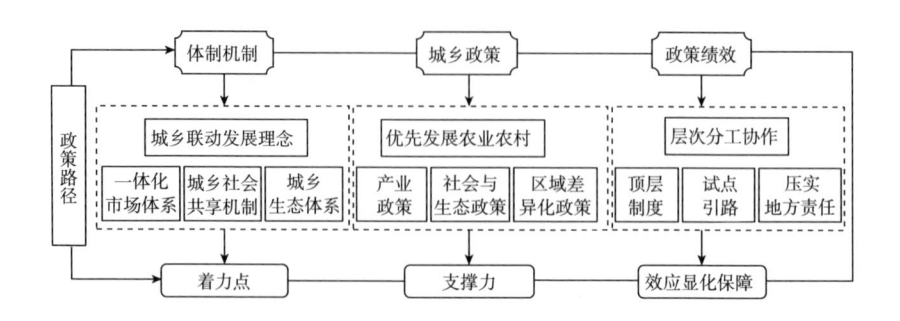

图 6-3 中国城乡融合体制机制路径

通过构建城乡一体化市场体系，加强城乡连通性，促进劳动力、资金、土地等生产要素在城乡间双向自由流通，鼓励和引导生产要素下乡，补齐乡村振兴面临的诸多"短板"，促进乡村经济振兴，推动城乡经济融合进程；设置科学合理的农民进城门槛，优化住房、子女教育、医疗卫生、社会保障等各方面城乡共享机制，通过体制机制改革加快城乡基本公共服务均等化进程，推动城乡社会融合进程；树立和贯彻绿色发展和生态文明建设理念，积极引导乡村生产方式绿色化和人居环境生态化建设，提高乡村生态宜居程度，促进乡村生态环境振兴，推动城乡生态环境融合进程。

（二）城乡政策

中国城乡二元结构长期存在，主要根源于城市偏向的发展政策及发展体制，因此，完善城乡融合发展政策及差异化的区域性政策极有必要。

具体来看，首先，明确城乡融合应该是城乡并重、城乡联动协调发展的新时代发展理念，以破解城乡二元结构为目标，政策的倾向性应该靠向乡村，积极稳妥地培育和提升农村追赶城市的能力，让农村通过自我发展实现与城市同步，真正从根源上解决农村发展滞后问题；其次，城乡政策的完善与贯彻，要以优先发展农业农村为重点，通过制度体制机制改革创新，削弱农业农村发展滞后对"双轮协调"的阻力，改革和完善农村土地制度，保障农民根本利益；改革和完善户籍制度、城乡社会公共服务均等化机制、城乡基础设施一体化机制等，提高农民社会福利水平；完善资本、人才、技术投资等机制，积极引导城市人才、技术、资本下乡，为农业农村发展注入活力、增加发展机会，提升其以城带乡功能，促进城镇化辐射带动和农村自身活力激发双方共同作用，最终实现城乡经济融合、社会融合、生态环境融合。

（三）政策绩效

在城乡融合发展过程中，科学合理的政策体系构建是前提和保障，政策的实施绩效关键要看落实是否到位，为有效提升面向城乡融合发展的"双轮协调"发展政策绩效，各地区各部门需要加强分工协作、统筹协调推进、督导监督，完善层层递进责任体系，形成严格紧凑、环环相扣的政策落实保障机制：顶层制度设计—试点引路—省域制订差异化实施方案、路径及细则—市县落实—强化监督，确保城乡融合各项改革任务扎实有序推进。

具体来看，首先，充分发挥城乡基层组织重要作用，为城乡融合发展提供坚强政治保障。其次，发挥试点引领作用，通过规范程序，设立国家城乡融合发展试验区，率先支持制度改革，严格落实政策落地，及时整合并推广可复制的典型城乡融合发展经验。再次，强化分工协作，国家层面建立城乡融合发展工作协同推进机制，省域政府在正确解读政策之后，制订差异化实施方案、路径及细则，由市级、县级层面具体实施，在市级县级层面实施过程中，省域要强化监督责任，并及时向国家反馈。各层面分工明确，协作共进，避免实施效果与政策预期的脱节。最后，压实地方责任。增强地方政府责任意识，整合各级力量，群策群力。为保障地方实施方案、路径的顺利实施，建立健全严格的责任追究机制，坚持预防与惩治相结合，切实保障群众利益和政策实效的发挥。

二 产业路径

产业融合是城乡融合发展的重要基础，要实现城乡产业融合，乡村需因地制宜地创新产业发展模式，提升乡村产业兴旺能力，城市需依靠工业转型、城镇化带动、创新驱动等模式，促进城市高质量发展，增强其以城带乡能力，城乡在各自发展的基础上，创新要素流通、社会服务共享等体制机制等（见图6-4）。

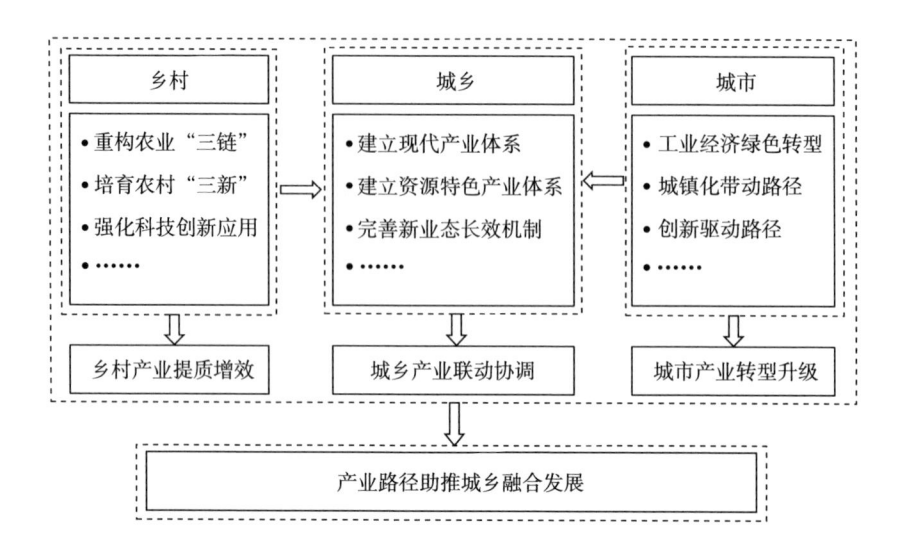

```
┌─────────────────────────────────────────────────────────────────────┐
│  ┌──────────────────┐    ┌──────────────────┐    ┌──────────────────┐│
│  │      乡村        │    │      城乡        │    │      城市        ││
│  │•重构农业"三链"   │ ⇒  │•建立现代产业体系 │ ⇐  │•工业经济绿色转型 ││
│  │•培育农村"三新"   │    │•建立资源特色产业体系│  │•城镇化带动路径   ││
│  │•强化科技创新应用 │    │•完善新业态长效机制│   │•创新驱动路径     ││
│  │•……              │    │•……              │    │•……              ││
│  └──────────────────┘    └──────────────────┘    └──────────────────┘│
│           ⇓                       ⇓                       ⇓         │
│  ┌──────────────────┐    ┌──────────────────┐    ┌──────────────────┐│
│  │ 乡村产业提质增效 │    │ 城乡产业联动协调 │    │ 城市产业转型升级 ││
│  └──────────────────┘    └──────────────────┘    └──────────────────┘│
│                                   ⇓                                  │
│                    ┌──────────────────────────┐                     │
│                    │  产业路径助推城乡融合发展  │                     │
│                    └──────────────────────────┘                     │
└─────────────────────────────────────────────────────────────────────┘
```

图 6-4　中国城乡融合产业路径

（一）乡村产业提质增效

当前，乡村产业结构低下、发展滞后且动力不足，需要以激发自身发展活力为内动力，以政策扶持为外动力，才能有效实现产业兴旺。近年来，中国农业虽然有了较大发展，但是农业产业结构层次低，农业功能单一，农村产业关联度低等问题突出，各区域可根据各自发展水平及发展局限性，通过重构农业"三链"、培育农村"三新"、强化科技创新应用等路径，激活并提升自我发展能力，才能优化产业结构，兴旺乡村产业，实现乡村经济振兴。

其中，重构农业"三链"即延长产业链、拓宽价值链、完善利益链，应对乡村第二、第三产业发展水平不高，尤其是农产品加工业发展滞后，可引导农产品加工企业向主产区、优势产区、产业园区集中，在主产区或优势产区打造食品加工产业集群，并支持设立食品加工研发机构，依托市场需求创新农产品品牌，积极推进农产品特色化、绿色化生产，通过丰富产业的多样性，为产业结构优化做好前提准备，通过多种产业间融合融通，促进乡村资源的充分利用，兴旺乡村产业的同时，提供更多就业机会，一方面有助于分散、化解农业单一生产的风险，实现有机循环经济，另一方面也有助于满足居民不同需求，更符合乡村特点和农民需要，切实实现农业提质增效。

培育乡村"三新"即培育乡村新产业、新业态、新模式，应对农业的多种功能开发不够，突出表现在新产业、新业态发育不足等问题，鼓励各地充分发挥乡村各项资源丰富优势，利用"旅游+""生态+"等模式，推进农业、林业与旅游、研学、康养等第三产业深度融合，鼓励农村大学生、返乡农民等回乡创办家庭农场，引导有一定规模的专业大户向家庭农场转型，鼓励具备产业支撑、基础设施、公共服务、环境风貌等条件设施的区域，建设特色村镇，积极打造"一村一品"升级版，发展各具特色的专业村[①]，加快农业转型升级，促进乡村产业融合发展。

强化科技创新应用，一方面，依靠科技发展智慧农业，推广机械化农业生产技术，提升农业现代化水平，全程管控农业产前、产中、产后环节，监控各种农作物的长势健康状况，依托这些数据进一步优化种植结构，调整种植方案，提升农业规模化生产效益，有效提升农业竞争力和抗风险能力；另一方面，依靠"互联网+"、大数据等信息技术平台，使乡村居民适应市场需求变化，及时调整农业生产结构，并能通过电商、淘宝等方式拓宽销售渠道，实现产销"一条龙"，减少农产品滞销脱销等现象，保障农产品市场供求均衡的同时，拓宽农民收入渠道。

（二）城市产业转型升级

中国城乡融合发展已进入攻坚阶段的关键时期，必须着力提升城镇化质量，增强其"以城带乡"功能，才能优化城乡空间结构、提高乡村供给质量、释放市场潜力、推动乡村资源与城市对接。首先，要注重工业经济绿色转型，大力发展绿色先进制造业，实现生产由粗放型向集约型过渡，提升战略性新兴产业增加值及贡献率，加强智能制造业，促使其成为绿色工业产业发展新引擎；其次，提升城镇化带动能力，加快推进"以人为本"的新型城镇化进程，创新完善城乡公共服务共享体制机制，推进城乡社会福利均等化，推进城乡良性互动，促进城乡经济社会生态协调发展，可优化发展城市群，提升增长极功能，增强大中城

---

① 宋洪远：《新型农业社会化服务体系建设的探索之路》，《中国乡村发现》2010年第1期。

市对城市边缘区及乡村的辐射带动作用，以县域经济发展为重点，推进农村要素向城镇集聚，做大做强小城市周边整体发展能力；最后，依靠创新驱动，更多发挥先发优势的引领型发展，通过构建现代化绿色产业体系，加快新旧动能转换，减少环境污染，推进生态价值转化为经济价值进程，通过新型工业化、信息化及绿色化深度融合，促进新型城镇化与农业现代化有效互动，提升城市承载力和吸引力，改善城乡人居环境，提升城乡融合发展水平。

（三）城乡产业联动协调

城乡产业联动协调发展，核心是用城市的科学技术改造乡村传统农业，用城市工业延长农业产业链条，用城市互联网等产业丰富农村产业业态，以农业现代化、规模化生产为基础，农产品深度加工及乡村文化旅游等模式融合第二、第三产业发展为助力，打造多元化乡村经济，而要实现农业产业现代化、产业链条多元化，主要通过构建和完善城乡连通联动机制，实现发展要素在城乡间双向自由流通，提升城乡优势要素生产绩效，加强短缺要素互补，激发乡村发展活力，促进城市高质量发展，通过城乡产业联动发展，以缩小城乡差距。

第一，建立乡村产业融合发展现代体系，以国内外市场需求为导向，大力推进农业产业化经营，依托城市在资金、技术、劳动力等要素优势，带动乡村科技兴农、培育龙头企业引领、激活农村市场，促进传统农业的优化升级，提高农业的整体效益。把培育特色经济作为推进新型城镇化的主攻方向，促进农村第一、第二、第三产业融合发展。首先，坚持"基在农业、利在农民、惠在农村"的原则，始终明确产业融合发展要以农业为基点、以农民利益为出发点，促进农业可持续发展。其次，延伸农业产业链，将农业延伸到以农产品加工为主的第二产业、以农业服务和消费为主的第三产业中，推进第一、第二、第三产业深度融合发展。最后，加快打造现代农业产业园区体系，继续加大财政支持力度，重点支持产业园，围绕县域主导产业开展全产业链开发，培育"一村一品、一乡一业、一县一特"，构建国家省市县四级现代农业产业园建设体系。

第二，构建资源特色产业体系，充分发挥当地资源优势，以特色基地建设为重点，加快农业产业化步伐。首先，乡镇政府应对当地优势资源开展测评，结合外部市场环境，因地制宜地选择地区优势产业，在科学制定发展规划的基础上，以技术、信息等引导农村特色产业的发展，打造区域农产品品牌特色。其次，调动农民群众的积极性，充分发挥基层组织的作用，宣传特色产业发展概念及其意义，使农户形成发展特色产业的共识，协力促进农村特色产业的发展。最后，为农村特色产业的发展提供经济支持和技术支持，加大财政投入，鼓励社会资本投入，加强农村特色产业基地的基础设施建设，构建农村特色产业的专门技术体系，以推动农村特色产业的发展。

第三，完善乡村"互联网+"新业态长效机制。首先，依托"互联网+"和"双创"推动农业生产经营模式转变，健全休闲农业、民宿经济、农耕文化体验、健康养老等新业态培育机制，完善农村电子商务支持政策，实现城乡生产与消费多层次对接；完善有利于中小电商发展的政策措施，加大财政投入，提供面向农村电商的融资贷款业务，并加快农村宽带和快递网络建设，完善农村电子商务基础设施，根据各乡镇的特色产业和农产品，打造适合当地的电子商务平台、物流中心和商品集散中心。其次，加强农产品加工流通体系建设。进一步加大主产区产地初加工和冷链物流设施建设力度，保障主产区加工流通用地需求，支持加工企业就地就近建设分级分选、贮藏烘干、包装保鲜等设施，降低产后损耗，建立稳定的产销对接长效机制。最后，建立乡村产业绿色发展标准体系。加快建立统一的绿色农产品市场准入标准，推行农产品标准化、标识化、身份化。加快制定农产品分类、编码标识、平台运行、数据格式、接口规范等关键标准，让进入市场的农产品体现乡村产业发展的价值，树立乡村产业品牌形象。

三 区域化路径

中国区域类型多样化，区域间地理环境、经济发展阶段、经济发展水平、城乡关系演化阶段等差异显著，需基于区域发展水平及影响因素的差异性，探索区域化发展路径，以推进城乡融合发展、促进区域协调，研究从东中西部分区域、"双轮协调"类型、不同地理环境3个层面展开（见图6-5）。

（一）东中西部分区域差异化路径

东部地区，首先要着力加强耕地保护，坚决贯彻城乡用地增加挂钩，控制人均耕地面积减少速度；其次，建立和完善城乡融合发展体制机制，加大在农村农业的资金、技术、人才投资，以提高农业机械化程度和单位面积粮食产量为突破口，减小人均耕地不足对"双轮协调"产生的严重阻力；最后，充分发挥交通基础设施的相对优势，加强城乡要素流通及合理配置，在提升工业化城镇化发展质量的同时，提升农村自我发展能力，增强农村经济规模对"双轮协调"的贡献能力，缩小城乡收入差距，减少城乡收入比对双轮协调的阻力。

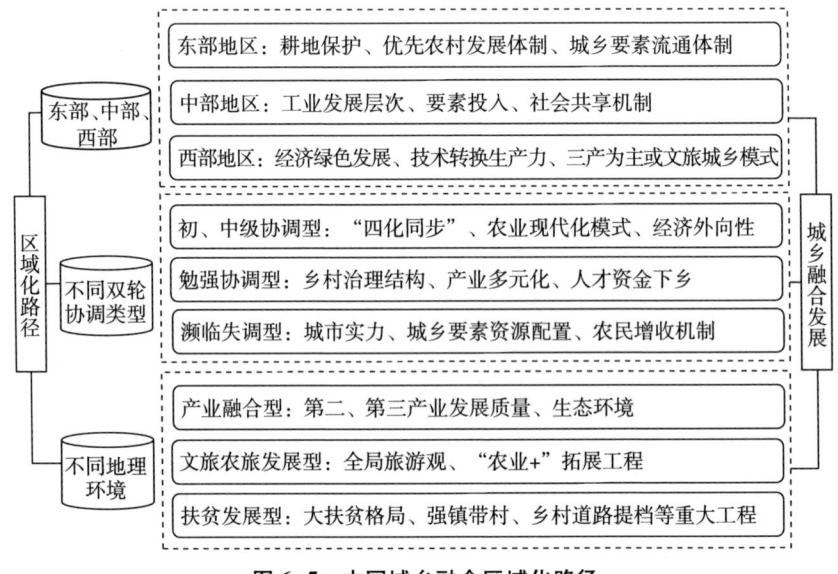

```
区域化路径
├─ 东部、中部、西部
│   ├─ 东部地区：耕地保护、优先农村发展体制、城乡要素流通体制
│   ├─ 中部地区：工业发展层次、要素投入、社会共享机制
│   └─ 西部地区：经济绿色发展、技术转换生产力、三产为主或文旅城乡模式
├─ 不同双轮协调类型
│   ├─ 初、中级协调型："四化同步"、农业现代化模式、经济外向性
│   ├─ 勉强协调型：乡村治理结构、产业多元化、人才资金下乡
│   └─ 濒临失调型：城市实力、城乡要素资源配置、农民增收机制
└─ 不同地理环境
    ├─ 产业融合型：第二、第三产业发展质量、生态环境
    ├─ 文旅农旅发展型：全局旅游观、"农业+"拓展工程
    └─ 扶贫发展型：大扶贫格局、强镇带村、乡村道路提档等重大工程
→ 城乡融合发展
```

图 6-5 中国城乡融合区域化路径

中部地区，首先，充分利用承东启西的区位优势和自身的资源优势，依托中部崛起战略，加快产业结构转型升级，提升工业发展层次，提高经济发展水平，改善中部塌陷现状；其次，通过完善体制机制和调整发展方向妥善缓解工农差距过大问题，加大对农业农村的关注和投资力度，通过资本、技术、人才、基础设施等向农村倾斜，提升农业机械化、规模化生产能力和农业生产效率，改善基础设施不足现状，夯实其全国重要粮食生产基地地位和服务水平，提高对"双轮协调"的贡献率；最后，改善户籍制度、城乡就业机制及其他社会公共服务共享化机制，刺激农村劳动力转战第二、第三产业，改善就业结构与工农发展比例失衡现象，缩小城乡差距，弱化城乡收入比对双轮协同的阻力。

西部地区，首先，要更新、贯彻和实施城乡协调发展整体性的观念理念，因该地区大部分省份仍处于工业化早中期，城市偏向政策的惯性效应更强，城乡发展严重失衡，应基于当地发展阶段和发展条件，构建城乡融合政策体系、优化产业布局、完善城乡发展体制机制；其次，深化西部大开发战略，以经济发展和绿色发展作为发展重心，优化产业结构，改变因计划经济体制和地方利益驱使盲目追求完美齐全工业体系所造成的产业结构趋同化现象严重，提升工业化层次，增强以工促农能力，弱化城乡发展脱节对"双轮协调"的阻力；再次，利用国防科技工业在西部地区人才、技术和加工制造等方面的优势，加强技术转换生产力能力，发挥技术扩散和带动性，带动农业机械化和现代化水平提升，同时加强交通等基础设施建设，提升其服务功能，积极推动城乡互促互融，改善城乡脱节发展的现状；最后，加快农业产业化、生态化发展，提高农业现代化水平。可以从两方面着手：一是利用自然资源优势，在开发特色农产品发展生态农业的同时，发展农业观光旅游业，增加乡村旅游收入、扩大农业产业链。二是深化农村合作经济组织模式，提升农业现代化水平和规模化经营，转变"小"而"散"的农业生产模式，扩大人均耕地面积对"双轮协调"的贡献能力。

（二）不同"双轮协调"类型差异化路径

初、中级协调型地区，多处于中国东部沿海，具有良好稳固的经济发展基础，城市发展实力相对较强，农村农业现代化发展有较为充足的资金、技术和人才支持，城乡互动性较好，可有力推进"四化同步"模式，依托这些地区优越的自然禀赋和区位优势，开发和实践民营经济、新型特色产业小镇、农业现代化等新模式，挖掘经济外向性深度和潜力，提高城乡在空间、经济、社会与生态环境方面的融合度。

双轮勉强协调区。部分农业大省多属于该类地区，乡村振兴战略实效较为明显，尤其是乡村治理对城乡融合起到显著助推效用。但作为农业大省，要破除城乡二元结构、推进城乡融合发展的任务尤为艰巨。另外，城镇化进程加快，乡村治理结构需要创新，乡风文明建设受到多重诉求冲击，引发了一些新的社会问题。基于此，该类地区应深化自身特色的城乡融合发展之路，统筹推进乡村振兴战略和新型城镇化战略，重点推进城乡经济一体化和城乡空间一体化，注重走"五化协同"道路，多管齐下、稳步推进，依托产业多元化提高城镇化水平、增加农村居民收入，建立城市人才入乡激励机制、提升农业农村科技创新水平、引导医卫人才资源下沉等，深化乡村振兴实效。

双轮濒临失调区。该类地区以中西部欠发达省域为主，自新型城镇化和乡村振兴战略实施以来，城乡电网、交通等基础设施有所完善，城市和乡村发展水平有一定提升，但对城乡融合助推作用不显著。由于这些省域自然条件偏差、城乡经济基础薄弱、社会差异大，且城乡互动低，亟须提升城市经济规模和实力，增强以城带乡功能，同时注重增强城乡连通性，构建城乡要素资源配置机制、城乡社会福利共享机制、城乡基础设施一体化发展格局、健全农民增收长效机制，才能有效缓解突出的城乡二元结构并提升城乡融合水平。

（三）不同地理环境区域差异化路径

中国地理环境错综复杂，造就了地域特色鲜明的多样化自然资源，也孕育了多元性的地域文化，各地域应突出差异性和多元化，以地域特色自然资源或特色文化为契机，深入挖掘自然资源和文化底蕴，在文化交融视域下探索创新区域城乡融合发展路径。

产业融合发展型区域，水、土、地形等自然条件较好，发展水平较高或农业发展基础较好，该区域应加快农业产业结构升级，依靠科技创新提升第二、第三产业或第三产业发展层次，丰富农村产业链条，加快农业产业多元化进程，发挥市场机制的基础性配置作用，促进城乡要素双向流通体制不断完善。首先，强化农业资源保护与节约利用，通过建立农业节水体系提高田间灌溉水利用率，通过休耕轮作方式降低耕地开发利用强度，实施化肥农药减量增效等减少土地资源污染破坏；其次，培育和打造绿色化和标准化农产品品牌，推进农业标准化生产、加工、销售一体化，健全食品安全和农产品质量全链条标准体系，打造各类农产品标准化生产基地，实施农产品品牌高端化战略，建立农产品品牌培育、发展和保护体系，培育区域特色明显、市场知名度高、发展潜力大、带动能力强的绿色农产品品牌，并充分利用"互联网+外贸"等新型市场拓展方式，拓宽农产品出口渠道，推动农业对外开放格局；最后，推进乡村文化旅游、医养健康产业，加强各类园区建设，拉长地方产业链，通过乡村旅游、文化农业、绿色农业等新产业新业态，实现农民收入增加、农业效益提升和农村面貌改善，形成和谐共生发展模式。

文旅农旅发展型区域，有独特的文化历史、风土人情、自然地貌和风俗物产，在区域开发时，树立全域旅游理念，大力发展休闲农业和乡村旅游，助推产业多元化发展，有效推进城乡融合，根据市民多元化农业休闲观光消费需求，加快培育省级及以上休闲农业和乡村旅游示范单位。依托山水资源、地方文化和美丽乡村建设的成果，精心打造休闲农业与乡村旅游精品线路；在全域旅游理念的指导下，从资源特色化、文旅交融、体旅交融等方面，规划实施"农业+"拓展工程，其中，资源特色化工程在实施进程中，可依托自然资源禀赋优势推进全域景观化，重塑新型城乡形态，构建现代农业生态圈，通过打造国家农业综合开发田园综合体，维持区域田园综合体集群和区域城市群平衡，提升宜居宜业品质优化城乡功能布局；文旅交融工程，在实施进程中，挖深地域文化与农业旅游业融合，提高民间文化和乡土文化的认同度与认知度，保护和完善文化基础设施，在传承文化的同时夯实乡村文化发展基础，创新发展文化产业，实现乡风文化与农业、旅游业有机结合，释放乡村文化内在潜力，开拓文化生态保护与城乡融合发展相结合的城乡家园模式，打造文化价值链；体旅交融工程，着力发展创意和康养农业，发展农田艺术景观、阳台农艺等创意农业，积极探索农业会展、田园养生保健等新型业态，培育农业健康产业，更好地满足消费者体验需求。

扶贫发展区域，受自然、历史、发展要素短缺等诸多因素影响，发展水平落后，在城乡融合进程中，关键是构建包含政府、企业、市场、贫困地区4个主体的大扶贫格局，狠抓政策落实，通畅资金、技术、人员等发展要素在城乡间的双向流通渠道，以贫困地区自我抗贫脱贫能力提升为主，社会企业帮扶为重要支撑，以农、林、旅游产业扶贫为主要内容，配合教育扶贫、科技扶贫等扶贫方式，提升区域经济社会生态发展水平。可通过强镇带村模式发挥城镇的辐射带动能力，为该区域带来发展机遇和资金、技术等发展要素，补齐发展要素，可鼓励城市科技人员下乡、农村大学生下乡和农民工返乡三乡创新工程，为乡村注入新生助力，通过乡村道路提档等基础设施配套工程的建设，改善乡村交通不畅、基础设施水平低、生态环境质量不高等发展条件，这些举措均有利于缩小该类型区域在经济社会生态发展中的差距，逐步摆脱贫困。

第三节 中国面向城乡融合发展的政策体系

一 城乡融合发展的目标选择

建立健全城乡融合发展体制机制和政策体系，坚持城乡融合发展战略，在重塑城乡新型协调发展关系的过程中要坚持新的发展理念，坚持以高质量发展作为城乡融合的重点，不断促进乡村振兴和新型城镇化事业的推进，缓解和解决城乡发展过程中出现的二元结构现象，从城乡规划融合到城乡建设融合，切实坚持乡村振兴与新型城镇化"双轮协调"驱动，坚持优先发展农业农村，通过创新完善城乡发展体制，促进城乡要素间的顺畅流动，合理配置公共资源，逐步实现乡村振兴和农村现代化，以财税、产业、投资、人才、环保、土地、社会保障等方面的政策为城乡融合发展提供坚实的环境保障（见图6-6）。

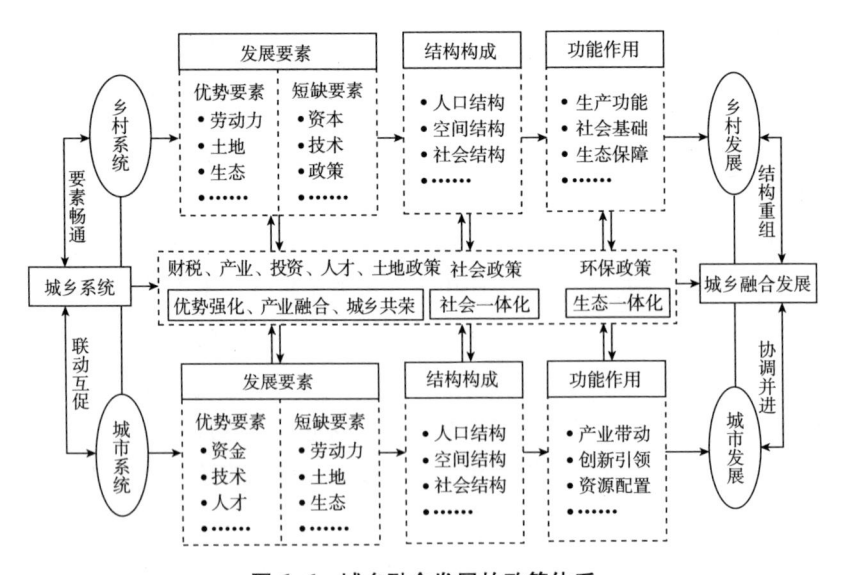

图6-6 城乡融合发展的政策体系

二 城乡融合发展政策的着眼点及作用机理

（一）城乡经济融合政策

长期以来，人才、土地、资金等各种要素由乡村单向流入城市，造成乡村产业活力不足、发展滞后甚至趋于衰落，使城乡二元结构逐步固化，如何激活"人地钱"三要素发展活力并促进其在城乡间自由流通，促进城乡产业融合，是城乡经济融合发展体制改革和创新的关键问题所在（见图6-7）。

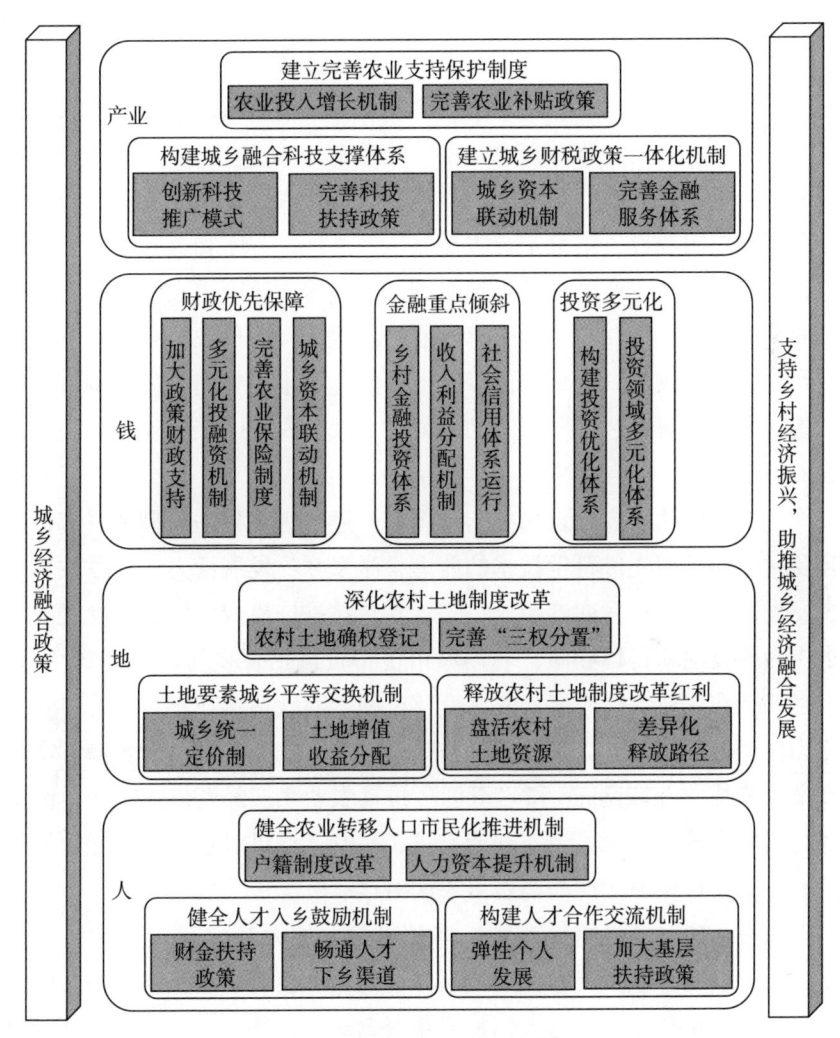

图6-7 中国城乡经济融合政策体系

1. 产业政策

农业长期发展滞后性导致我国城乡经济结构二元特征日益显著，致使城乡产业融合不充分，要减少其对城乡融合发展的消极影响，亟须从产业政策上加以扶持，通过建立完善农业支持保护制度，构建城乡融合科技支撑体系，建立城乡财税政策一体化机制，切实发挥产业政策在城乡融合发展中的政策效应。

首先，建立完善农业支持保护制度体系，基于中国是人口大国、农业大国的国情，构建覆盖广、指向准、重实效、配套全、易操作的农业支持保护制度，增强优先发展农业政策的精准性、稳定性、实效性，保障农村产业转型升级。一是建立健全农业投入增长机制，加大对农业基础设施的投入力度，弥补农业基础设施薄弱"短板"，建立主体利益联结机制，引导龙头企业与小农户、家庭农场、农民合作社有效衔接，通过高标准农田建设，培育重要农产品生产基地，夯实和提升粮食生产能力，另外，健全主产区利益补偿机制，调动地方政府重农抓粮和农民务农种粮的积极性。二是逐步完善农业补贴政策，深化农产品价格形成机制和收储制度改革，引导农民以市场多元化需求为导向，适时调整种植结构，大力发展绿色优质农产品的同时，减少农业生产风险，确保农民收入稳定增长。

其次，构建城乡融合科技支撑体系，通过为乡村注入科技要素，提升乡村掌握运用先进科学技术的能力，激发乡村发展活力，支撑城乡融合发展，弥补城乡发展差距。一是创新科技推广模式，以农业发展新需求作为科技创新目标导向，利用城市优势资源培育乡村内生创新活力，加强科技在农业农村职能与需求变化之间的有效衔接作用，提升科技转化为生产力的能力。二是完善科技扶持政策，如完善农村电子商务支持政策，依托"互联网+"和"双创"推动农业生产经营模式转变，健全乡村文旅农旅、健康养老等新业态培育机制，促进农业产业多元化发展的同时，实现城乡生产与消费多层次对接。

最后，建立城乡财税政策一体化机制，加大对"三农"的支持力度。第一，完善城乡资本联动机制，构建城乡投资体制机制，加大政府支农支出规模和比重，有效弥补多年资金缺口，补齐三农发展在基础设施配套等方面的"短板"，改善农业生产条件；第二，完善金融服务体系，加强乡村信用环境建设，加大开发性和政策性金融支持力度，为农业农村发展提高资本政策支持和保障。与此同时，采取政策倾斜鼓励城市工商资本下乡，对传统农业和农村改造，加快农业产业化、农村工业化的步伐为农业发展提供资金、技术支持，培育新产业新业态，从而提升城乡产业融合发展水平。

2. 资金政策

资金投入对于城市经济和乡村经济的发展都具有重要的作用，而资金分配不均将在很大程度上阻碍城乡经济融合。要激发农村发展活力，促进城乡融合发展，解决"钱"从哪里来的问题，需坚持农业、农村优先发展的理念，正确引导资金在城乡间合理流动及配置，健全投入保障制度，创新投融资机制，加快形成财政优先保障、金融重点倾斜、投资多元化、产业融合持续发力的资金配置及流动格局，促进公共资源优先向"三农"倾斜。

（1）财政优先保障。财税政策在城乡融合发展方面成效显著，可以有效地推动城乡融合发展，同时为探索乡村振兴的有效实施路径提供有力的支持。一是加大政策性财政支持力度，并全面、及时、准确地落实各项优惠政策，整合优势资源，继续加大财政投入，提高财力保障水平，采取银行信贷支持、吸引社会资本参与等方式，为农业农村发展提供资金保障和政策支持，缩小城乡差距。二是建立多元可持续的城乡融合投融资机制，鼓励社会资本通过特许经营等方式参与城乡基础设施建设和运营、公用事业和公共服务等领域，积极拓宽城乡融合融资渠道；规范城乡土地开发标准，借助政府性投资平台加大整合力度，带动更多资本投入城乡融合建设，同时要完善城乡公共投入机制，逐渐缩小城乡公共投入差距。三是加快完善农业保险制度，通过增加农业保险覆盖面及保额种类，降低农户生产经营风险，同时完善政府偿债准备金制度和债务风险预警机制，明确工作程序，强化政府性债务的管理，有效防范化解财政金融风险，为城乡融合提供完备的风险预警机制。同时，政府应创新农业扶持方式，适当缩减农业税收，降低农业生产成本，为城乡融合发展提供便利的政策支持。四是建立城乡资本联动机制，以城带乡加快推进城乡规划建设，需要"联防联控"共同承担责任以推动城乡协调发展，但城乡经济发展水平和基础设施存在较大差异，因此应根据自身实际情况制定适合本区域的财税模式，逐步形成城乡统筹发展、优势互补的高质量发展区域布局，从而实现城乡联动发展。

（2）金融重点倾斜。金融资源是农村产业发展的重要资源，是促进乡村产业创新的重要力量。首先，加快构建多样化的农村金融经济体系。全面鼓励地方银行机构加大信贷投放，开展与政策性金融机构的全方位合作，通过发行企业债券、资本证券化等方式，扩大融资规模，推广政府和社会资本合作模式（PPP）。其次，建立稳定的收入渠道和合理的利益分配机制，针对农业产业、农业技术创新、农村第三产业等相关领域的贷款，可以给予一定的利率优惠条件，推出利率优惠政策、充分调动更多的社会资金流向乡村，改善城乡金融资源配置不平衡的现状。最后，建立起社会信用体系基本框架和运行机制，坚持不懈地改善金融投资环境，在振兴乡村的过程中，吸引大量投资者、技术和人才来乡村进行建设和发展。

（3）投资多元化。第一，构建投资有序体系，激发社会资本投资活力，满足多样化的投资需求。鼓励社会资本下乡，为农业发展提供资金、技术支持，适当引导资本优先流向农村新产业新业态、农业技术创新，各地政府要积极采取相应措施，促进社会资本更好更快地落实，才能改变农业农村传统的从属地位。首先，在农业相关产业方面，鼓励社会资本投向特色农产品加工、网上销售、运输、乡村旅游业等新业态。充分发挥农村农业的独特优势，在切实保障粮食等重要农产品的有效供给的基础上，打造具有鲜明区域特色的发展路线，形成规模化、标准化、现代化的农业品牌。其次，在农业技术创新方面，鼓励社会资本投向现代化种养业、农业机械化创新、农村创新创业等新领域，参与农业机械化关键核心技术攻关行动，培育农业农村经济发展新动能，提升现代农业自主创新能力，激发各项农业产业的创新活力，使产品和服务更加符合当代人的多元化需求。第二，健全投资领域多元化体系，通过乡村社会信用体系基本框架和运行机制的构建，逐步改善金融投资环境，吸引社会资本参与乡村建设发展，在坚持"共享共荣、互利互惠"基础上，社会资本除了投向农业技术、农业生产服务业、乡村旅游等产业外，应加强对基础设施建设、环境改善等领域的支持，引导社会资本多方位参与乡村振兴。

3. 土地政策

长期以来中国实行城乡二元、政府垄断的土地政策，适应于快速工业化城市化的体制安排，然而，在新的经济发展阶段，其弊端也逐渐凸显，产生了农民贫困、土地资源闲置与紧缺共存等问题，导致城乡差距扩大，不利于城乡互动。推进城乡融合，解决城乡融合中"地"的问题，关键是深化农村土地制度改革，建立健全土地要素城乡平等交换机制，加快释放农村土地制度改革红利。①

第一，深化农村土地制度改革。落实农村土地承包关系稳定并长久不变政策，全面完成农村土地承包经营权的确权登记颁证工作，进一步完善农村承包地"三权分置"制度，系统总结土地征收、集体经营性建设用地入市和宅基地制度改革试点经验，逐步扩大试点，加快修改完善有关法律。新形势下深化农村土地制度改革，仍需将处理好农民与土地的关系作为主线，通过土地制度改革引领深化农村改革，有序有效释放土地活力。

第二，建立健全土地要素城乡平等交换机制。在符合国土规划和用途管制前提下，允许农村集体经营性建设用地与国有土地依法平等入市，构建城乡统一的土地定价制度，破除城乡土地的二元制结构，实现同地同权同价，使城乡居民公平享受土地出让经济补偿，保障农民公平分享土地增值收益，让农村土地出让收益更多地用于农业农村发展；同时，建立土地增值收益分配机制，兼顾国家、集体和个人利益，向集体和农民倾斜，规范农村集体经济组织收益分配，实现集体成员的收益共享，完善土地征收补偿机制，提高安置标准，完善对被征地农民的社会保障制度，鼓励探索"留地安置""留物业经营"等方式，保障被征地农民的长远生计。依托土地流转行业与互联网行业的深度融合，构建全国性的农用地产权交易平台，逐步建立土地供求信息发布、第三方地价评估、土地纠纷法律咨询和土地金融信贷支持等服务体系，引导农村土地规范有序流转，提升土地流转利用效率。此外，针对深度贫困地区，允许城乡建设用地增减挂钩节余指标跨区域调剂与有偿使用，推进城乡优势互补与区域协同发展。

第三，加快释放农村土地制度改革红利。一方面，要盘活农村土地资源。无论是农村人居环境整治，还是发展乡村产业，都需要推进"三权分置"改革，激活要素活力，在推进农村土地经营权确权管理的

---

① 韩俊：《以习近平总书记"三农"思想为根本遵循实施好乡村振兴战略》，《管理世界》2018年第8期。

基础上，扩大农地经营权的流转范围，依托土地转包、出租、入股和托管等多种经营方式，支持农地经营权跨集体经济组织流转，引导农地经营权流向家庭农场、合作社和农业企业等新型经营主体，进而促进土地适度规模化经营，加快农业产业多元化进程，有利于使农民共享农业全产业链利润，提高农业发展竞争力。另一方面，探索差异化释放路径，可鼓励农村进行土地综合整治，推行存量宅基地自愿有偿退出、优良地段拍卖与集体内部流转，可适度放活宅基地和农民房屋的使用权，赋予农民住房财产权流转、抵押等权能，鼓励各地发展乡村旅游、返乡创业创新等，探索盘活利用闲置宅基地和农房的办法改善宅基地闲置浪费现象，提高土地资源利用效率。

4. 人才政策

高素质的人才是乡村振兴的人力资源保障，人才政策的制定是实现城乡融合发展的重要动力。结合乡村振兴的时代政策，城乡融合发展应注重健全城乡人才自由流动机制，全面盘活城乡人才资源，带动产业、土地、资本等要素在城乡间良性循环，为乡村振兴助能，为城乡高质量协调发展提供重要支持。

第一，要注重健全农业转移人口市民化推进机制，一方面，统筹推进户籍制度改革，从制度通道方面畅通劳动力转移通道，可放宽落户限制、推进居住证制度配套改革、创新户籍管理信息化平台为落户提供"一站式"便利服务等，同时，可探索区域差异化的农业转移人口市民化推进机制确保其实施的有效性；另一方面，健全农业转移人口人力资本提升机制，通过健全农民工职业教育制度，构建政府主导、企业扶持、个人发展相融合的人力资本提升机制，提升农业转移人口的职业能力，才能真正提升"以人为本"新型城镇化的发展质量，有效解决"三个1亿人"问题。

第二，建立人才入乡激励机制，吸引各类优秀的人才入乡创业，促进城乡人才一体化。政府部门要加强完善乡村创业环境，为知农爱农的下乡人才创造良好的创业环境，出台财政、金融、社会保障等优惠扶持政策，鼓励普通高校和职业院校毕业生、外出农民工及经商人员回乡创业兴业。强化农村合作社的基础作用，对农民进行职业培训，提高农民的综合素质，培养一批现代化背景下具有新型农业观念的农业从业者，建立一支懂技术、善经营的现代农民队伍，以推动农业生产的优化升级以及农业与其他产业的融合发展。

第三，构建人才合作交流机制。建立弹性个人发展或考核机制，可采用岗编适度分离等方式，鼓励城市教科文卫体等工作人员定期服务乡村。加大基层农业农村工作的政策扶持力度，如实施"乡村优秀人才定向培养计划"，通过基层地方政府与高校展开人才培养合作的方式，给予到乡村定向就业的大学生一系列优惠支持政策。推动工资待遇、职称评定等向乡村医生、教师倾斜，优化乡村教师、医生中高级岗位结构比例。合理引导规划、建筑、园林等设计人员入乡发展，规范和提高民居质量，建设生态宜居乡村，让人们具有获得感和幸福感，让下乡人才能引进来，也能留得住。

（二）城乡社会融合政策

面对当下城乡融合的发展要求，统筹城乡社会融合发展，应不断深化体制改革，坚持系统发展、重点突出等原则，实现城乡基础设施一体化和城乡基本公共服务普惠共享，为人、地、资金等要素在城乡自由流动发挥纽带作用，也为城乡融合发展奠定社会基础。针对当前城乡在道路、水电、信息等基础设施建设和教育、医疗、社会保障等社会层面的差距较大，亟须建立城乡基础设施一体化建设机制、城乡基本公共服务普惠共享机制、健全面向城乡融合的社会保障体系等，逐步畅通城乡之间发展要素的双向流动（见图6-8）。

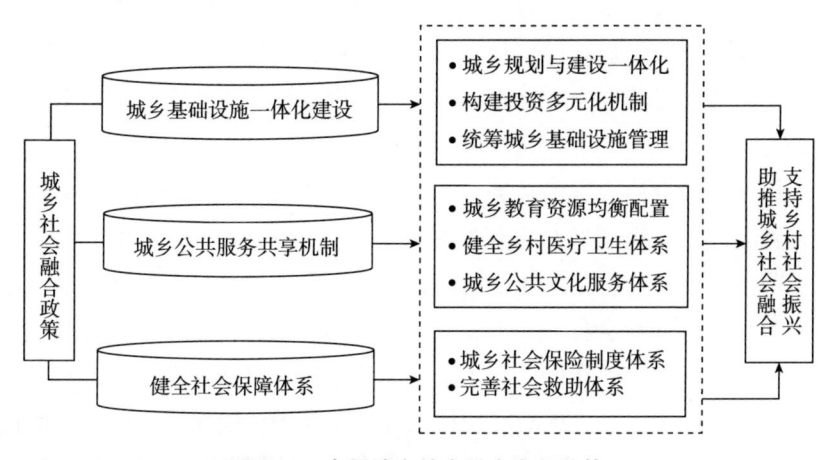

图6-8 中国城乡社会融合发展政策

第一，从规划到实施，再到管护，构建一整套城乡基础设施投资建设机制。针对农村生产生活基础设施"短板"显著的现实，首先，因地制宜地制定城乡基础设施一体化规划，对于农村在道路、供水、供电、垃圾处理、信息网络供应不足这些关乎民生的问题，应该优先规划，为农村生产生活提供最基本的保障，统筹规划交通等重要市政公用设施，增强交通基础设施服务功能，加强城乡连通性。其次，在制定规划以后，政府加大投资力度，拓宽投资渠道，保证农村基础设施建设顺利进行，同时加强责权明确，保证工程设计的现实吻合性和科学合理性，保证投资真正用到基础设施建设上，并能起到促进城乡基础设施一体化的预期效果。最后，建立城乡基础设施一体化管护机制。农村基础设施建成之后，要加强后期维护，确保基础设施长期发挥效益，需要建立责任制，保证管护效果。

第二，建立城乡公共服务均等化机制。首先，完善城乡教育资源均衡配置机制。建立以城带乡、整体推进、城乡一体、均衡发展的义务教育发展机制，采取鼓励机制促进教师资源向农村倾斜，改善其师生比偏低状态，同时，构建城乡教育资源共享机制，借助信息技术将城市优质教育资源输送到农村，提高其教育水平。其次，健全乡村医疗卫生服务体系。加大对农村医疗卫生事业的投入力度，改善医疗条件，同时加强乡村医疗卫生人才培训和技能培训，提升其业务能力，完善城乡一体化社会保险制度，包括基本医疗保险、基本养老保险制度等。最后，健全城乡公共文化服务体系。加大对农村公共文化服务的供给，依托乡村居民的文化需求，增加农村公共文化设施、扩大配套服务的覆盖面，同时对农村风俗民俗建筑加以整修和保护，促进乡村传统文明与城市先进文明的有机融合。

第三，健全社会保障体系。一方面，促进城乡社会保险制度的衔接，建立统一、全面的社会保险制度体系。为有效实现城乡融合，首先，需不断完善社会保险制度的内容体系，促进城乡社会保险政策、体制的融合，增加社会保险项目，尤其是扩大乡村的社会保险范围与形式。其次，落实全民参保计划，重点关注乡村居民的参保计划，有效提高我国居民的参保率，逐渐实现社会保险全覆盖，确保城乡所有居民在工作生活中享受基本的医疗、养老、生育等保险服务。同时，科学建立城乡居民保险待遇确定与正常调整机制，确保社会保险的保障水平合理、持续、有效增长。另一方面，完善社会救助体系。首先，根据城乡困难群众的实际需要，坚持资金救助与技术扶持相结合、长期救助与临时救助相结合的原则，建立多样化的救助类别。其次，扩大政府再分配体系中社会救助的资金占比，加大乡村社会救助资金的投入，进一步缩小城乡差距。再次，确立科学的救助标准，以各地城乡发展水平、居民收入等数据为依据，合理确定城市与乡村最低生活保障标准和调整机制。最后，支持倡导社会互助，鼓励社会各群体关注需救助群体，扩大救助主体与范围。培育和发展公益性的民间组织，健全农村老年人、留守儿童的关心爱护服务体系，完善残疾人群的保护与福利制度，切实保障困难群众的基本生活，提高救助体系的针对性和有效性。

（三）城乡生态融合政策

随着城市化、工业化进程的加快，城乡二元经济结构固化，加剧资源开发与环境保护之间的矛盾，也带来城乡生态环境出现二元化趋势，要破解城乡生态环境二元机构，实现城乡生态融合，亟须加快制定与完善城乡生态环境一体化规划，建立环境污染治理联动制度，完善城乡"三生"空间一体化制度（见图6-9）。

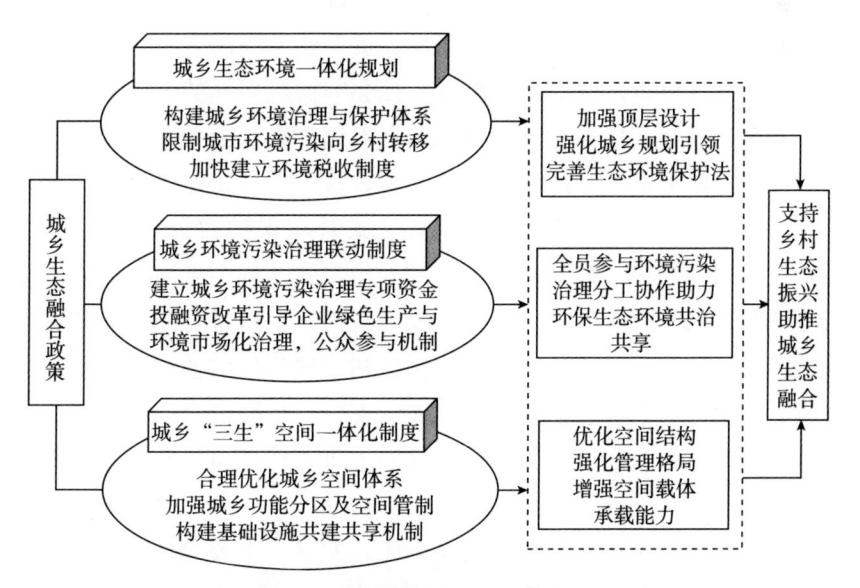

图 6-9 中国城乡生态融合发展政策

首先，加快制定与完善城乡生态环境一体化规划，加强顶层设计，编制城乡生态同建、污染同治规划，强化城乡规划引领，促进生态环境保护法律法规的完善。第一，借助法律手段，促进城乡生态环境保护以实现城乡环境融合，将环境保护建设与生态稳定建设纳入法律条文，通过建立先进的城乡环境监测预警体系、环境执法监督体系、环境友好型社会法规政策标准体系等，完善我国城乡环境治理与保护体系。第二，限制城市环境污染向农村转移，为农村的生态环境发展提供一定法制保障。城市长期作为我国生态环境保护与建设的重点，享有大量优惠政策与关注度，国家对农村的具体环境保护问题关注度低，支持力度不够，应从农村生活与生产环境现状出发，结合农村人口实际生活情况，制定与农村经济生产发展模式相适应的环境保护法律法规，提供制度支持。第三，加快建立环境税收制度，规范排污权市场，在税收方面进行对城乡环境保护政策的创新。

其次，建立环境污染治理联动制度，引导全员参与城乡环境保护事业，政府、企业、公民分工协作，推动生产环境共治共享。一是设立城乡环境污染治理专项资金并加大投入，引导专项资金用于解决农业面源污染、城乡环境污染治理、空气质量生态补偿等突出问题，以提升规模效应和示范效应，同时，利用财政资金对已出现的环境污染进行治理，并完善资金使用监督机制，提升资金利用效率。二是改进投融资机制，促进由政府、污染者、社会等构成多元的投资主体，促进环境保护投资主体多元化，拓宽融资渠道，提升企业单位绿色生产的积极性，促进财政支持向市场化治理转移，提高企业单位环境治理参与程度，提高治理效率。三是加强生态环境保护的公众参与机制，使群众参与到环境保护政策的制定过程与实施过程中，引导公众参与到环境保护的监督工作中，充分发挥公众的社会监督力量，营造保护环境的社会氛围，提高生态环境的保护和治理工作的透明度，加强公众监督、投诉与利益表达机制的完善，支持与鼓励群众环保组织的工作，发挥其对民众需求更为清晰明确的优势，加强与群众环保组织的联系，多采纳其合理意见。

最后，完善城乡"三生"空间一体化制度。主要是通过空间结构优化与管理格局强化，增强城乡空间载体对人口、产业等的承载能力，助力城乡融合发展。首先,构建科学合理的城乡空间体系。一是提升地域空间集聚度,改变空间地域分散状态,促进工业向城镇工业小区集中,居民向城镇居住小区和中心村集中,农田向规模化经营集中,构建城乡全覆盖的"主城—新市区—新城—新市镇—新农村"的新型城乡空间体系,促进核心、腹地、外围相互渗透、互为依存,增强主城扩散效应,提升新农村发展能力。二是加强城乡功能分区及空间管制,协调经济发展与资源开发、环境保护之间的矛盾,强调资源共享,可将城乡空间划分为禁止建设区、限制建设区、适宜建设区等分区,实行资源的优化配置和功能的合理分配,改善用地扩张带来的城乡生态环境问题,提升乡村空间生态化以回归乡土景观,加强乡村空间与主城、边缘区生态关联。三是构建基础设施共建共享机制,为城乡要素自由双向流通增加便捷性和通达性,以改善和提高农村生活和生产条件为基础,从规划到实施,再到管护,构建一整套城乡基础设施规划和投资建设机制,发挥资源和资金的最大效益,创造良好的生活和生产环境,提高生产、生活和生态质量。

第四节 本章小结

本章依据全国各区域的"双轮协调"水平测度及其影响因素分析结果,总结了中国"双轮协调"发展中存在的主要问题,并基于不同视角提出提升"双轮协调"发展水平的差异化发展路径,进而构建了面向城乡融合的"双轮协调"整体体系,结果显示:

(1)中国"双轮协调"驱动下城乡融合发展中存在的主要问题包括:城乡融合水平质量不高且区域差异显著、城乡差距过大仍是新形势下城乡融合的主要障碍、城乡发展体制制约城乡基本公共服务均等化进程、城乡要素双向流通体制尚未建立限制城乡互动。

(2)基于不同视角提出"双轮协调"发展路径:①体制机制路径,主要包括城乡政策、体制机制和政策绩效三个方面;②产业路径,主要包括乡村产业提质增效、城市产业转型升级、城乡产业联动协调;③区域化路径,主要包括东中西部区域、不同城乡协调类型和不同地理环境差异化路径。

（3）根据城乡融合发展政策的着眼点和作用机理，构建面向城乡融合的"双轮协调"调控政策体系，主要包括城乡经济融合、社会融合、生态融合等方面的政策，为城乡融合发展提供坚实的环境保障。

第七章

结论与展望

为有效缓解城乡二元结构，针对城乡政策体制机制对城乡收入差距拉大的影响持续存在的趋势，首先，研究对1949年以来中国城乡发展政策进行梳理，发现城乡差距不断拉大，在很大程度上是因为长期以城市为发展重心的城市偏向模式，要实现城乡融合从单轮驱动向"双轮协调"转变有必要且可行；其次，在评价乡村振兴与新型城镇化各自发展水平的基础上，从不同层面详细分析"双轮协调"时空演变规律、空间集聚效应，进而识别影响因素，判别哪些要素起主要拉动作用，哪些要素起主要阻碍作用；最后，在归纳中国"双轮协调"发展中存在的主要问题的基础上，基于不同视角提出"双轮协调"发展实现路径，进而构建面向城乡融合的"双轮协调"政策体系。

第一节 主要结论

（1）着重分析了中国城乡发展从单轮到双轮的必要性。一是中国作为农业大国，农业是中国经济发展、社会稳定的基础，然而，当前农业现代化水平严重滞后于工业化水平，城乡差距不断拉大，如何依托国家发展战略和发展契机提升农业自我发展能力、促进城乡融合，显得尤为必要。二是通过梳理自1949年以来的城乡发展政策发现，中国城乡关系演变的进程中，不管是以乡促城阶段、工业化和城市化为主阶段，还是城乡融合显现及推进阶段，政府一直处于主导地位，其城市偏向政策在城乡发展进程中长期扮演着主角，致使城乡二元结构不断固化和强化，单纯依靠提升城市实力带动农村这一单轮驱动模式可能带来短期效益，不具有持续性。要破解城乡经济社会发展矛盾、重塑新时代城乡关系，实现单轮驱动向乡村振兴与新型城镇化"双轮协调"驱动极为必要。

（2）中国双轮整体及分维度协调水平时空演变差异显著。一是"双轮协调"发展水平测度结果表明，从全国层面看，"双轮协调"水平稳中有升，双轮经济协调起关键作用，双轮社会和生态两维度发展水平呈向好态势；从区域层面看，东部、中部、西部三大区域"双轮协调"发展水平在1996—2017年变动较为平稳但空间差异明显，呈现东高西低态势；从省域层面看，大部分省域的"双轮协调"水平在1996—2017年呈上升态势但省际差异明显。

二是基于中国省域双轮整体协调水平及分维度协调水平排名的空间分布、排名变化及排名变动类型分析结果，1996—2017年，中国省域双轮整体协调发展水平与双轮经济维度协调水平空间格局基本一致，均基本呈"东高西低"的格局，双轮社会协调发展水平并没有呈显著的"东高西低"空间格局，但其均衡与非均衡两种变动态势并存，而双轮生态协调水平经历了"西高东低"向"东高西低"的分布格局转变；中国双轮整体协调水平及双轮分维度协调水平类型均处于不断优化过程中，发展态势向好，并出现空间集聚迹象。

三是1996年和2017年的"双轮协调"水平空间集聚的冷热点分析结果显示，中国"双轮协调"水平发展态势向好，空间类型不断优化，除双轮生态协调维度外，均基本呈"东高西低"格局，双轮协调水平的空间格局整体呈现出沿海向内陆由热点、次热点—次冷点—冷点的分布状态，其中，双轮经济、社会协调水平高值区主要分布在东部较发达地区，并开始显现向中部较发达地区扩张迹象，而双轮生态协调水平冷热点空间分布正好相反，呈"西高东低"空间集聚特征，但两种空间格局均表现出高值区扩张趋势，低值区收缩趋势。

四是"双轮协调"驱动下中国城乡融合3种模式对城乡融合发展均表现出促进作用，但产业融合模式的区域内城乡融合不平衡问题较为严重，城乡差距依然较大，政策扶持模式的区域，城乡市场二元分割，限制城乡要素流通严重，城乡融合水平偏低。3种模式皆需深入探索和持续优化，应根据不同区域的现状及困境，采取不同的发展模式，分类推进、重点突破与逐步覆盖。

（3）全国层面、分区域、分等级层面"双轮协调"水平时空演变的影响因素不同。一是在全国层面，第一产业 GDP 的持续增长为"双轮协调"做出了主要贡献；城市第二、第三产业 GDP 的高速增长是"双轮协调"的主要障碍，全国层面乡村振兴与新型城镇化之间的协调趋势，应该是农村与城市二者合力作用的结果，而缩小城乡差距是提升"双轮协调"发展水平的关键。

二是在分区域层面，东部地区，第一产业 GDP 为"双轮协调"做出了主要贡献，人均耕地面积是主要障碍，东部地区乡村振兴与新型城镇化的协调主要得益于乡村振兴的实效，但需要加强城乡产业融合、城市资本和技术下乡来提高农业现代化水平，以缩小城乡差距同时弱化人均耕地面积不足带来的阻力；中部地区，人均农用机械总动力为"双轮协调"做出了主要贡献，城市第二、第三产业 GDP 是"双轮协调"的主要障碍，中部地区工业化和城镇化进程都较为缓慢，加快产业结构转型和升级是其当前的重点之一；在西部地区，第一产业 GDP、人均耕地面积为"双轮协调"做出了主要贡献，城市第二、第三产业 GDP 是绝对主要障碍，西部地区乡村振兴与新型城镇化之间的协调主要得益于农村自身发展。

三是在分等级层面，高双轮协调度地区，人均农用机械总动力和城市经济规模对"双轮协调"的正向推动作用突出，人均耕地面积、城乡收入比的反向作用最大，这类地区省份的协调水平较高，得益于乡村自我发展活力的提升，及城市"以城带乡"能力的提高；中双轮协调度地区，单位耕地面积粮食产量对"双轮协调"的促进作用最为突出，人均耕地面积的反向作用最大，主要贡献因素和阻碍因素均来自农业发展，因此推断，这一类型省份协调水平的提升主要得益于乡村振兴实效，同时，城乡经济发展均表现出对协调水平的提升作用，说明中部崛起战略实施效应正在显现；低双轮协调度地区，人均耕地面积、农业经济规模对"双轮协调"的促进作用突出，城乡收入比、城市经济规模的阻碍作用显著，但作用系数都较小，要提升该类型省份的协调水平，单纯依靠西部地区自身难以实现，需丰富政策手段、提升政策效应。

基于研究结果，形成"双轮协调"驱动下中国城乡融合发展时空动态演变综合驱动机制整体框架，中国双轮协调发展时空演变受到内部条件和外部环境等多重因素影响，其中，第一产业 GDP 对中、西部地区及中、低双轮协调度地区的双轮协调水平基本呈显著正相关，第二、第三产业 GDP，城乡收入比则基本呈显著负相关，交通通达性相关性基本不显著，说明城乡发展差距不断拉大是双轮协调水平提升的最大障碍。另外，值得注意的是，城乡政策调整对城乡融合水平的提升效应已经开始显现，从东中西部分区域看，城乡政策对城乡融合水平的作用系数虽然较小，但已具有显著正向推动作用，尤其是西部和中部地区，从不同协调度地区看，对各协调度地区协调水平提升的推动作用不显著，并存在区域差异，可能与中国长期发展的增长极基本都分布在东部发达省份有关，而促进作用不显著与区域政策的实施具有时间效应有关，要提升"双轮协调"水平，优化城乡政策的实施效果，构建面向城乡融合的政策体系极为必要。

（4）依据"双轮协调"发展水平时空演变和影响因素的分析结果，总结中国"双轮协调"发展进程中存在的主要问题，主要包括城乡融合水平质量不高且区域差异显著、城乡差距过大仍是新形势下城乡融合的主要障碍、城乡发展体制制约城乡基本公共服务均等化进程、城乡要素双向流通体制尚未建立限制城乡互动等几个方面。基于体制机制路径、产业路径、区域化路径等几个不同视角提出"双轮协调"发展路径，进而构建了包含城乡经济、社会、生态融合在内的城乡融合政策体系。

第二节　研究展望

受数据可得性和知识水平所限，研究仅从宏观层面和中观层面就我国城乡驱动双轮之间是否协调、协调演变规律及如何促进协调等问题进行了研究，未来的城乡融合发展，除提升城市化率外，更意味着如何促进城乡公共服务、社会保障、城市化教育等方面内涵式均衡协调发展，有必要对于指标体系设计及理论研究等问题进行进一步深入与扩展。

第一，继续深化中国"双轮协调"发展指标体系的研究。中国"三农"问题的长期性和固化性决定了中国城乡融合发展的复杂性与艰巨性，科学完善的乡村振兴与新型城镇化"双轮协调"发展指标体系，能为城乡融合发展政策的制定提供有效参考，但当前城乡协调发展指标体系尚缺乏统一的研究范式。"双轮协调"涉及城市和农村，包含内容极其宽泛，而城市和农村在发展战略、资源禀赋、发展基础、发展水平、发展道路、发展模式等诸方面差异显著，因此在构建指标体系时难以全方位覆盖，基于可获取可量化的视角，尽可能选取当前"双轮协调"的现状及存在问题进行识别和评价，另外在收集数据时尽量选取各省域间统计口径较为一致的指标，不可避免会舍去少许对"双轮协调"发展有一定影响的因素，由此可能导致评价结果不精准、不全面。如研究主要从经济、社会和生态三个维度选取评价指标，因数据可获得性难度偏大，暂未考虑政治维度和文化维度评价。今后可尝试采用抽样调研和发放问卷的方法获取数据，对省域政治维度、文化维度"双轮协调"水平进行评价，在获得较为可靠的一手数据的同时，丰富城乡协调发展评价指标体系。

第二，丰富中国"双轮协调"发展的研究尺度。有关新型城镇化与乡村振兴的协调研究多集中在区域层面，例如本研究是以中国的全国层面及东部、中部、西部地区为例展开的。区域层面分析有利于从宏观上把握城乡协调发展的整体态势，但由于缺乏对市域、县域在政策落实和路径实施等行为的监测和分析，国家层面虽在不断完善和推进城乡融合发展工作，省域政府在正确解读政策之后，也积极致力于制订差异化实施方案、路径及细则，但市级县级层面在具体实施过程中，因发展阶段、发展水平、发展要素等地域差异显著，难免会受到目标偏差、执行损耗和不确定性等因素的干扰，还容易因实施难度大或利益冲突而导致政策的偏离，其实施效果与政策预期会形成脱节，进而固化城乡协调发展"政府为主体、自上而下"的"推动和倒逼"模式；如果从市域、县域尺度进行细化分析，在了解市域和县域层面自身发展局限及政策落实能力的基础上，通过产业、人才及政策引导等措施，因地制宜地创新城乡协调模式，弱化城乡不协调性，促使城乡协调发展便会由自上而下的"推动和倒逼"，逐步呈现自下而上的"涓滴效应"，不仅有利于缩小城乡差距，还能有效推动国家发展战略的实施。因此，如何基于更为丰富细致的数据和更为精确有效的方法，从市域和县域层面分析中国

"双轮协调"发展，值得进一步研究和探讨。

第三，对典型区域、典型案例的解剖。中国各地域因为区位、地理环境不同，在发展过程中表现出资源禀赋、发展基础、发展水平等诸方面的显著性差异，并且在对中国新型城镇化与乡村振兴协调水平测度时，涉及经济要素、社会要素、生态环境要素等诸多层面。因此，在对双轮协调水平评价时，从可能性和可操作性角度看，未能对每个区域进行研究，仅选取典型区域、典型案例加以解剖，这些地域在推进城乡融合进程中，为其他区域双轮协调发展提供经验，发挥对实践的示范效应和有针对性的指导作用。因此，如何基于较为完善且实用的双轮协调水平评价体系，科学解剖典型区域、典型案例的双轮协调发展，全面反映和展示其示范效应，值得深入探究。

参考文献

巴明廷等：《基于三维尺度的中原经济区城镇化时空特征研究》，《河南科学》2013年第4期。

白永秀：《转变经济发展方式：城乡经济社会协调发展的视角》，《当代财经》2011年第11期。

蔡继明等：《政府主导型与农民自主型城市化模式比较》，《经济学动态》2015年第5期。

蔡瑞林等：《农民工逆城市化的驱动因素分析》，《经济管理》2015年第8期。

曹飞：《新型城镇化质量测度、仿真与提升》，《财经科学》2014年第12期。

曹萍：《城镇化报道中存在的认识误区》，《青年记者》2014年第3期。

曹萍、任建兰：《大城市郊县改区土地利用空间格局演化与驱动因素研究——以山东省济南市长清区为例》，《国土资源科技管理》2016年第5期。

曹萍、任建兰：《农业产业多元化与乡村人居环境协调发展：时空演变及驱动机制》，《山东大学学报》（哲学社会科学版）2019年第6期。

曹萍、任建兰：《山东省土地城镇化时空格局演变研究》，《江苏农业科学》2017年第20期。

曹孜、陈洪波：《城市化和能源消费的门槛效应分析与预测》，《中国人口·资源与环境》2015年第11期。

陈宝月：《"红色文化+绿色生态"的乡村振兴之路——福建省龙海市卓港村实施乡村振兴战略的调研》，《低碳世界》2020年第9期。

陈别、陆铭：《从分割到融合：城乡经济增长与社会和谐的政治经济学》，《经济研究》2008年第1期。

陈斌开、林毅夫：《发展战略、城市化与中国城乡收入差距》，《中国社会科学》2013年第4期。

陈斌开等：《政府教育投入、人力资本投资与中国城乡差距》，《管理世界》2010年第1期。

陈才：《区域经济地理学的学科理论与实践》，科学出版社2010年版。

陈飞、翟伟娟：《农户行为视角下农地流转诱因及其福利效应研究》，《经济研究》2015年第10期。

陈红红：《云南省新型城镇化路径优化研究》，硕士学位论文，云南财经大学，2018年。

陈红霞、屈玥鹏：《基于定性比较分析的村镇产业融合的影响因素与发展模式研究》，《城市发展研究》2020年第7期。

陈计旺：《地域分工与区域经济协调发展》，经济管理出版社2001年版。

陈江龙等：《工业化、城镇化和农业现代化"三化融合"的内涵与机制——以江苏省为例》，《农业现代化研究》2013年第3期。

陈金树：《乡村振兴战略背景下产业振兴路径探讨》，《南方农业》2020年第24期。

陈明星：《"一带一路"与新型城镇化的融合发展研究》，2017年中国地理学会经济地理专业委员会学术年会论文，中国地理学会，2017年3月。

陈明星等：《中国城市化水平的综合测度及动力因子分析》，《地理学报》2009年第4期。

陈昕昕：《农村内生发展动力与城乡融合发展》，《农业经济》2018年第12期。

陈珣、徐舒：《农民工与城镇职工的工资差距及动态同化》，《经济研究》2014年第10期。

陈彦光：《中国人口转变、城市化和产业结构演变的对应关系研究》，《地理研究》2010年第12期。

陈义国、陈甬军：《中国的城市化与城乡包容性增长》，《暨南学报》（哲学社会科学版）2014年第10期。

程静、陶一桃：《后脱贫时代的少数民族地区税制改革探讨》，《云南民族大学学报》（哲学社会科学版）2020年第5期。

仇保兴：《中国的新型城镇化之路》，《中国农村观察》2010年第4期。

[美]道格拉斯·诺斯：《制度、制度变迁与经济绩效》，刘守英译，上海三联书店，1994年。

邓创、席旭文：《中美货币政策外溢效应的时变特征研究》，《国际金融研究》2013年第9期。

丁志伟：《1949年以来河南省的城镇化进程及城镇密集区研究》，《资源开发与市场》2011年第11期。

丁志伟：《中原经济区"三化"协调的内在机理与定量分析》，《地理科学》2013年第4期。

丁志伟、王发曾：《城市—区域系统内涵与机理研究——从城市、城市体系、城市群到城市—区域系统》，《人文地理》2012年第2期。

丁志伟等：《中原地区多尺度城乡收入的时空分异》，《地理研究》2014年第1期。

董栓成：《"工业化、城镇化、农业现代化"协调发展的定量分析——以河南省为例》，《经济研究导刊》2011年第17期。

董文杰：《财政金融支农政策促进城乡经济协调发展效率的动态评价》，《西南大学学报》（社会科学版）2017年第6期。

段晶晶、李同昇：《县域城乡关联度评价指标体系构建与应用——以大西安为例》，《人文地理》2010年第4期。

樊杰、郭锐：《新型城镇化前置条件与驱动机制的重新认知》，《地理研究》2019年第1期。

范斐等：《社会、经济与资源环境复合系统协同进化模型的构建和应用》，《系统工程理论与实践》2013年第2期。

范建双等：《城镇化、城乡差距与中国经济的包容性增长》，《数量经济技术经济研究》2018年第4期。

方创琳：《博台线——中国区域发展均衡线的重要功能与建设构

想》,《地理学报》2020年第2期。

方创琳:《改革开放40年来中国城镇化与城市群取得的重要进展与展望》,《经济地理》2018年第9期。

方创琳:《京津冀城市群一体化发展的战略选择》,《改革》2017年第5期。

方创琳、王振波:《新型城镇化的战略、思路与方法——长江经济带的束簇状城镇体系构想》,《人民论坛·学术前沿》2015年第18期。

方创琳等:《城市群扩展的时空演化特征及对生态环境的影响——以天山北坡城市群为例》,《中国科学·地球科学》2019年第9期。

方创琳等:《美丽中国建设的理论基础与评估方案探索》,《地理学报》2019年第4期。

方创琳等:《特大城市群地区城镇化与生态环境交互耦合效应解析的理论框架及技术路径》,《地理学报》2016年第4期。

方创琳等:《中国城镇化发展阶段的修正及规律性分析》,《干旱区地理》2008年第4期。

费景汉·拉尼斯:《劳动剩余经济的发展:理论与对策》,经济科学出版社1992年版。

冯之浚:《西部地区城镇化发展道路》,浙江教育出版社2003年版。

付军辉:《以高素质农民技能培训实现乡村人才振兴》,《甘肃农业》2020年第9期。

傅晨、任辉:《农业转移人口市民化背景下农村土地制度创新的机理:一个分析框架》,《经济学家》2014年第3期。

高宏霞、陈聪:《三维视角下的金融发展与城镇化研究》,《西南金融》2014年第12期。

高云才:《城镇化是一个自然历史过程》,《人民日报》2013年12月23日第17版。

苟安经:《我国农民全面发展的现实基础、理论依据与基本路径》,《农业经济》2020年第10期。

官卫华等:《改革开放40年以来南京城乡规划发展的演进——兼谈新时代国土空间规划的融合创新》,《城市规划学刊》2019年第5期。

郭翔宇、颜华：《统筹城乡发展——理论、机制、对策》，中国农业出版社 2007 年版。

郭毅飞：《乡村振兴背景下河南省城乡融合发展体制机制研究——以巩义市为例》，《现代商贸工业》2020 年第 29 期。

韩冬青：《深化城乡融合的新时代内涵》，《群众》2018 年第 7 期。

韩广富、辛远：《2020 年后中国贫困治理的战略重点、难点与对策》，《行政管理改革》2020 年第 9 期。

韩文龙、吴丰华：《新时代城乡融合发展的理论内涵与实现路径》，《马克思主义与现实》2020 年第 2 期。

郝寿义、安虎森：《区域经济学》（第二版），经济科学出版社 2004 年版。

何红：《城乡融合发展的核心内容与路径分析》，《农业经济》2018 年第 2 期。

何杰等：《城乡融合背景下淮海经济区乡村发展潜力——以苏北地区为例》，《自然资源学报》2020 年第 8 期。

何颖、刘洪：《乡村振兴战略背景下劳动力回流机制与引导对策》，《云南民族大学学报》（哲学社会科学版）2020 年第 5 期。

何永芳等：《新时代城乡融合发展问题与路径》，《西南民族大学学报》（人文社科版）2020 年第 7 期。

贺雪峰：《城乡二元结构视野下的乡村振兴》，《长春市委党校学报》2018 年第 6 期。

洪银兴：《以三农现代化补"四化"同步的短板》，《经济学动态》2015 年第 2 期。

侯祥鹏、葛扬：《地方政府推动城镇化的机理与实证——以江苏为例》，《江苏社会科学》2015 年第 2 期。

黄顺江：《推进以人为本的城镇化》，《人民日报》2012 年 11 月 12 日第 7 版。

蒋俊芬：《乡村文化振兴的价值意蕴及推进路径》，《安徽商贸职业技术学院学报》（社会科学版）2020 年第 3 期。

蒋永穆、张晓磊：《中国特色农业现代化道路的演进动力探析》，《农村经济》2017 年第 4 期。

蒋永穆、周宇晗：《改革开放 40 年城乡一体化发展：历史变迁与逻辑主线》，《贵州财经大学学报》2018 年第 5 期。

金成武：《中国城乡融合发展与理论融合——兼谈当代发展经济学理论的批判借鉴》，《经济研究》2019 年第 8 期。

金三林等：《从城乡二元到城乡融合——新中国成立 70 年来城乡关系的演进及启示》，《经济纵横》2019 年第 8 期。

雷潇雨、龚六堂：《城镇化对于居民消费率的影响：理论模型与实证分析》，《经济研究》2014 年第 6 期。

李斌：《乡村振兴战略下农村土地流转法律问题研究》，《安徽商贸职业技术学院学报》（社会科学版）2020 年第 3 期。

李惠国：《当代韩国人文社会科学》，商务印书馆 1999 年版。

李家祥：《试论乡村振兴中多主体和谐关系的构建——以资本下乡为视角》，《理论导刊》2020 年第 9 期。

李剑波、李纯锴：《成渝城市群新型城镇化发展协调性研究》，《安徽农业科学》2016 年第 33 期。

李敏：《农村基层党组织要发挥好"头雁效应"》，《人民论坛》2020 年第 27 期。

李文强、陈宪：《新型工业化理论研究的发展》，《上海经济研究》2011 年第 5 期。

李文宇：《城乡分割会走向城乡融合吗——基于空间经济学的理论和实证分析》，《财经科学》2015 年第 6 期。

李小建：《经济地理学》，高等教育出版社 1999 年版。

李小建：《新型城镇化中的协调思想分析》，《中国人口·资源与环境》2014 年第 2 期。

李鑫等：《城乡融合导向下乡村发展动力机制》，《自然资源学报》2020 年第 8 期。

李颖：《乡村振兴战略背景下乡村旅游发展研究——基于对马鞍山市的调研分析》，《产业创新研究》2020 年第 17 期。

李裕瑞等：《发展乡村科学，助力乡村振兴——第二届乡村振兴与乡村科学论坛综述》，《地理学报》2019 年第 7 期。

李政新、白玉：《加快新型农村社区建设是实现新型城镇化的有效途径——关于河南安阳滑县锦和新城建设的实践与思考》,《农村—农业—农民》(A版)2011年第4期。

林聚任、张小莉:《城乡空间协调发展与融合——基于胶东地区的研究》,《南京社会科学》2020年第6期。

刘晨光等:《中国城乡协调发展空间格局与演化研究法》,《人文地理》2012年第2期。

刘法威、杨衍:《城乡融合背景下乡村土地利用多功能转型研究》,《郑州大学学报》(哲学社会科学版)2020年第3期。

刘红梅:《中国城乡一体化影响因素分析——基于省际面板数据的引力模型》,《中国农村经济》2012年第8期。

刘欢等:《长江经济带市域人口城镇化的时空特征及影响因素》,《经济地理》2017年第3期。

刘建:《乡村振兴视野下家风文化治理的演变逻辑及体系重构》,《湖北民族大学学报》(哲学社会科学版)2020年第5期。

刘建国等:《中国经济效率和全要素生产率的空间分异及其影响》,《地理学报》2012年第8期。

刘俊杰:《我国城乡关系演变的历史脉络:从分割走向融合》,《华中农业大学学报》(社会科学版)2020年第1期。

刘鹏:《乡村振兴背景下河北省农村集体经济发展困境与建议》,《山西农经》2020年第16期。

刘生龙等:《交通基础设施与中国区域经济一体化》,《经济研究》2011年第3期。

刘彦随:《中国乡村振兴规划的基础理论与方法论》,《地理学报》2020年第6期。

刘永强等:《城乡一体化发展背景下中国农村土地管理制度创新研究》,《经济地理》2013年第10期。

刘玉邦、眭海霞:《绿色发展视域下我国城乡生态融合共生研究》,《农村经济》2020年第8期。

柳建坤等:《乡村振兴背景下特殊信任对返乡创业过程的影响》,《华中农业大学学报》(社会科学版)2020年第5期。

龙启蒙等:《城乡一体化的资本困境与突破路径——基于西方马克

思主义资本三循环理论的思考》,《中国农村经济》2016年第9期。

卢展工:《推进"三化"协调发展,持续探索中原经济区科学发展路子》,《农村·农业·农民》2012年第1期。

陆大道:《地理学关于城镇化领域的研究内容框架》,《地理科学》2013年第8期。

陆铭、陈钊:《城市化、城市倾向的经济政策与城乡收入差距》,《经济研究》2004年第6期。

路燕等:《河南省农区发展特点和"三化"协调发展路径研究》,《农业现代化研究》2013年第1期。

吕风勇:《乡村振兴战略的根本途径在于城乡融合》,《中国国情国力》2018年第6期。

罗来军等:《中国双向城乡一体化验证性研究——基于北京市怀柔区的调查数据》,《管理世界》2014年第11期。

罗永乐:《西部地区新型工业化水平动态分析——基于西部大开发的视角》,《经济地理》2012年第2期。

罗勇等:《异质型人力资本、地区专业化与收入差距——基于新经济地理学视角》,《中国工业经济》2013年第2期。

骆永民:《中国城乡基础设施差距的经济效应分析——基于空间面板计量模型》,《中国农村经济》2010年第3期。

《马克思恩格斯选集》(第1卷),人民出版社1995年版。

马春紫:《乡村振兴背景下我国农业经营制度供求错位探析》,《农业经济》2020年第40期。

马凯:《转变城镇化发展方式,提高城镇化发展质量》,《国家行政学院学报》2012年第5期。

马珂:《城乡统筹发展评价体系的构建及应用》,《城市问题》2011年第8期。

马萌:《乡村集体企业内部控制:价值、问题与对策》,《农业经济》2020年第10期。

马随随等:《基于主体功能区视角的县域规划创新研究》,《世界地理研究》2011年第3期。

马文武、刘虔:《异质性收入视角下人力资本对农民减贫的作用效应研究》,《中国人口·资源与环境》2019 年第 3 期。

马志刚、欧阳优:《把握世界经济格局调整的趋势性变化》,《经济日报》2012 年 6 月 29 日第 15 版。

孟俊杰等:《河南省"三化"同步发展水平测度研究》,《农业技术经济》2012 年第 8 期。

倪楠:《中国城乡经济社会一体化的历史演进研究》,博士学位论文,西北大学,2013 年。

宁志中、张琦:《乡村优先发展背景下城乡要素流动与优化配置》,《地理研究》2020 年第 10 期。

潘竟虎、尹君:《基于 DEA-ESDA 的甘肃省城乡统筹发展效率评价及其空间差异分析》,《经济地理》2011 年第 9 期。

潘明清、高文亮:《我国城镇化对居民消费影响效应的检验与分析》,《宏观经济研究》2014 年第 1 期。

潘苹:《国际经验对我国乡村振兴战略发展的启示》,《农业与技术》2020 年第 17 期。

庞瑞芝、李鹏:《中国新型工业化增长绩效的区域差异及动态演进》,《经济研究》2011 年第 11 期。

彭红碧、杨峰:《新型城镇化道路的科学内涵》,《理论探讨》2010 年第 4 期。

齐红倩、席旭文:《分类市民化:破解农业转移人口市民化困境的关键》,《经济学家》2016 年第 6 期。

齐红倩、席旭文:《中国城镇化为何背离缩小城乡差距目标——基于中国经济不同发展阶段的差异性分析》,《南京社会科学》2015 年第 4 期。

齐红倩等:《中国城镇化发展水平测度及其经济增长效应的时变特征》,《经济学家》2015 年第 11 期。

钱丽等:《中国区域工业化、城镇化与农业现代化耦合协调度及其影响因素研究》,《经济问题探索》2012 年第 11 期。

秦耀辰:《中原经济区科学发展研究》,科学出版社 2011 年版。

任杲等:《改革开放 40 年中国城市化进程研究》,《宁夏社会科学》2019 年第 1 期。

任建兰:《区域可持续发展导轮》,北京科学出版社 2014 年版。

邵立民、邵晨阳:《在工业化和城镇化深入发展中同步推进农业现代化的对策与建议》,《农业工程》2011 年第 4 期。

盛学良等:《城市化对生态环境的影响与对策》,《环境导报》2001 年第 6 期。

史雅娟:《中原城市群空间格局的多中心网络化研究》,博士学位论文,河南大学,2013 年。

宋超山等:《城市化与资源环境系统耦合研究——以西安市为例》,《干旱区资源与环境》2010 年第 5 期。

苏荣:《推进新型城镇化,实现崛起新跨越》,《求是》2008 年第 13 期。

苏小庆等:《新型城镇化与乡村振兴联动:现实背景、理论逻辑与实现路径》,《天津社会科学》2020 年第 3 期。

隋筱童:《马克思恩格斯城乡关系理论研究及新时代启示》,《兰州学刊》2020 年第 4 期。

隋映辉:《协调发展论》,青岛海洋大学出版社 1990 年版。

孙久文等:《全域城市化:发达地区实现城乡一体化的新模式》,《吉林大学社会科学学报》2018 年第 5 期。

孙琳、刘长华:《长江经济带城镇化质量怎么样》,《人民论坛》2016 年第 29 期。

孙平军、丁四保:《人口—经济—空间视角的东北城市化空间分异研究》,《经济地理》2011 年第 7 期。

孙祁祥等:《城镇化对经济增长作用的再审视——基于经济学文献的分析》,《经济学动态》2013 年第 11 期。

覃成林等:《区域经济协调发展:概念辨析、判断标准评价方法》,《经济体制改革》2011 年第 4 期。

谭云:《乡村振兴背景下贵州乡村旅游发展路径研究》,《环渤海经济瞭望》2020 年第 7 期。

唐娅娇、李晓燕:《低碳路径下推进长株潭城市群新型城镇化的思考》,《特区经济》2011 年第 7 期。

万李红、程云鹤:《安徽省 16 市新型城镇化水平测评与空间差异分析》,《城市学刊》2019年第4期。

王贝:《中国工业化、城镇化和农业现代化关系实证研究》,《城市问题》2011年第9期。

王长生:《重庆市城乡统筹发展模式研究》,博士学位论文,东北师范大学,2012年。

王翠英:《乡村振兴战略背景下大学生返乡创业问题研究》,《农业经济》2020年第10期。

王发曾:《三化协调与四化同步:中原经济区的战略选择》,《地域研究与开发》2013年第5期。

王发曾:《新型城镇化引领"三化"协调科学发展》,人民出版社2012年版。

王发曾:《中原经济区的"三化"协调发展之路》,《人文地理》2012年第3期。

王发曾:《中原经济区的新型城镇化之路》,《经济地理》2010年第12期。

王发曾:《中原经济区建设需全方位融入信息化要素》,《河南日报》2013年5月8日第11版。

王景新:《用"城乡统筹"的战略思想指导农村深化改革》,《经济前沿》2003年第9期。

王磊等:《基于ESDA-GIS的广东省城乡统筹发展空间分异》,《经济地理》2012年第9期。

王群:《乡村振兴与农村实用人才》,《农家参谋》2020年第19期。

王生荣、王昕晗:《乡村振兴战略下甘肃陇南农村大数据建设研究——基于农户的视角》,《图书馆》2020年第8期。

王彦霞、王培安:《新型城镇化视角下县域城镇化时空格局及聚集特征——以浙江省为例》,《干旱区地理》2019年第2期。

王瑶:《新型城镇化背景下城市群协调发展机制建设研究》,《现代商业》2020年第23期。

王渊等:《城乡经济社会一体化内涵与外延的再认识》,《福建论坛》(人文社会科学版)2013年第1期。

魏后凯：《农业农村优先发展的内涵、依据、方法》，《农村工作通讯》2017年第24期。

魏后凯：《新常态下中国城乡一体化格局及推进战略》，《中国农村经济》2016年第1期。

魏婕：《乡村振兴战略背景下的新生代农民工价值观培育与引导路径》，《农业经济》2020年第9期。

温兴琦：《以农业创新体系建设促进乡村振兴》，《农村工作通讯》2020年第13期。

温志强、刘楠：《乡村振兴战略背景下的农村教育》，《大陆桥视野》2020年第7期。

吴根平：《我国城乡一体化发展中基本公共服务均等化的困境与出路》，《农业现代化研究》2014年第1期。

吴建楠等：《长江三角洲城市群城乡统筹发展的空间差别化研究》，《长江流域资源与环境》2010年第21期。

吴丽娟等：《城乡统筹发展的动力机制和关键内容研究评述》，《经济地理》2012年第4期。

吴巍等：《城乡一体化视角下农民就地城镇化影响因素研究——以南昌市边缘区为例》，《城市发展研究》2017年第8期。

吴先华等：《城乡统筹发展水平评价——以山东省为例》，《经济地理》2010年第4期。

吴学凡：《新时期中国城乡差别问题》，社会科学文献出版社2009年版。

吴业苗：《城乡二元结构的存续与转换——基于城乡一体化公共性向度》，《浙江社会科学》2018年第4期。

武小龙：《城乡对称互惠共生发展：一种新型城乡关系的解释框架》，《农业经济问题》2018年第4期。

向建、吴江：《城乡统筹视阈下的重庆新型城镇化的路径选择》，《现代城市研究》2013年第7期。

项继权、周长友：《"新三农"问题的演变与政策选择》，《中国农村经济》2017年第10期。

肖金成：《国外城镇化的经验与启示》，《时事报告》2013年第

4 期。

徐新洲、郑伟：《乡村振兴视角下农村公共文化建设策略研究》，《大众文艺》2020 年第 17 期。

许汉泽：《社会工作参与乡村振兴的比较优势及路径》，《团结》2020 年第 4 期。

许恒周等：《京津冀城市圈公共服务资源配置与人口城镇化协调效率研究》，《中国人口·资源与环境》2018 年第 3 期。

许经勇：《城乡一体化视野下的小城镇发展战略研究》，《东南学术》2018 年第 2 期。

许学强、李郇：《改革开放 30 年珠江三角洲城镇化的回顾与展望》，《经济地理》2009 年第 1 期。

薛江谋：《乡村振兴战略下大学生农村就业的现实困境与纾解》，《南都学坛》2020 年第 5 期。

闫芳、汤振兴：《基于产业集聚的河南省新型城镇化发展水平评价》，《中国农业资源与区划》2019 年第 10 期。

杨浩英、郑景云：《农垦人才精准培育与乡村振兴提质融合研究》，《安徽农业科学》2020 年第 18 期。

杨丽娟：《浅谈建设村级治理体系推动乡村振兴发展》，《新农业》2020 年第 17 期。

杨利春：《全面小康"一个都不能少"——"精准扶贫与城乡一体化"中青年学术研讨会综述》，《中国人口科学》2016 年第 5 期。

杨亮：《两区同建：德州市新型城镇化模式研究》，硕士学位论文，山东师范大学，2017 年。

姚旭兵等：《人力资本对新型城镇化的空间溢出效应》，《华南农业大学学报》（社会科学版）2016 年第 6 期。

叶菲菲：《乡村振兴背景下城乡融合发展的困境与出路》，《农业经济》2020 年第 10 期。

易承志：《城市性质与城乡治理的再认识——兼与杨宏山教授商榷》，《探索与争鸣》2016 年第 10 期。

余淑均：《人的全面发展视阈下的中国新型城镇化建设思考》，《湖北社会科学》2018 年第 12 期。

原子舰：《新时代城乡融合需要处理的四大关系》，《经济研究导刊》2019年第3期。

张改素等：《我国中部地区经济密度的时空分异研究》，《经济地理》2013年第5期。

张改素等：《中原经济区县域经济密度的空间分异及影响因素》，《经济地理》2014年第9期。

张惠民：《浅析金融支持乡村振兴战略存在的问题及对策》，《时代金融》2020年第25期。

张克俊、杜婵：《从城乡统筹、城乡一体化到城乡融合发展：继承与升华》，《农村经济》2019年第11期。

张理：《农村传统公共文化空间与乡村振兴研究》，《农业经济》2020年第10期。

张明斗、毛培榕：《新型城镇化的内生机制建设及路径优化研究》，《当代经济管理》2018年第6期。

张明华、张霞：《乡村振兴战略的调研与思考——以山东省青州市黄楼街道为例》，《山东农业工程学院学报》2020年第8期。

张晴等：《中国中部地区县域城乡统筹发展模式探讨》，《中国农业通报》2011年第11期。

张涛：《长江经济带三大城市群新型城镇化水平测度与发展研究》，硕士学位论文，重庆工商大学，2016年。

张挺等：《乡村振兴评价指标体系构建与实证研究》，《管理世界》2018年第34期。

张雪萍：《乡村振兴战略背景下陇南乡村旅游产业的优化升级研究》，《黑龙江生态工程职业学院学报》2020年第5期。

张岩：《数字乡村背景下农村网络文化传播策略研究》，《农家参谋》2020年第19期。

赵洪：《农村青年文化建设浅析》，《中国民族博览》2020年第16期。

郑文哲、郑小碧：《中心镇推进城乡一体化的时空演进模式研究：理论与实证》，《经济地理》2013年第6期。

郑阳阳：《乡村振兴背景下产业发展探究》，《南方农机》2020年第 17 期。

周江燕:《中国省域城乡发展一体化水平评价研究》,博士学位论文,西北大学,2014 年。

Anderson J. E., Wincoop V. E., "Gravity with Gravitas: A Solution to the Border Puzzle", *American Economic Review*, Vol. 93, No. 1, 2003.

Berg L. V. D. A., *Study of Growth and Decline*, Oxford: Pergamon, 1982, pp. 25-30.

Boeke J. H., *Economies and Economic Policy of Dual Societies as Exemplified by Indonesia*, New York: Institute of Pacifier Relation, 1953, pp. 56-72.

Britton S., "Tourism, Capital and Place: Towards a Critical Geography of Tourism", *Environment & Planning D Society & Space*, Vol. 9, No. 4, April 1999.

Brueckner J. K., "Urban Sprawl: Diagnosis and Remedies", *International Regional Science Review*, Vol. 23, No. 2, Febrary 2000.

Carson R., *Of Man and the Stream of Time*, The state of California: Scripps College, Catterall B. 2013, pp. 68-75.

Cecilia, Tacoli, "Rural-urban Interactions: A Guide to the Literature", *Environment and Urbanization*, Vol. 10, No. 1, January 1998.

Chan K. W., "Crossing the 50 Percent Population Rubicon: Can China Urbanize to Prosperity", *Eurasian Geography & Economics*, Vol. 53, No. 1, January 2012.

Chavez R. B., "The Construction of the Rule of Law in Argentina: A Tale of Two Provinces", *Comparative Politics*, Vol. 35, No. 4, April 2003.

Christian F., "The Emergence and Consolidation of the UrbanRural Region: Migration Patterns around Copenhagen 1986-2011", *Journal of Economic & Social Geography*, Vol. 104, No. 3, March 2013.

Clarke C. G., "Urbanization in the Caribbean", *Geography*, Vol. 59, No. 3, March 1974.

Coase R. H., "The Wealth of Nations", *Economic Inquiry*, Vol. 15, No. 3, March 1977.

Collier P., "The Political Economy of State Failure", *Oxford Review of*

Economic Policy, Vol. 25, No. 2, Febrary 2009.

Costello L. , "Going Bush: The Implications of Urban - rural Migration", *Geographical Research*, Vol. 45, No. 1, January 2007.

De Fries R. S. et al. , "Deforestation Driven by Urban Population Growth and Agricultural Trade in the Twenty-first Century", *Nature Geoscience*, Vol. 3, No. 3, March 2010.

Dong B. , Torgler B. , "The Consequences of Corruption: Evidence from China", *Center for Research in Economics*, Working Paper, 2010.

Douglass M. , *Regional Integration on the Capitalist Periphery: The Central Plains of Thailand*, The Hague: Institute of social studies, 1984, pp. 57–80.

Duan Y. P. et al. , "Acidic Pharmaceuticals in Domestic Wastewater and Receiving Water from Hyper-urbanization City of China (Shanghai): Environmental Release and Ecological Risk", *Environmental Science and Pollution Research*, Vol. 20, No. 13, January 2020.

Duesenberry J. S. , *Income, Saving and the Theory of Consumer Behavior*, Cambridge, MA: Harvard University Press, 1952, pp. 50–60.

Dymitrow Mirek, "The Effigy of Urbanity or a Rural Parody? A Visual Approach to Small-town Public Space", *Journal of Cultural Geography*, Vol. 31, No. 1, January 2014.

D. D. Bedia, Rajesh Gupta, "A Study on Opportunities and Problems in Rural Market", *International Journal of Management Prudence*, Vol. 5, No. 2, Febray 2013.

D. P. Chaudhri et al. , "Savings, Investment, Productivity and Economic Growth of Australia 1861–1990: Some Explorations", *The Economic Record*, Vol. 76, No. 3, March 2000.

D. T. Yang, "Urban-Biased Policies and Risking Income Inequality in China", *The American Economic Review*, vol. 89, No. 2, Febrary 1999.

Eastwood R. et al. , A. : Farm size, Handbook of Agricultural Economics, North Holland Press, 2010, p. 34.

Eaton J. , Eckstein Z. , "Cities and Growth: Theory Zand Evidence from

France and Japan", *Regional science and urban Economics*, Vol. 27, No. 4, April 1997.

Epstein T. S. et al., "Redressing the Rural-urban Imbalance [with Comments]", *The Pakistan Development Review*, Vol. 42, No. 4, April 2003.

Ersado L., "Child Labor and Schooling Decisions in Urban and Rural Areas: Comparative Evidence from Nepal, Peru, and Zimbabwe", *World Development*, Vol. 33, No. 3, March 2005.

Espíndola A. L. et al., "A Harris-todaro Agent-based Model to Rural-urban Migration", *Brazilian Journal of Physics*, Vol. 36, No. 3A, March 2006.

Fei J. C. H., Ranis G., "Development of the Labor Surplus Economy: Theory and Policy", *Economic Journal*, Vol. 77, No. 306, June 1964.

Fertner C., "The Emergence and Consolidation of the Urban-ruralregion: Migration Patterns around Copenhagen 1986-2011", *Tijdschrift Voor Economische En Sociale Geografie*, Vol. 104, No. 3, March 2013.

Gould W. T. S., "Rural-urban Interaction in the Third World", *Area*, Vol. 14, No. 4, April 1982.

Griffin T. L. C. et al., "Shaping the RuralUrban Symbiosis: Density, Dispersal, Remoteness, and Town Size in South-East Australia", *Growth and Change*, Vol. 43, No. 2, Febrary 2012.

Hagerty M., Land K., "Constructing Summary Indices of Quality of Life", *Sociological Methods & Research*, Vol. 35, No. 4, April 2007.

Halliday F. E., Iran: Dictatorship and Development, New York: Penguin Books, 1979, p. 56.

Herzog O. et al., "Advanced Manufacturing and Sustainable Urban Development", *South Architecture*, Vol. 36, No. 5, May 2016.

Hoggart K., Chris Hiscock, "Occupational Structures in Service-Class Households", *Comparisons of Rural, Suburban, and Inner-City Residential Environments*, Vol. 37, No. 1, January 2005.

John H., "Impulses towards a Multifunctional Transition in Rural Australia: Gaps in the Research Agenda", *Journal of Rural Studies*, Vol. 22, No. 2, February 2006.

Katz E., Stark O., Labor Migration and Risk Aversion in Less Developed Countries, Journal of Labor Economics, 1986, p. 134-149.

Kuznets S., Economic Growth and Income Inequality, The American Economic Review, , 1955, p. 1-28.

Levine R., Renelt D., A Sensitivity Analysis of Cross-country Growth Regressions, The American Economic Review, Vol. 82, No. 4, 1992.

Li H., L. A. Zhou, "Political Turn over and Economic Performance: The Incentive Role of Personnel Control in China", *Journal of Public Economics*, Vol. 89, No. 9, September 2005.

Li R. Z. et al., "Study on Interventions Based on Urban-rural Integration System Construction to Consolidate Achievements of Schistosomiasis Control in Hilly Schistosomiasis Endemic Areas", *Chinese Journal of Schistosomiasis Control*, Vol. 29, No. 5, May 2017.

Li Y., "Urban-rural Interaction Patterns and Dynamic Land Use: Implications for Urban-rural Integration in China", *Regional Environmental Change*, Vol. 12, No. 4, April 2012.

Lipton Michael, *Why Poor People Stay Poor: Urban Bias in World Development*, London: Maurice T. Smith, 1977.

Liu Y. S. et al., "Spatio-temporal Change of Urban-rural Equalized Development Patterns in China and its Driving Factors", *Journal of Rural Studies*, Vol. 32, May 2013.

Long H. L. et al., "Building New Countryside in China: A Geographical Perspective", *Land Use Policy*, Vol. 27, No. 2, February 2010.

Martin Sokol, "Financialisation, Financial Chains and Uneven Geographical Development: Towards a Research Agenda", *Research in International Business & Finance*, Vol. 39, April 2017.

Masahisa Fujita et al., Venables, *The Spatial Economy: Cities, Regions, and International Trade*, Chapter 3: "The Urban System", Cambridge: The MIT Press, 1999, p. 46.

Mc. Granahan D. A. et al. , "The Rural Growth Trifecta: Outdoor Amenities, Creative Class and Entrepreneurial Context", *Journal of Economic Geography*, Vol. 11, No. 3, March 2011.

Meng L. et al. , "Study on the Strategy of Rural Industry Development in the Central China under the Background of Urban-Rural Integration", *Asian Agricultural Research*, Vol. 10, No. 9, September 2018.

Michalopoulos S. , "The Origins of Ethnolinguistic Diversity", *American Economic Review*, Vol. 102, No. 4, April 2012.

Mohamed A. et al. , "Rural-urban Migration and Income Disparity in Tunisia: A Decomposition Analysis", *Working Papers*, Vol. 98, No. 2, February 2017.

Nguyen C. V. et al. , "The Impact of Work and Non-work Migration on Household Welfare, Poverty and Inequality", *Economics of Transition*, Vol. 19, No. 4, April 2011.

Ooi G. L. , "Challenges of Sustainability for Asian Urbanisation", *Current Opinion in Environmental Sustainability*, Vol. 1, No. 2, February 2009.

Organization A C. , *International Co-orinating Council of the Programme on Man and the Biosphere (MAB)*, Final Report, International Finance for Dummies, 1976, p. 125.

Qian H. , Wong C. , "Master Planning under Urban-Rural Integration: The Case of Nanjing, China", *Urban Policy & Research*, Vol. 30, No. 4, April 2012.

Rausser G. C. et al. , "Preface: Annual Review of Resource Economics", *Social ence Electronic Publishing*, Vol. 1, No. 2, March 2015.

Reimers M. , Klasen S. , "Revisiting the Role of Education for Agricultural Productivity", *American Journal of Agricultural Economics*, Vol. 95, No. 1, January 2013.

Renski H. , "New Firm Entry, Survival, and Growth in the United States: A Comparison of Urban, Suburban, and Rural Areas", *Journal of the American Planning Association*, Vol. 75, No. 1, January 2008.

Szabo S. et al. , "Home is Where the Money Goes: Migration-related

Urban-rural Integration in Delta Regions", *Migration & Development*, Vol. 7, No. 2, July 2018.

Tacoli C., "Rural-urban Interactions: A Guide to the Literature", *Environment and Urbanization*, Vol. 10, No. 1, January 1998.

Tinbergen J., Shaping the World Economy: Suggestion for an International Economic Policy, New York: The Twentieth Century Fund, 1962, p. 52.

Todaro M. P., "A Model of Labor Migration and Urban Unemployment in Less Developed Countries: The American Ecootic Society", *Landscape and Urban Planning*, Vol. 83, No. 1, January 2007.

Weber A., The Theory of Location of Industries, Chicago: University of Chicago Press, 1929, p. 22.

Xiu C. L. et al., "Evaluation of Urban–Rural Integration Course in Northeast China", *Entia Geographica Sinica*, Vol. 24, No. 3, March 2004.

Yansui Liu, Yuheng Li, "Revitalize the World's Countryside", *Nature*, Vol. 548, No. 7667, November 2017.

Ye X., "China's Urban-Rural Integration Policies", *Journal of Current Chinese Affairs*, Vol. 38, No. 4, April 2009.

Ye X., "Rey S., A Framework for Exploratory Space-time Analysis of Economic Data", *The Annals of Regional Science*, Vol. 50, No. 1, February 2013.

Zhang X. et al., "Decoupling Effect and Sectoral Attribution Analysis of Industrial Energy-related Carbon Emissions in Xinjiang, China", *Ecological Indicators*, Vol. 10, No. 9, June 2019.

后　　记

中国城乡关系历经城乡对立、城乡分割、城乡失衡、城乡统筹、城乡一体化、城乡协调再到城乡融合，诸多理论展现了城乡融合发展的演化进程，但大多都是基于城市偏向的城乡融合，单纯地依靠提升城市实力来带动农村，尽管取得了一些成效，但并不能真正解决诸如"三农"发展不充分、城乡发展不均衡、"城市病"、"乡村病"、"城乡病"等经济社会诸多矛盾和问题，而要缓解这些矛盾和问题，促进我国"两个一百年"奋斗目标的实现，必须将城与乡视为一个系统，促进城乡联动发展，实现城乡融合。一方面，重视乡村振兴为破解"三农"问题的突破口之一，通过新型城乡融合提升农村自身发展活力，改变农村长期的从属地位，另一方面，通过新型城乡融合提升新型城镇化质量，在提高城市自身发展的同时增强其"以城带乡"能力，反哺农村补齐三农发展短板，二者联动同步发展，才能真正缩小城乡差距，逐步实现城乡融合。在理论、实践与政策层面对城乡融合进行综合研究，实现了城乡融合理论视角从单轮驱动到"双轮协调"驱动的转变，为区域城乡融合发展水平的提升提供实践指导和案例支撑，为区域城乡融合发展水平的提升提供理论指导和决策参考。对于推进农村农业现代化、破除城乡二元结构、实现区域可持续发展具有重要的现实意义。

本书的顺利出版得到山东省重点研发计划（重大科技创新工程）（项目编号：2021SFGC0904-05）、山东建筑大学博士基金（项目编号：X22028Z）等项目的资助。

研究是在任建兰教授的悉心指导和全力支持下完成的。从师以来，老师的严谨认真、高标准、严要求的风范，让我又敬又爱，还有点怯，让我敬爱一是因为她的专业能力和素养令人折服，老师在毕业论文的选题、构思与写作上均倾注了大量心血，在一次次探讨一次次修改论文的过程中，老师总是一语中的，直击论文写作的短板，老师看问题的视野和格局令我豁然开朗，二是因为老师展现的勤于观察、勤于思考和勤于动手的好习惯令我钦佩，老师不仅习惯性地记录生活中的点点滴滴，还能将生活的细节与理论知识相结合，理论高度和素养让我兴叹；让我有点胆怯是因为总是担心自己的能力达不到您的预期，担心自己的格局与您距离较大。在我迷茫混沌时，老师的殷切目光和亲柔话语，老师的学识和素养，让我信心倍增，在此，我要衷心地感谢恩师，感谢您对我无私的付出和帮助，谨向恩师致以崇高敬意和深切祝福！

同时，深深地感谢山东师范大学地理与环境学院，从本科到硕士到博士，在这里倾注了我十多年的岁月，无数汗水、喜悦都洒在了这里，地理与环境学院也为我的职业生涯奠定了坚实的学术基础和人文素养。感谢在山东师大读书期间给予我帮助和支持的老师们，求学与工作路上，幸亏有你们相伴！衷心祝愿你们乘风破浪、驶向理想的彼岸！

本书的最终出版离不开中国社会科学出版社刘晓红老师的帮助，刘老师认真负责、细致耐心，在本书的校对、编辑和出版过程中付出了大量辛勤劳动，在此向她表示衷心的感谢。

感谢家人对我的帮助和支持。家人一直以来都是我学习、生活的精神支柱和坚强动力，因为有你们，我才能义无反顾地一路前行。感谢爱人一直以来对我的支持与理解，期待一家人未来的生活更美好。

在从事科学研究的日子里，还有许多支持我、关心我、爱护我的良师益友们，他们也一样让我感动，在此一并表示感谢。

本书是作者用心之作，是实现人生理想和人生价值的一部分。然而由于受到学科视野和实践经验的局限，以及本学科涉及管理学、经济学和地理学多学科交叉的边缘学科性质，还有许多领域需要不断探索，我将在此基础上继续开展研究。"人生如逆旅，我亦是行人"，以后的漫长路，还需砥砺前行。不足之处亦难免，敬请读者批评指正。